普通高等教育"十三五"汽车类教材

电动汽车技术

主　编　朱曰莹
副主编　焦志勇
参　编　崔世海

机械工业出版社

本书对电动汽车相关基础知识和专业技术进行了全面系统的阐述。主要内容包括电动汽车发展现状、纯电动汽车相关理论与技术、混合动力电动汽车相关理论与技术、电动汽车用动力蓄电池、电动汽车用驱动电机、再生制动系统、循环冷却系统、能量补充系统等。

本书可作为汽车类专业的本科及研究生课程教材，也可作为汽车技术人员及汽车从业人员全面了解和认识电动汽车技术的参考用书。

图书在版编目（CIP）数据

电动汽车技术/朱曰莹主编. —北京：机械工业出版社，2020.6（2025.8重印）

普通高等教育"十三五"汽车类教材
ISBN 978-7-111-64992-2

Ⅰ.①电… Ⅱ.①朱… Ⅲ.①电动汽车 - 高等学校 - 教材 Ⅳ.①U469.72

中国版本图书馆 CIP 数据核字（2020）第 038742 号

机械工业出版社（北京市百万庄大街22号　邮政编码100037）
策划编辑：李　军　　责任编辑：李　军
责任校对：肖　琳　　封面设计：张　静
责任印制：单爱军
北京盛通数码印刷有限公司印刷
2025 年 8 月第 1 版第 2 次印刷
184mm×260mm · 12 印张 · 293 千字
标准书号：ISBN 978-7-111-64992-2
定价：49.90 元

电话服务　　　　　　　　网络服务
客服电话：010-88361066　　机　工　官　网：www.cmpbook.com
　　　　　010-88379833　　机　工　官　博：weibo.com/cmp1952
　　　　　010-68326294　　金　书　网：www.golden-book.com
封底无防伪标均为盗版　机工教育服务网：www.cmpedu.com

前言 PREFACE

　　能源短缺和环境污染严重阻碍了人类的生活和社会的发展。近年来，伴随着汽车产业的不断发展，汽车保有量不断增加，传统汽车造成的环境污染和资源危机也变得越来越严重。据统计，目前全世界一半以上的石油资源消耗在交通领域。另外，大量的尾气排放也是雾霾等污染物的来源之一，严重危害了人类的生活和身体健康。为了减轻环境污染和能源短缺的双重压力，越来越多的企业和学者加速了绿色可再生能源的研究与开发工作。近十几年来，随着自动化技术的发展，电动汽车因其无污染、能源利用率高等优点成为汽车行业研究的重点，开发和使用电动汽车也已成为现代汽车工业的发展趋势。

　　本书主要以纯电动汽车、混合动力电动汽车为对象，全面系统地论述了其结构组成、工作原理及工作特性，并对其关键零部件、系统进行了详细阐述。第1章阐述了电动汽车的定义、历史与发展、关键技术及常用技术术语等。第2章阐述了纯电动汽车的结构组成、动力性能、经济性能及动力传动系统参数设计等。第3章阐述了混合动力电动汽车的驱动系统构造、系统工作原理、系统工作特性、控制策略及优化算法等。第4章和第5章分别阐述了电动汽车动力蓄电池和驱动电机的类型、特点、工作原理和工作特性等。第6章对电动汽车再生制动系统基本工作原理、结构组成等进行了总结。第7章和第8章分别对电动汽车循环冷却系统、能量补充系统的工作原理、工作特点等进行了详细介绍。

　　本书由天津科技大学朱日莹任主编，焦志勇任副主编，崔世海参编。其中，本书的第1~5章由朱日莹编写，第6、7章由焦志勇编写，第8章由崔世海编写。中国汽车技术研究中心王伟、哈尔滨工业大学（威海）赵立军对本书的编写提供了大量资料；天津科技大学硕士研究生贾谊涛、赵成文、曹旭、杨传甜等分别协助进行了书稿资料的整理工作。在此对他们的工作表示衷心感谢。书中引用了参考文献中的部分内容，特向其作者表示衷心感谢。

　　由于作者水平所限，书中若有不妥之处，敬请各位读者谅解并提出宝贵意见，并希望以此书作为交流的平台，与各位读者建立联系，共同促进电动汽车的技术进步。

编者

前言

| 第1章 绪论 | 1 |

1.1 电动汽车的定义 ... 1
1.2 电动汽车的历史与现状 ... 1
   1.2.1 纯电动汽车的历史 ... 1
   1.2.2 混合动力电动汽车的历史 ... 2
   1.2.3 燃料电池电动汽车的历史 ... 4
   1.2.4 国际电动汽车的发展现状 ... 4
   1.2.5 国内电动汽车的发展现状 ... 7
1.3 不堪重负的环境压力 ... 8
1.4 电动汽车常见产品和发展方向 ... 9
   1.4.1 电动汽车的发展方向 ... 9
   1.4.2 常见的电动汽车 ... 10
1.5 电动汽车的关键技术和优劣分析 ... 11
   1.5.1 电动汽车的关键技术 ... 11
   1.5.2 电动汽车优势 ... 12
   1.5.3 制约电动汽车发展的不利因素 ... 14
1.6 电动汽车常用技术术语 ... 15
   1.6.1 整车术语 ... 15
   1.6.2 驱动电机及控制器 ... 17
   1.6.3 动力蓄电池 ... 19
   1.6.4 充电器 ... 23

| 第2章 纯电动汽车 | 25 |

2.1 概述 ... 25
   2.1.1 纯电动汽车的分类 ... 25
   2.1.2 纯电动汽车的组成 ... 25
   2.1.3 纯电动汽车驱动系统布置形式 ... 26
2.2 纯电动汽车的动力性能 ... 27
   2.2.1 驱动电机特性 ... 27

2.2.2　车辆牵引特性 ……………………………………………………… 28
　　2.2.3　循环工况下的车辆特性 …………………………………………… 28
2.3　纯电动汽车的经济性能 …………………………………………………… 32
　　2.3.1　纯电动汽车经济性能评价指标 …………………………………… 32
　　2.3.2　纯电动汽车续驶里程 ……………………………………………… 33
　　2.3.3　纯电动汽车的 SOC ……………………………………………… 34
2.4　纯电动汽车传动系统参数设计 …………………………………………… 35
　　2.4.1　驱动电机参数设计 ………………………………………………… 35
　　2.4.2　传动系统传动比设计 ……………………………………………… 37
　　2.4.3　蓄电池组参数设计 ………………………………………………… 37

第3章　混合动力电动汽车 …………………………………………………… 39

3.1　混合动力电驱动系统的概念 ……………………………………………… 39
3.2　混合动力电驱动系统的构造 ……………………………………………… 41
　　3.2.1　串联式混合动力电驱动系（电耦合）……………………………… 42
　　3.2.2　并联式混合动力电驱动系统（机械耦合）………………………… 44
3.3　转矩耦合的并联式混合动力电驱动系统 ………………………………… 45
　　3.3.1　转矩耦合配置 ……………………………………………………… 45
　　3.3.2　转矩耦合的电驱动系统结构 ……………………………………… 47
3.4　转速耦合的并联式混合动力电驱动系统 ………………………………… 51
　　3.4.1　转速耦合配置 ……………………………………………………… 51
　　3.4.2　转速耦合的电驱动系统结构 ……………………………………… 53
3.5　转矩耦合与转速耦合的并联式混合动力电驱动系统 …………………… 55
　　3.5.1　可供选择的耦合模式 ……………………………………………… 55
　　3.5.2　两种耦合模式的配置 ……………………………………………… 56
3.6　混合动力总成控制策略 …………………………………………………… 58
3.7　并联混合动力总成的控制算法 …………………………………………… 60
　　3.7.1　限制发动机工作区间的控制算法 ………………………………… 60
　　3.7.2　调节发动机工作区间的控制算法 ………………………………… 65
　　3.7.3　发动机的开关控制子程序 ………………………………………… 66
　　3.7.4　发动机的转矩输出指令子程序 …………………………………… 66
　　3.7.5　驱动电机的转矩输出指令子程序 ………………………………… 72
3.8　串联混合动力总成的控制算法 …………………………………………… 73
　　3.8.1　驱动电机的输入输出指令子程序 ………………………………… 73
　　3.8.2　发动机—发电机组的状态控制子程序 …………………………… 74
　　3.8.3　发动机—发电机组的输出指令子程序 …………………………… 75
3.9　混联混合动力总成的控制算法 …………………………………………… 76
　　3.9.1　转速耦合分析 ……………………………………………………… 76
　　3.9.2　整车控制模式控制程序 …………………………………………… 77

3.10 控制策略的优化算法 ·· 79
　　3.10.1 瞬时优化控制策略 ·· 79
　　3.10.2 智能控制策略 ·· 79
　　3.10.3 全局最优控制策略 ·· 80

第4章　电动汽车动力蓄电池 ·· 81

4.1 动力蓄电池概述 ·· 81
　　4.1.1 化学蓄电池的基本组成 ·· 81
　　4.1.2 蓄电池的基本常识 ·· 82
　　4.1.3 蓄电池的种类 ·· 83
　　4.1.4 蓄电池的性能指标 ·· 84
　　4.1.5 各种车用蓄电池性能的比较 ·· 86
4.2 铅酸动力蓄电池 ·· 87
　　4.2.1 铅酸动力蓄电池的结构和原理 ·· 87
　　4.2.2 铅酸动力蓄电池的充放电特性 ·· 87
　　4.2.3 铅酸动力蓄电池的种类及现状 ·· 88
　　4.2.4 铅酸动力蓄电池的应用 ·· 89
4.3 二次锂离子蓄电池 ·· 89
　　4.3.1 锂离子蓄电池 ·· 89
　　4.3.2 磷酸铁锂离子蓄电池 ·· 91
　　4.3.3 聚合物锂离子蓄电池 ·· 92
4.4 镍氢动力蓄电池 ·· 93
　　4.4.1 镍氢动力蓄电池的分类与特点 ·· 93
　　4.4.2 镍氢动力蓄电池的工作原理 ·· 93
　　4.4.3 镍氢动力蓄电池的结构 ·· 94
　　4.4.4 镍氢动力蓄电池的性能特征 ·· 94
4.5 钠硫动力蓄电池 ·· 95
　　4.5.1 钠硫动力蓄电池的结构原理 ·· 95
　　4.5.2 钠硫动力蓄电池的性能特点 ·· 95
　　4.5.3 钠硫动力蓄电池的优缺点 ·· 96
4.6 燃料电池 ·· 96
　　4.6.1 燃料电池的基本原理 ·· 96
　　4.6.2 燃料电池的特点 ·· 97
　　4.6.3 燃料电池的分类 ·· 98
　　4.6.4 常见燃料电池 ·· 99
4.7 蓄电池性能的检测方法 ·· 102
　　4.7.1 蓄电池充放电性能测试 ·· 102
　　4.7.2 蓄电池容量测定 ·· 104
　　4.7.3 蓄电池循环次数测试 ·· 104

4.7.4	蓄电池内阻测定	105
4.7.5	自放电及储存性能测试	105
4.7.6	安全性测试	106
4.7.7	超级电容器性能检测方法	107
4.8	蓄电池的技术水平和发展方向	109
4.8.1	当前几种动力蓄电池的技术水平	109
4.8.2	动力蓄电池的发展动向	111

第5章 电动汽车驱动电机 ······ 112

5.1	概述	112
5.1.1	电动汽车驱动电机驱动系统的种类和特点	112
5.1.2	电动汽车对驱动电机的性能要求	114
5.1.3	电动汽车用驱动电机的分类	114
5.2	交流异步电机	115
5.2.1	交流异步电机的工作原理	116
5.2.2	交流异步电机的结构	116
5.2.3	交流异步电机的性能特点	117
5.2.4	交流异步电机的控制方法	118
5.3	开关磁阻电机	119
5.3.1	开关磁阻电机的工作原理	120
5.3.2	开关磁阻电机的结构	121
5.3.3	开关磁阻电机的性能特点	121
5.3.4	开关磁阻电机驱动系统及其控制方法	122
5.4	永磁同步电机	126
5.4.1	永磁电机的分类	126
5.4.2	永磁同步电机的结构	127
5.4.3	永磁同步电机的性能特点	128
5.4.4	永磁同步电机的控制	129
5.5	无刷直流电机	131
5.5.1	无刷直流电机的组成	131
5.5.2	无刷直流电机的基本工作原理	133
5.5.3	无刷直流电机的性能特点	134
5.5.4	无刷直流电机的控制方法	135
5.6	轮毂电机	136
5.6.1	轮毂电机的驱动方式	136
5.6.2	轮毂电机的优点	136
5.7	电动汽车驱动系统的发展方向	137
5.7.1	新型驱动电机的发展和应用	137
5.7.2	驱动电机控制技术的发展方向	138

第6章 电动汽车再生制动系统的基本原理 140

- 6.1 市区行驶中的制动能量损耗 140
- 6.2 作为车速函数的制动能量 142
- 6.3 作为制动功率函数的制动能量 143
- 6.4 作为车速函数的制动功率 144
- 6.5 作为车辆减速率函数的制动能量 145
- 6.6 在前后轴上的制动能量 146
- 6.7 EV、HEV 和 FCV 的制动系统 146
  - 6.7.1 并联式混合制动系统 146
  - 6.7.2 全可控混合制动系统 151

第7章 电动汽车循环冷却系统技术 155

- 7.1 电动汽车循环冷却系统的要求 155
- 7.2 电动汽车循环冷却系统设计步骤 155
- 7.3 动力蓄电池散热系统 156
  - 7.3.1 铅酸蓄电池 156
  - 7.3.2 锂离子蓄电池 156
  - 7.3.3 钠硫蓄电池和燃料电池 158
  - 7.3.4 其他储能装置 159
- 7.4 驱动电机和控制器散热 159
  - 7.4.1 驱动电机和控制器的冷却方式 159
  - 7.4.2 驱动电机和控制器的冷却需求 160

第8章 电动汽车能量补充系统 162

- 8.1 电动汽车能量补充系统分类 162
- 8.2 电动汽车充电基础设施 162
  - 8.2.1 充电系统性能要求 162
  - 8.2.2 充电基础设施的发展 164
- 8.3 电动汽车充电机类型 167
  - 8.3.1 交流充电机 167
  - 8.3.2 直流充电机 169
  - 8.3.3 地面充电机的功能模块 169
  - 8.3.4 充电过程 170
- 8.4 充电模式 171
  - 8.4.1 正常充电模式 171
  - 8.4.2 快速充电模式 171
  - 8.4.3 换电模式 172
  - 8.4.4 充电系统对蓄电池的影响 172

8.5 充电系统的布局 …………………………………………………………………… 172
　　8.5.1 家庭用充电设施 ……………………………………………………………… 173
　　8.5.2 公共充电设施 ………………………………………………………………… 173
8.6 充电接口 ………………………………………………………………………… 176
　　8.6.1 充电接口要求 ………………………………………………………………… 176
　　8.6.2 充电接口形式 ………………………………………………………………… 176
8.7 燃料电池电动汽车加注站 ………………………………………………………… 178
　　8.7.1 氢的制取与储存 ……………………………………………………………… 178
　　8.7.2 燃料电池电动汽车加氢站 …………………………………………………… 179
参考文献 ………………………………………………………………………………… 181

第1章 Chapter 1

绪　论

1.1　电动汽车的定义

由于燃油汽车对不可再生的石油资源的过分依赖，以及燃油汽车对环境的压力不断加大，各国都在大力推进新能源汽车的发展，新能源汽车是实现汽车工业可持续发展的必由之路。而在新能源汽车领域，电动汽车以其高能量利用率和优异的排放性能，成为新能源汽车的主力。这里所指的新能源不是指全新的能源，而是指汽车所用的能源区别于传统的燃油（气）汽车。

电动汽车是指可以利用驱动电机单独驱动或者可以利用驱动电机与其他驱动装置共同驱动车轮行驶，符合道路交通、安全法规各项要求的车辆。依据国标 GB/T 19596—2017《电动汽车术语》规定，电动汽车包括纯电动汽车、混合动力电动汽车、增程式电动汽车、燃料电池电动汽车。

1.2　电动汽车的历史与现状

1.2.1　纯电动汽车的历史

1881 年，第一辆电动汽车由法国人 Gustave Trouv 制造问世，它是采用铅酸动力蓄电池供电、功率为 0.07kW 直流电机驱动的三轮电动汽车，整车及其驾驶人的重量约 160kg。因当时该应用技术尚未成熟到足以与马车竞争，故此车并没有引起民众的关注。1864 年巴黎至鲁昂的一项赛事改变了大众对电动汽车的看法：电动汽车以平均速度 23.3km/h，在 48h53min 内行驶了 1135km，性能已经远超马车。

随后的 20 年，是一个电动汽车与相对应的燃油汽车竞争的年代。在美国，城市外围铺装道路少，对电动汽车续驶里程要求不高。然而在欧洲，铺装道路的里程迅速增加，这就使续驶能力短的电动汽车难以达到使用要求，而燃油汽车则可以胜任。

第一辆商品化的电动汽车是 Morris 和 Salom 的电动舟（Electroboat）。这辆电动汽车在纽约由其发明者所创建的公司以出租车方式运营。尽管其购置价较高（约为 3000 美元），电动舟依然被证明是比出租马车更有应用价值的运载工具，它可用于 4h 制的三班交接运营，充电间隔为 90min。该车装有两台 1.1kW 的驱动电机，最高车速可达 32km/h，其续驶里程为 40km。

再生制动技术的应用大大促进了电动汽车的发展，这一发明在 1897 年由法国人

M. A. Darracq在小轿车上实现。再生制动技术在制动时回收车辆的动能并向动力蓄电池组再充电，这样便大大增加了续驶里程，这对电动汽车和混合动力电动汽车意义重大。实际使用证明，在市区行车中，再生制动技术对能量效率的贡献使电动汽车优于其他任何车辆。

当燃油汽车变得功率更大、更灵活，尤其是更易于操纵时，电动汽车开始消失。电动汽车的高成本无助于与燃油汽车的竞争，而其有限的续驶里程和性能确实削弱了它对燃油汽车的竞争力。最后交付使用的、商业上有影响力的电动汽车约在1905年。在近60年期间，所销售的电动汽车仅是一般的高尔夫球车和运送货车。

1945年，贝尔实验室的三位研究员发明了一种器件——晶体管，它引起了全球电子学和电学的革命。晶体管迅速替代了信号电子仪器应用中的电子管，而且不久发明了晶闸管，它使得在高电压下切换大电流成为可能。并使交流电机得以在可变频率下运转。1966年，通用汽车公司制造了由晶闸管变频器供电，并以异步电机驱动的电动汽车Electrovan。

在该年代最有影响的电动汽车是阿波罗宇航员在月球上应用的月球巡回车。该车自重209kg，能运载490kg的有效负载，行程约65km。但是，这一地球外空间的车辆设计无法落实到地球上，月球上没有空气，为低重力状态，而且月球巡回车速度低，使工程师们很容易以有限的生产技术即可实现扩展的行程。

在20世纪六七十年代期间，环境污染问题日益严重，电动汽车技术的开发重新获得关注。然而，尽管动力蓄电池制造技术和电力电子技术的进展，电动汽车的续驶里程和性能却仍未获得显著提高。

现代电动汽车时代在20世纪80年代期间快速发展，并在90年代初期由厂商展示了几种实际的电动汽车，例如通用汽车公司的EV1以及标致雪铁龙公司的106型EV。虽然这些电动汽车技术进步明显，但很明显在90年代初期，电动汽车决然不可能与燃油汽车在续驶里程和其他性能方面相竞争。究其原因在于，就动力蓄电池组而论，其能量储存在金属电极内，对相同能量的容量来说，其重量远超过燃油汽车对应的重量。因此，混合动力电动汽车成为研究热点，并经过几年的发展，混合动力电动汽车已经批量生产。

近年来在电动汽车研发方面，动力蓄电池技术仍然是难以突破的瓶颈，这阻碍了电动汽车进入市场的进程。以改进动力蓄电池性能、满足电动汽车需求为目的，在动力蓄电池的研究方面已投入很多的努力和资金。但遗憾的是，其进展非常有限，电动汽车的性能远落后于需求，尤其是其每单位重量和体积所对应的储能容量的性能指标。

1.2.2 混合动力电动汽车的历史

混合动力电动汽车已有100余年的发展历史。由于早期的内燃机技术水平不及电机，故其开发的原始目的并非有效地降低燃油的消耗量，而是提高内燃机汽车的性能水平。

最早的混合动力电动汽车出现在1899年的巴黎美术展，它们是由比利时Liege的Pieper研究院和法国的Vendovelli与Priestly电动汽车公司分别制造的。Pieper电动汽车是一辆并联式的混合动力电动汽车，它装有一台由驱动电机和铅酸动力蓄电池组辅助的小型空冷汽油发动机。当该混合动力电动汽车滑行或停车时，动力蓄电池组即由发动机予以充电；当所需驱动功率大于发动机额定值时，驱动电机即时提供辅助的功率。Pieper电动汽车除了是最初两辆混合动力电动汽车中的一辆之外，又因其是第一辆并联式混合动力电动汽车，故无疑是混合动力电动汽车的开端。

在1899年巴黎美术展览上展出的另一类型的混合动力电动汽车,是由法国Vendovelli与Priestly公司制造的第一辆串联式混合动力电动汽车,它由纯商品化的电动汽车衍生而来。该车是一辆三轮车,在其两个后轮上分别装有独立的驱动电机。与1.1kW发电机相组合的一台0.6kW的汽油发动机安装在拖车上,并被拖带在该车后面,以通过对动力蓄电池组的再充电扩展其续驶里程。在法国,这一混合设计被用于扩展电动汽车的续驶里程,而不是对小功率内燃机补充所需的额外功率。

法国人Camille Jenatzy在1903年巴黎美术展览上展示了并联式混合动力电动汽车,该车将4.8kW的汽油发动机和10.4kW的驱动电机相组合,使之或由汽油发动机给动力蓄电池组充电,或由动力蓄电池组辅助供电。1902年,另一位法国人H. Krieger制造了第二辆串联式混合动力电动汽车,该设计采用两个独立的直流电机驱动前轮。驱动电机由44个铅酸动力蓄电池供给能量,而动力蓄电池则由一个与并励直流发电机组合的3.5kW内燃机予以充电。

早期混合动力电动汽车的制造是为了辅助那时功率偏小的内燃机汽车,或是为了增进电动汽车的续驶里程。混合动力电动汽车利用了基本的电动汽车应用技术,且使之实用化。尽管在其设计中体现了很多的创造性,然而在第一次世界大战后,早期的混合动力电动汽车不可能与汽油发动机已获重大改进的内燃机汽车相竞争。就功率密度而言,汽油发动机取得了惊人的进步,发动机变得更小、更有效,并且不再需要驱动电机予以辅助。使用驱动电机的附加成本以及与酸性动力蓄电池组相伴随的公害性,是第一次世界大战后混合动力电动汽车从市场中消失的关键因素。

然而,这些早期设计必须解决的最大问题是驱动电机控制的难点。而在20世纪60年代中期以前,电力电子技术尚未达到适合应用的水平,且早期的驱动电机是利用机械开关和电阻器控制的,它们都受制于有限的运行范围,与汽车有效的运行要求是不兼容的。因此,采用混合动力电动汽车的运行方式,是在很多困难情况下实现上述兼容性的唯一方法。

Victor Wouk博士的研究成果使混合动力电动汽车实现了突破性进展。1975年,他与同事们一起制造了一辆别克Skylark型并联式混合动力电动汽车。该车发动机是马自达旋转式发动机,它与手动变速器配合,并由一台固定于传动装置前端的11.2kW的他励直流电机予以辅助,8个12V的汽车动力蓄电池组用于能量的储存,最高速度可达129km/h,在16s内可从0加速至96km/h。这对之后的混合动力电动汽车开发提供了思路。

尽管存在1973年和1977年两次石油危机以及不断增加的环境忧虑,但并没有促使混合动力电动汽车成功地进入市场。研究者们的工作聚焦于纯电动汽车,许多纯电动汽车的原型车在20世纪80年代制成。在此期间,对混合动力电动汽车兴趣的不足可归因于电力电子技术、现代驱动电机和动力蓄电池应用技术的欠缺,以及在20世纪80年代传统内燃机汽车实现体积减小、催化排气净化器引入和燃料喷射电控等技术的发展。

在20世纪90年代后,混合动力电动汽车取得了巨大的进步,在燃油经济性方面超过了对标的内燃机汽车。在美国,道奇汽车公司制造了Intrepid(无畏)ESX-1、ESX-2和ESX-3型混合动力电动汽车。ESX-1型混合动力电动汽车是串联式的混合动力电动汽车,它装备有一个小型涡轮增压的三缸柴油机和一个动力蓄电池组;在后轮上安置有两个74.5kW的驱动电机。当时,美国政府提出"新一代汽车合作伙伴计划(PNGV)",它包含燃油经济性可达80mile/USgal(1mile=1.6km,1USgal=3.8L)的中型轿车的目标。福特公司的 Prodigy（奇迹）和通用公司的 Precept（方案）均是起因于该计划的成果。Prodigy 和 Precept 都是并联式混合动力电动汽车，装备有与无润滑油离合器的手动变速器相配合的小型涡轮增压的柴油机。它们达到了计划的目标，但未实现量产。

在欧洲，法国生产出雷诺 Next，该车是一辆小型的并联式混合动力电动汽车，动力来源采用了一个内燃机和两个驱动电机。这一原型车的燃油经济性达到 29.4km/L，其最高速度和加速性能已不逊于传统内燃机汽车。大众汽车公司也制造了原型车 Chico，其基础是一辆装备有镍氢动力蓄电池组和一台三相异步电机的小型电动汽车，在此基础上加装了一台小型的双缸汽油发动机，用以给动力蓄电池组再充电，并为高速巡航提供附加的动力。

混合动力电动汽车的发展和商品化，其最有影响的成果来自日本汽车公司。1997 年丰田公司在日本推出了 Prius 混合动力电动轿车，本田公司也推出了 Insight 和 Civic 混合动力电动轿车。这些混合动力电动汽车目前在全世界得到了有效的应用，实现了燃油消耗量的优化。丰田公司的 Prius 和本田公司的 Insight 混合动力电动汽车具有历史性的价值，Prius 是全球第一款市场化的混合动力汽车，也是最成功的车型，截止到 2018 年，全球销售量已突破 300 万辆。此外，丰田还开发出了 Camry Hybrid、Corolla Hybrid、Levin Hybrid，都获得了很好的市场反响。

我国也积极发展混合动力电动汽车，借此可以实现高能低耗低排，有效地减少了国内对石油资源的依赖。对于插电式混合动力汽车，比如广汽传祺 GA3S 纯电续驶里程 60km，比亚迪唐纯电续驶里程 80km，艾瑞泽 7e 纯电续驶里程 50km，荣威 e550 纯电续驶里程 60km。一般商业用电价格来计算，峰期电价在 1 元/(kW·h) 左右，谷期电价在 0.3 元/(kW·h) 左右。插电式混合动力汽车按照前 50km 耗电 10kW·h，后 50km 耗油 3L 计算，百千米使用成本在 24~31 元，而对于排量在 1.6L 的纯燃油汽车来说，百千米的使用成本在 60 元左右。因此相比较来讲，混合动力汽车的使用成本大大减少。除此之外，结合电能的来源多元化的特点，各种可再生的能源都可以转化成为电能，增加电力在交通能源领域中的应用，优化交通能源消耗。

1.2.3 燃料电池电动汽车的历史

早在 1839 年，William Grove（常称其为燃料电池之父）已发现通过反向的水的电解即可产生电。1889 年，两位学者 Charles Larger 和 Ludwig Mond 创造了术语："燃料电池"，并利用空气和煤炭试制了第一个实用的燃料电池。当 20 世纪初期人们进一步发展燃料电池，以使煤炭可转换为电能时，性能优良的内燃机的到来暂时压制了正在发展的燃料电池技术。

1932 年，Francis Bacon 成功研制了第一台燃料电池装置，该装置采用碱性电解液和镍电极构成氢氧燃料电池。Harry Karl Ihrig 在同一年展示了装备有 14.9kW 燃料电池的牵引车。

在最近 10 年间，主要包括汽车制造厂在内的一些制造厂与科研机构依然在进行燃料电池应用技术的研发，氢的生成、储存和配置是当前面临的最大挑战。事实上，燃料电池电动汽车进入市场仍然需要经历相当长的过程。

1.2.4 国际电动汽车的发展现状

因混合动力电动汽车优势明显，各国加快了混合动力电动汽车的产品化进程，汽车厂商纷纷推出了相应的产品，通用的 Precept、福特的 Prodigy、日产的 Tino、奔驰的 S400 Blue

Hybrid、凯迪拉克的 Escalade 等，都是具有代表性的车型。在混合动力技术方面，福特汽车公司和丰田汽车公司主要研发双 ISG + 行星轮系混合动力系统，通用汽车公司主要研发 BSG + PHEV 技术，克莱斯勒主要研发高端的串联式混合动力系统，大众主要开发 ISG + PHEV 技术，雪铁龙汽车公司主要研发 BSG + ISG + AMT + Clutch 混合动力系统，宝马主要开发 ISG + AT 技术，本田汽车公司主要开发 ISG + CVT 技术。总的来说，美国主要以中高端车型的汽油机和驱动电机混合动力技术开发为主，日本主要以丰田和本田开发的混合动力技术为主，欧洲主要以柴油混合动力车型为主。

以日本丰田公司为代表的世界汽车巨头，很早便投入电动汽车的研发。到今天，丰田则在通过扩大 HEV、PHEV、EV、FCEV，全面推动其电动化事业发展。2012 年上市的"普锐斯 PHEV"大幅延长了 EV 模式的行驶距离，并于 2017 年发布了第 2 代"普锐斯 PHEV"。2014 年，全球首款量产氢燃料电池电动汽车（FCEV）——"未来 MIRAI"相继在日本、美国、欧洲、加拿大上市，并且在包括中国在内的多个国家进行实证实验及导入工作。2017 年，丰田开始启动氢燃料电池电动汽车（FCEV）"MIRAI 未来"在中国的实证实验，同时，丰田汽车研发中心（中国）有限公司（TMEC）的加氢站也同时落成。

作为日本另一个主要的汽车制造商本田公司，在电动汽车的研发和销售上也不甘落后。本田公司着重点与丰田公司有所不同，主要是集中在混合动力和燃料电池电动汽车的方向上。燃料电池电动汽车是本田公司电动汽车的主要研发方向。2006 年年初，本田公司投入大量资源研发的燃料电池汽车 FCX 试运行，并将其作为下一代商用化绿色汽车。该车配备了交流同步电机，最高车速达到 160km/h，连续行驶里程更是达到了普通车辆标准的 570km。2018 年，本田在中国的首款纯电动汽车正式推出，新车基于本田的紧凑型 SUV 平台研发，由合资公司和本田技研科技（中国）共同开发。

另一个日本的汽车制造巨头日产公司也是不遗余力地研发电动汽车。日产公司在 1970 年开始了电动汽车的基础研究，并在同年推出了概念汽车 CITY。日产公司与本田公司类似，也是主要集中在混合动力和燃料电池电动汽车的方向上，日产公司更是把燃料电池电动汽车的研发提升到一定的战略地位。日产公司的主力产品之一 FCV2005 燃料电池电动汽车，集成了日产公司的核心技术，包括 Tino Hyhird 的控制技术、Hyper Mini 小汽车的高压电子系统技术和锂离子蓄电池技术。2010 年底，日产就推出了纯电动汽车"LEAF"（聆风），在全球电动汽车（EV）量产方面走在前列。除 LEAF 以外，日产从 2014 年开始主要面向欧洲与日本市场销售 e-NV200 轻型电动货车。

在美国，通用汽车公司曾经长期雄踞全球汽车行业，虽然在国际金融危机中受到重创，但是同样在电动汽车领域颇具实力。通用汽车公司在电动汽车的研发领域起步较早，在 2007 年，通用推出的一款增程式电动汽车 Volt，在纯电动的情况下，可以达到 483km 的续驶能力，在起动增程发动机的情况下，连续行驶里程超过 1000km。截至 2016 年 8 月，通用已经实现 Volt 累计销量达 10 万辆，是首个实现旗下插电式混合动力车累计销量达 10 万辆的车企。通用公司的第一款燃料电池电动汽车是 Zafira，采用的是低温燃料箱的液态氢作为燃料。真正定性的燃料电池电动汽车是 Chewy Equinox，该车是通用公司真正零汽油和零排放的燃料电池电动汽车。相关资料显示，该车可以在冰点以下正常起动，续驶里程达到 320km 以上。

福特公司于20世纪60年代也开始了电动汽车的研究。目前福特公司的电动汽车主要采用混合动力和燃料电池两大类，相应产品也已经商业化。福特公司的燃料电池电动汽车代表作P2000。这是一款四门轿车，采用氢燃料及质子交换膜燃料电池系统，资料显示，该车由交流感应式电机驱动，最大功率可达91kW，最大转矩为190N·m，最高车速为128km/h，续驶能力为160km。

戴姆勒-克莱斯勒公司于1997年推出了该公司的第一台燃料电池电动汽车NECAR。该车以甲烷为燃料，容量为38L，续驶里程为400km，最高车速为145km/h。燃料电池为质子交换膜结构，最大功率为50kW。在2000年，戴姆勒推出了该车的升级版NE-CAR5，功率提升到75kW，最高车速提高到150km/h以上。其最突出的特点是驱动设备体积明显缩小，仅为原来的一半。戴姆勒公司真正全面商用化的产品是F-Cell燃料电池电动汽车。

意大利的菲亚特汽车公司是一家较早从事电动汽车研发的企业。现在，该公司也大力研究混合动力和燃料电池电动汽车。2009年6月，菲亚特公司依据取得克莱斯勒公司的部分股权，同时通过与克莱斯勒的全面技术合作、生产共享、车型平台互补等措施，加快了电动汽车技术的发展。

法国的标致雪铁龙公司在20世纪的90年代开始了电动汽车的研发，1990年标致雪铁龙投放了Peugeot JS和Citroen C25两款电动汽车，随后又加快研发，投放了Peugeot 106、Citroen AX、Citroen Citela、Peugeot Ion电动汽车。根据标致雪铁龙公司规划，2019年起旗下五大品牌的每款新车型都推出电动化版本，其中推出插电式混动版（PHEV）的车型有DS 7 Crossback、标致3008、标致508、标致508 SW和欧宝Grandland X。

德国宝马公司在电动汽车领域也不甘落后，公司现在将新能源车辆的方向放在了氢燃料燃烧技术上，他们认为采用内置液氢燃烧室将是未来的发展趋势。2013年宝马首次发布纯电动i3，和混动车型i8一起组成了宝马新能源车i系列的首批车型。当时的i3搭载22kW·h蓄电池组，NEDC标准下续驶190km。2016年，宝马为i3换上了33kW·h蓄电池组，NEDC续驶增至271km，增程版则增至396km。仅仅过了两年，宝马发布了42kW·h蓄电池组的第三代i3，NEDC续驶里程增加到359km。

2003年，马丁·艾伯哈德（Martin Eberhard）和马克·塔彭宁（Marc Tarpenning）创立特斯拉汽车（Tesla Motors），特斯拉公司以电气工程师和物理学家特斯拉命名。2012年6月，Tesla Model S开始在美国交车，这台电动汽车（P90D）的驱动电机可以提供762马力（1马力=735.5W）的最大动力，713N·m的峰值转矩，这让Model S的百千米加速达到2.9s，0—400m加速也只需10.9s，最大续驶里程可以达到480km。Tesla Model 3是一款入门电动汽车，2016年3月31日发布，2017年7月开始量产并交付首批车辆，最大续驶里程可以达到500km。

近年来日本、美国、韩国等国家及主要整车企业均制定了燃料电池电动汽车发展战略，以加快布局燃料电池汽车产业。目前燃料电池电动汽车技术瓶颈已经基本突破，但技术成熟度、成本和基础设施条件仍不如纯电动汽车，市场尚处于起步阶段。未来提高技术水平、降低成本和完善加氢站等基础设施建设将成为发展重点。日本、美国、韩国及欧盟等国家或地区高度重视氢能与燃料电池电动汽车发展，将燃料电池电动汽车纳入国家或地区战略发展体系进行规划，并设立专项进行研发与示范推广。其中日本计划2020年燃料电池电动汽车累计销量达到4万辆，2030年累计销量达80万辆。主要整车企业也都积极开发燃料电池汽车，2017年9月奔驰发布GLCF-CELL量产车型，2018年上市销售，2018年1月现代发布新一代燃料电池汽车NEXO，最大续驶里程达805km。此外，通用、宝马、日产、起亚等企业计划2020年实现燃料电池车型量产。由此看出，国际领先的燃料电池汽车企业已完成燃料电池电动汽车基本性能研发并发布量产车型，燃料电池电动汽车技术实现重大进步。这些车企已基本突破燃料电池系统输出功率、体积功率密度、低温性能、可靠性、寿命等技术瓶颈，成本大幅下降，燃料电池系统的关键材料、关键部件已具备批量生产和供应能力，整车动力性能、续驶里程、寿命和环境适应性等方面已经达到传统燃油车水平。燃料电池电动汽车已经从基础研究、示范样车进入工程化、商品化发展阶段。

另外，像马自达、雷诺、沃尔沃等汽车制造商都在研发并推出电动汽车。随着各大汽车制造商角逐电动汽车，各种各样的动力蓄电池电动汽车、混合动力汽车、燃料电池电动汽车等越来越多的出现在市场上。

1.2.5 国内电动汽车的发展现状

2010年以后，全球石油价格持续走高、保护环境呼声日益强烈，在消费者对低碳生活的积极需求等诸多因素的影响下，电动汽车的发展再度被各国政府和各大车企提上日程。中国近年来也在积极发展电动汽车技术，具有中国自主知识产权的电动汽车也是层出不穷。国内很多高校、研究机构和汽车生产商都在研究和开发电动汽车。传统汽车企业，如比亚迪和吉利近年来推出多款纯电动汽车型，如比亚迪宋、秦系列及吉利帝豪EV等，续驶里程超过300km，蓄电池能量密度也有很大进步；蔚来、威马等新兴汽车企业则以智能网联电动汽车为突破口布局纯电动汽车市场，相继推出蔚来ES8、威马EX5等车型，市场反应良好，推进了纯电动汽车市场的发展。其中，蔚来作为造车新势力的代表，产品已经实现量产并上市，其主力产品ES8是一款高性能纯电动SUV，续驶里程达到355km，蓄电池能量密度为135.65W·h/kg，其技术业界领先，并推出了换电模式，大大缓解了充电时间长和里程较短等问题，同时降低了用户用车成本，也为我国纯电动汽车发展提供了新的思路与方向。

我国也重视发展混合动力电动汽车，借此可以实现低耗低排，也为纯电动汽车的全面推进和燃油车退市做好过渡，有效地减少了国内对石油资源的依赖。对于插电式混合动力汽车，比如广汽传祺GA3S纯电续驶里程60km，比亚迪秦纯电续驶里程70km，艾瑞泽7e纯电续驶里程50km，荣威e550纯电续驶里程60km。一般商业用电价格来计算，峰期电价在1元/(kW·h)左右，谷期电价在0.3元/(kW·h)左右。插电式混合动力汽车按照前50km耗电10kW·h，后50km耗油3L计算，百千米使用成本在24~31元，而对于排量在1.6L的纯燃油车来说，百千米的使用成本在60元左右，因此相比较来讲，混合动力汽车的使用成本大大减少。除此之外，结合电能的来源多元化的特点，各种可再生的能源都可以转化成为电能，增加电力在交通能源领域中的应用，优化交通能源消耗。其中比亚迪秦是自主品牌混合动力汽车的标杆，采用最新的DM双模混动系统，可实现纯电动或汽油+电动模式进行驱动，百千米加速时间仅为5.9s，综合油耗仅1.6L/100km，性能先进，燃油经济性良好。

在国家政策的大力支持和行业的共同努力下，我国燃料电池电动汽车产业也取得长足进步，燃料电池电动汽车产业链体系初步建立，技术研发取得积极进展，市场化步伐正加快推进，产业集群初步形成。目前我国共有超过200家企业从事氢能及燃料电池电动汽车相关业务，初步建立了涵盖制氢、储氢、加氢、燃料电池、关键部件、整车的产业链体系。形成了以北汽福田、宇通客车、上汽集团、佛山飞驰等为代表的整车企业，和以亿华通、新源动力、南通百应、兴邦能源、广东国鸿、上海重塑等为代表的燃料电池企业，截止到2017年底已建成运营加氢站8座。我国已基本掌握了原材料、燃料电池电堆、系统、整车等关键技术，建立了具有自主知识产权的燃料电池电动汽车动力系统技术平台，实现了电堆、催化剂、膜电极、质子交换膜、双极板、DC/DC变换器等关键部件及原材料的国产化，形成了燃料电池电堆、系统、DC/DC变换器、储氢与供氢系统等关键零部件的配套研发体系，具备了燃料电池电动汽车动力系统平台与整车生产能力，燃料电池客车性能基本实现与国际并行，在氢燃料消耗量方面已形成领先优势。

我国电动汽车产业发展离不开政策的支持，中国在"八五""九五"期间就开始立项研究电动汽车，并在"十一五"期间全面开花，取得了丰硕的研究成果。在最新的"十三五"规划中，汽车行业的目标之一就是进一步推进节能减排，实现乘用车新车整体油耗水平达到5L/100km的目标，推进汽车智能化和网联化，将新能源汽车形成规模，纯电动汽车和插电混合动力汽车生产能力达到200万辆，累计销量产量达到500万辆。为此，2017年9月27日，工信部、财政部、商务部、海关总署、质检总局联合公布了《乘用车企业平均燃料消耗量与新能源汽车积分并行管理办法》。平均油耗、新能源双积分政策落地。按照规定，对传统能源乘用车年度生产量或者进口量不满3万辆的乘用车企业，不设定新能源汽车积分比例要求；达到3万辆以上的，从2019年度开始设定新能源汽车积分比例要求。2019年度、2020年度，新能源汽车积分比例要求分别为10%、12%。2021年度及以后年度的新能源汽车积分比例要求，由工业和信息化部另行公布。双积分分为两部分：CAFC积分是企业平均燃料消耗量，NEV新能源积分是企业新能源车实际产量与达标产量差值。双积分可以结转、转让和抵偿。这项政策参考了欧盟和美国的政策，但实际效果远大于欧美，将直接对车企向新能源转型有着强烈的推动力，从而促使更多车企投身到新能源汽车领域，对我国新能源汽车产业意义重大。

1.3 不堪重负的环境压力

目前世界汽车保有量约8亿辆，并以每年超过3000万辆的速度递增，预计到2020年全球汽车保有量将达到12亿辆以上，主要增幅来自发展中国家。我国汽车产销保持快速增长，2008年汽车产量934万辆，2009年汽车产量超过1300万辆，2010年汽车产量更是达到了1800万辆，2011年汽车产量1840万辆。这些燃油汽车所排放的废气造成空气质量日趋恶化，使得各国政府都在逐步限制燃油汽车的排放；同时，目前世界石油资源日趋紧张，石油价格始终居高不下。目前，各国政府和各大汽车制造厂商都正在加紧开发无排放或低排放、低油耗的清洁汽车。

近几年来，我国政府也越来越重视能源安全问题和环境保护问题。现在我国石油的对外依存度已经达到了 55.2%，2010 年车用燃料共消耗了 4.4 亿 t 石油，其中 2.4 亿 t 来自海外进口，对外依存度已经超过了美国，这是一个很危险的信号。随着石油产品越来越昂贵，不管是否愿意，传统汽车将从生活中减少甚至消失，作为汽车生产厂家是不会愿意看到这种场景，因此一直以来都在寻找石油的替代能源。

在环境保护方面，我国政府把环境保护作为实施可持续发展战略的一项重要内容。我国环境监测数据表明，汽车尾气排放是城市大气污染的主要来源之一。北京市机动车尾气排放对大气污染物中 CO、HC、NO_x 的分担率分别为 63.4%、73.5% 和 46%，在非采暖期这一分担率更高，分别为 80.3%、79.1% 和 54.8%。上海市更为严重，分别为 86%、96% 和 56%。广州、武汉、天津、重庆等许多大中型城市具有类似情况。随着工业化进程的加快，以及汽车保有量的迅速增加，汽车尾气的影响已经蔓延到了中小城市。调查研究表明，平均而言大气污染的 42% 来源于交通运输。据有关部门年统计，在全国 600 多座规模城市中，空气质量达到国家一级标准的城市不足 1%。

因此，我国政府决定推广新能源汽车的应用，并以此为契机，推动我国汽车产业的结构升级，促进汽车产业的长远发展，振兴中国的汽车产业。随着我国汽车保有量的不断增加，市场需求与能源环境约束之间的矛盾越来越突出，汽车将由传统燃油汽车向高效低排放的电动汽车方向发展。我国必须把发展新能源汽车放在重要的战略位置。目前我国已经具备发展新能源汽车的基础和条件，一些技术处于世界领先水平。

1.4 电动汽车常见产品和发展方向

电动汽车的主要动力源为电能，车载能量转换为电能通过驱动电机等动力装置转化为机械能，从而驱动汽车行驶。目前国家"十三五"规划中新的划分中，非插电式混合动力汽车不再属于新能源车辆，而将其列为节能汽车类别。从原理上讲，虽然非插电式混合动力汽车有电动部分，但主要动力源仍然是内燃机，而且混合动力的节能效果不是十分明显，国内外资料显示，一般为 15% 以下。国家将插电式混合动力电动汽车仍然归属于电动汽车范畴，是因为插电式混合动力电动汽车的驱动仍为电动，内燃机部分仅在整车电能不足的情况下提供动力，来获得较大的续驶里程。

1.4.1 电动汽车的发展方向

汽车从诞生到现在已经有 100 多年历史了，主要发展历程有三个阶段：欧洲的手工生产、美国的自动化生产和日本引导的精益化生产。目前全球汽车发展处于精益化和规模化发展的阶段。汽车的出现改变了世界，促进了经济的发展，改善了人们的生活。但是发展到今天，却带来了三大严重问题：能源问题、环保问题和安全问题。为了解决这些问题，科学家在不断地改造和完善汽车，不断地改造汽车的驱动动力和燃料。动力改造主要包括研制新型发动机，革新发动机的燃烧及控制，提高燃油经济性和减少排放水平。在燃料方面主要包括研发新型清洁燃料，寻找替代的新型能源，改造传统的汽车动力设备。电动汽车以其低排放、高经济性等特点经过漫长的沉浮、发展，又重新走上了历史舞台。由于石油的价格不断攀升和环境的不断恶化，人们对电动汽车又有了新的认识。纵然在以后的十年甚至几十年内，电动汽车还不能完全替代传统的燃油汽车，但是，电动汽车至少为汽车的长远发展提供了一个最有效的方向。电动汽车必将引起更大的关注，也会有一个深远的发展。

虽然现在许多地方和企业都不同程度地完成了电动汽车的功能样车、性能样车，并有了一定的批量生产和示范运行，但是还要清醒地认识到电动汽车发展的和产业化的艰巨性，不仅仅要解决驱动控制理论和实践问题，还要解决驱动电机、电力电子变换器、动力蓄电池、能源管理系统、变速器等批量生产的技术问题，更要保证产品的可靠性、安全性、稳定性和考虑产品成本等诸多问题。

1.4.2 常见的电动汽车

国内常见的电动汽车类型如图1-1～图1-6所示。

图1-1 纯电动轿车

图1-2 纯电动大巴车

图1-3 纯电动高尔夫球车

图1-4 纯电动叉车

图1-5 纯电动观光车

图1-6 纯电动平板车

1.5 电动汽车的关键技术和优劣分析

1.5.1 电动汽车的关键技术

现代电动汽车的核心是高效、清洁和智能化的利用电能驱动车辆。其关键技术包括汽车制造技术、电子技术、信息技术、能源技术、电力驱动技术、能量管理技术、自动控制技术、材料技术、电化学技术、安全技术等，还涉及交通、能源、网络和城市规划等多学科技术。将相关的技术全面整合，合理控制成本，是电动汽车技术成功的核心。现代电动汽车技术归纳为如下几个方面：

1. 电力驱动系统

电力驱动系统是电动汽车的心脏，该系统包括驱动电机装置、机械传动装置、车轮等。驱动电机装置是电力驱动系统的核心，针对电动汽车设计的电力驱动系统需要满足以下基本要求：

1）具备高功率密度和高瞬时输出功率。
2）在电动汽车行驶或爬坡时能够输出最大的转矩。
3）具备宽调速范围，能够在各种转速下提供合适的转矩。
4）具备较高的能量效率。
5）能够具备高可靠性和鲁棒性。
6）实现制动能量回馈，具有较高的能量回收效率。
7）具备优异的性价比。
8）具备合理的外形和构造，便于安装、维修。

2. 动力蓄电池

现代电动汽车的动力蓄电池是电动汽车商业化和全面推广的关键因素，也是电动汽车领域的一个主要研究内容。适合现代电动汽车的动力蓄电池应满足如下要求：

1）高能量和能量密度。
2）高功率和功率密度。
3）能够实现快速充电和深度放电的能力。
4）使用寿命长，循环使用。
5）高充电率和高放电率。
6）使用安全可靠。
7）环保且可以回收。
8）同一型号的蓄电池的一致性较好。
9）具备较高的性价比。

3. 能量管理系统

电动汽车的能量管理系统是人机对话的基本窗口。电动汽车不能像传统的燃油汽车那样对能量进行直接观察，它需要一套能量管理系统，以便最大限度地利用电动汽车所带动力蓄电池的能量，并获得车辆运行的各种信息。它主要由安装在电动汽车上的各种传感器和处理

器等组成,从而可以实现以下功能:
1) 优化系统能量流。
2) 实时显示剩余能量和可继续行驶的里程数。
3) 提供最佳的驾驶模式。
4) 实时监控外界及动力蓄电池的温度情况。
5) 实时监控动力蓄电池的能量分布情况。
6) 提供必要的动力蓄电池工作记录。
7) 甄别动力蓄电池错误信息,监控动力蓄电池的运行状况。

4. 车辆结构

现在的电动汽车的生产主要有两种方式:一种是改装;另一种是专门设计和生产。改装就是在原有车辆的基础上,用驱动电机、功率转换机分配装置、动力蓄电池等取代现有的发动机和相关部件。改装车仍然用原来的底盘,这对于小规模电动汽车生产而言是比较经济的。但是这类电动汽车却又有着天生的缺点:车体重、质心高、质量分布不平衡等。而对于专门设计的电动汽车,可以实现特定的设计目标,可以更加灵活地协调各部件和电动系统,车辆结构和质量分配也更加合理。

为了提高电动汽车的整体性能,如续驶里程、最高车速、加速能力和爬坡能力等,电动汽车需要重新设计,对电动汽车的外观、风阻系数、滚动阻力等问题充分考虑,更能体现较高的人机工程学水平。

5. 系统整体优化

电动汽车是综合了多个学科、多个领域的复杂技术系统。为了提高电动汽车的总体性能,降低电动汽车的成本,系统优化尤为重要。目前的设计可以通过计算机建模仿真、有限元分析、综合评估的方式进行优化,从而降低开发成本和缩短开发时间。电动汽车整体优化需要考虑的主要问题如下:

1) 电动汽车各个子系统之间的相互作用复杂,并且影响全车性能,因此要充分考虑这些相互作用的结果对整车的影响。
2) 模型的精确性与复杂性往往一致,却与仿真的实用性相矛盾,因此合理地建立模型十分重要。
3) 考虑到各部件或设备的电压等级需求,合理安排好蓄电池电压、控制系统电压、驱动电机电压之间的关系,车辆的电压与电器往往与车辆的安全性有着密切关系。
4) 需要着重考虑车辆各电能消耗部件用电的比例关系,合理分配能源的同时,充分考虑总的电能需求。
5) 着重考虑电动汽车与传统汽车的性能和操作对驾驶人的影响,尽量合理地设计,尊重操作习惯。
6) 车辆的传动和操控系统可以从新的角度重新设计,但必须考虑新的传动和操作系统在失电情况下的安全性和可靠性。

1.5.2 电动汽车优势

尽管目前内燃机电控技术和排气净化技术的应用,使汽车的排放和油耗都降到了很低的程度,但是未能从根本上解决环境污染和能源问题。另外,燃气汽车或双燃料汽车虽然具有低排放的特点，但是所燃烧的天然气或液化气资源有限，并且储存所需空间大，携带不便；太阳能汽车能实现零排放的要求，但由于车辆的可利用面积有限，太阳能蓄电池板所能提供的功率有限，不足以支持车辆的正常行驶，而且太阳能蓄电池受日照及环境的影响非常严重，不能作为移动车辆的动力源使用。太阳能蓄电池一般由太阳能板和蓄电池结合构成，但是由于太阳能的发电量限值，携带蓄电池容量较小，因此其行驶里程很短，且充电时间很长。目前能见到的太阳能蓄电池汽车仅仅出现在实验性或者概念性电动汽车上。即使有的电动汽车自带太阳能蓄电池板，但是所带的太阳能蓄电池板还只是附属品，产生的电能仅仅能够支持部分低压电器使用。

电动汽车的主要优点还表现在以下几点：

1. 无污染，噪声低

电动汽车无内燃机汽车工作时产生的废气，不产生排气污染，对环境保护和空气的洁净是十分有益的，几乎是"零污染"。众所周知，内燃机汽车废气中的 CO、HC 及 NO 微粒等污染物形成酸雨酸雾及光化学烟雾。电动汽车无内燃机产生的噪声，驱动电机的运转噪声也比内燃机小。诚然，电动汽车需要电能，我国的电能结构仍然以火电为主，火电占发电总数的 80% 以上。但是，火电厂绝大多数处于城市外沿或者人口比较稀少的地段，而且电厂对烟尘的排放处理更为彻底和有效，主要的排放以 CO_2 为主。因而，对城市而言，电动汽车的使用相当于污染转移，对城市还是非常有利的。

2. 削峰填谷

众所周知，我国的电能十分紧张，但是电能的利用主要是在白天用电高峰比较集中，对电网和电路形成较大冲击，而夜间电力需求较低，造成大量电能剩余和浪费。因此国家一直鼓励分时用电，对于夜间用电给予更多优惠。电动汽车充电一般是在夜间进行，而且相对用电量比较大，这就能够起到调节电能利用的效果。电动汽车夜间充电不仅可以起到削峰填谷的作用，更会降低车辆的使用成本。

3. 能源效率高，多样化

经过大量研究表明，电动汽车能源效率已远远超过汽油机汽车。特别是在城市运行工况，汽车走走停停，行驶速度不高，电动汽车更加适宜。电动汽车停止时不消耗电量，在制动过程中，驱动电机可自动转化为发电机，实现制动减速时能量的再利用。有些研究表明，同样的原油经过粗炼，送至电厂发电，经充入蓄电池，再由蓄电池驱动汽车，其能量利用效率比经过精炼变为汽油，后再经汽油机驱动汽车要高，因此有利于节约能源和减少 CO_2 的排量。

再者，目前国内电力源的构成在逐步发生变化，水能、风能、核能、地热能、潮汐能等多种能源的不断兴起，将使电动汽车的环保优势更加凸显，也更符合能源安全的要求。

4. 结构简单，使用维修方便

电动汽车采用驱动电机驱动，驱动电机相对于内燃机来说，其结构简单、体积较小、无高温或排放设施，必要时可以取消变速系统和传动轴系统。从而使电动汽车相对于传统内燃机汽车结构更加简单，车辆运转、传动部件可以有效减少，还有车辆的各类滤芯基本上不复存在，车辆的维修保养工作量减小。尤其近年来，电动汽车驱动电机的高速发展，驱动电机多采用交流电机或者是永磁无刷电机，基本上属于免维护电机，车辆的维护和保养周期更长，故障率更低。近年来，随着驱动电机和电子技术的不断发展，驱动电机体积不断缩小，

驱动电机能量密度不断增加，因而驱动电机可以做到很小或者很薄。这样电动汽车就可以将驱动系统分开，实现多轮驱动甚至全轮驱动，车辆结构会更加简单。

1.5.3 制约电动汽车发展的不利因素

虽然电动汽车有诸多的优点，但是目前来说，其缺点也是显而易见的，制约电动汽车的不利因素主要有以下几点：

1. 蓄电池或者能量装置价格偏高

电动汽车用蓄电池的种类较多，但是每一种蓄电池的价格都相对较高。相对于传统汽车来说，电动汽车的蓄电池价格占到了整车价格的很大比例甚至一半。无论是传统的铅酸蓄电池，或者是较为先进的锂离子蓄电池，又或者是造价更高的燃料电池，价格都非常昂贵。究其原因，主要是蓄电池所用的材料区别于传统的材料，或者是稀有金属，或者是贵重金属。例如，锂离子蓄电池的锂元素、燃料电池的铂元素等，都属于贵重材料。还有就是目前多数动力蓄电池的规模还是比较小或者没有成批量生产，而且生产工艺复杂，投入较大，因此蓄电池的价格一直在高位运行。随着国际能源的紧缺，贵金属资源分配的不平衡，稀有金属的价格一路走高，因而蓄电池的价格有可能继续攀升。

2. 整车制造成本较高

电动汽车制造成本较高不仅仅是蓄电池的价格高，电动汽车的各类配件和总成相对于传统车辆都有很大的不同。同样受到工艺和产量的影响，电动汽车除蓄电池外的各种总成的价格也比较高。而且车辆过度依赖电子控制，电子产品的需求较大。因为电动汽车使用的多数为高功率电子产品，这样就对电子产品的要求较高。为了保证性能的稳定，电子产品的选用上也需格外注意。而且由于这类产品的需求量较低，产量不大，造成电动汽车整车成本的大幅上升。但是随着电动汽车的广泛应用和普及，电动汽车的电子产品的产量会明显增加，价格将会逐步回落到一个合理的范围。

3. 蓄电池性能不足

蓄电池是目前困扰电动汽车发展的关键因素之一。蓄电池的性能不足严重困扰了电动汽车的发展步伐。蓄电池的性能不足主要体现在能量密度不够高，循环使用寿命不够长，充电性能不够强。虽然目前蓄电池的性能有了长足的发展，但是相对于传统汽车来说，目前的电动汽车还是不能完全适应所有环境。蓄电池的能量密度不够高，要想得到较大的续驶里程，只能配备更多的蓄电池，由此造成车辆的成本和重量提高，承载量也就相应下降，出现了成本过高、性能不足的现象。蓄电池的循环寿命决定了使用成本。虽然电动汽车的整车使用寿命较传统车辆有了很大的提升，然而，如果蓄电池的循环寿命过短，在车辆的使用寿命中就需要更换蓄电池。由于蓄电池价格昂贵，使得人们更加关注蓄电池的使用寿命问题。再就是充电问题，电动汽车充电的方式有很多种，燃料电池可以更换燃料，但是由于价格十分昂贵，采用的较少。更多的是采用化学性动力蓄电池。目前虽然多数厂家均表示蓄电池可以运行高倍率充放电，但是由于蓄电池的性能所致，高倍率充电将会严重影响蓄电池的使用寿命，甚至会影响蓄电池的安全性。

虽然电动汽车动力蓄电池还有这样或那样的缺点，但是目前的动力蓄电池已经有了长足的发展。目前车辆的使用也越来越专业化，针对车辆的使用工况和使用环境，在电动汽车车辆设计过程中，针对蓄电池的特点和性能，经过严格计算和合理配置，还是能够适合产品的要求的。在随后的第 4 章电动汽车动力蓄电池的内容中，将重点分析各类蓄电池的性能和优缺点，以及如何合理选择动力蓄电池。

4. 充电设施的制约

充电对电动汽车来说是不容忽视的一个关键环节。虽然多数电动汽车的充电机还不算是其自身的一部分，但是充电机的影响却不容忽视。对于电动汽车的整个运营环节来看，充电机的价格显得非常重要。对于不同的电动汽车，充电的需求也不一样，对于不同的蓄电池规格，充电机的原理也不尽相同，充电机的好坏将直接影响蓄电池的使用寿命。有的车辆带一个车载充电机即可满足使用要求，有的车辆却需要专用的地面充电设备，甚至需要大型的充电中心等。

1.6 电动汽车常用技术术语

电动汽车常用的术语主要分为整车术语、驱动电机及控制器、动力蓄电池和充电器四个部分，下面给出了电动汽车常用术语及其英文名称以及简单的定义或解释。

1.6.1 整车术语

1. 整车

电动汽车（Electric Vehicle，EV），指电动汽车总称。

纯电动汽车（Battery Electric Vehicle，BEV），指由动力蓄电池或其他储能装置作为电源的汽车。

燃料电池电动汽车（Fuel Cell Electric Vehicle，FCEV），指以燃料电池作为动力电源的汽车。

2. 驱动、行驶装置

辅助系统（Auxiliary System），指驱动系统以外的其他用电操作的车载系统。

车载能源（On-board Energy Source），指变换器和储能设备的组合。

驱动系统（Propulsion System），指车载能源和动力系的组合。

动力系统（Power Train），指动力电源与传动系统的组合。

前后方向控制器（Drive Direction Control），指通过驾驶人操作，控制汽车方向的装置。

蓄电池承载装置（Battery Carrier），指为承放动力蓄电池而设置的装置，分为固定式或移动式。

电平台（Electrical Chassis），指一组电气相连的可导电部分，其电位作为基准电位。

动力电缆（Power Cable），指构成驱动电机动力电路的电线。

充电插孔（Charging Inlet），指在车身的行安装充电用插座或充电口的装置。

3. 电气装置及部件

断路器（Circuit Breaker），指当电路异常时，切断电路的装置。

储能装置（Energy Storage），指能够存储电能的装置，包括动力蓄电池、超级电容、飞轮蓄电池等。

带电部分（Live Part），指正常使用时，被通电的导体或导电部分。

可导电部分（Conductive Part），指能够使电路通过的部分。

外露可导电部分（Exposed Conductive Part），指可触及的可导电部分。

主开关（Main Switch），指用于开、关动力蓄电池和控制其主电路的开关。

绝缘电阻检测系统（Insulation Resistance Monitoring System），指对动力蓄电池与车辆底盘之间绝缘电阻检测系统。

维护插接器（Service Plug），指当维护或更换动力蓄电池断开电路的装置。

4. 指示器、信号装置

蓄电池过热报警系统（Battery Overheat Warning Device），指当动力蓄电池温度超出限值时发出报警信号的装置。

蓄电池液位报警系统（Battery Level Warning Device），指当动力蓄电池的电解液位过低，需要补充时发出报警信号的装置。

剩余电量显示器（Residual Capacity Gauge），指显示动力蓄电池剩余电量的仪器。

驱动电机超速报警装置（Motor Over Revolution Warning Device），指当驱动电机的转速超过限值时发出报警信号的装置。

驱动电机过热报警装置（Motor Overheat Warning Device），指当驱动电机的温度超出限值时发出报警信号的装置。

驱动电机过电流报警装置（Motor Over Current Warning Device），指当驱动电机的电流超出限值时发出报警信号的装置。

控制器过热报警装置（Controller Overheat Warning Device），指当控制器的温度超出限值时发出报警信号的装置。

漏电报警装置（Insulation Failure Warning），指当主电路出现漏电时发出报警信号的装置。

可运行指示器（Stand By Indicator），指显示可以正常运行的装置。

制动能量回收指示器（Eclectic Retarder Indicator），指显示电制动系统能量回收强弱的装置。

5. 行驶性能

放电能量（整车）（Discharged Energy），指电动汽车行驶中，由储能装置释放的电能。

再生能量（Regenerated Energy），指行驶中的电动汽车用再生制动回收的电能。

续驶里程（Range），指电动汽车在动力蓄电池完全充电状态下，以一定的行驶工况，能连续行驶的最大距离。

能量消耗率（Energy Consumption Ratio），指电动汽车在经过规定的实验循环后，消耗的电网的电量与行驶里程的百分比值。

最高车速（1km）[Maximum Speed（1km）]，指电动汽车能够往返各持续行驶 1 km 以上距离的最高平均车速。

30min 最高车速（Maximum Thirty - minutes Speed），指电动汽车能够持续行驶 30min 以上的最高平均车速。

加速能力（Acceleration Ability），指电动汽车由某一速度到达另一速度所需的最短时间。

坡道起步能力（Hill Starting Ability），指电动汽车在坡路上能够起动且 1min 内向上行驶最小 10m 的最大坡度。

动力效率（Power Train Efficiency），指在纯电动情况下，从动力系统输出的机械能与输入动力系统电能的比值。

爬坡车速（Speed Uphill），指电动汽车在给定的坡度上能够持续行驶1km以上的最高平均车速。

再生制动（Regeneration Breaking），指将一部分动能转化为电能并储存在储能设备装置内的制动过程。

6. 安全性能

误起步（Unintended Starting Out），指车辆不在期望的情况下发生起步移动。

爬电距离（Creepage Distance），指在两个可导电部分之间沿固体绝缘材料表面的最短距离。

直接接触（Direct Contact），指人或动物与带电部分直接接触。

间接接触（In Direct Contact），指人或动物与基本绝缘失效的情况下变为与带电的外露可导电部分的接触。

基本绝缘（Basic Insulation），指带电部分上对触电起基本防护作用的绝缘。

附加绝缘（Supplementary Insulation），指为了在基本绝缘实效情况下防止触电而在基本绝缘之外使用的独立绝缘。

双重绝缘（Double Insulation），指同时具有基本绝缘和附加绝缘的绝缘。

加强绝缘（Reinforced Insulation），指为防止直接接触所提供的相当于双重绝缘防护等级的带电部分上的绝缘结构。

防护等级（Protection Degree），指按照GB 4208定义，对带电部分的所提供的防护程度。

7. 质量

电动汽车整车整备质量（Complete Electric Vehicle Kerb Mass），指包括车载储能装置在内的整车整备质量。

电动汽车实验质量（Test Mass of an Electric Vehicle），指电动汽车整车整备质量与实验所需附加质量之后的整车质量。

电动汽车最大总质量（Max Mass of an Electric Vehicle），指电动汽车整备质量附加最大允许承载质量之后的整车质量。

1.6.2 驱动电机及控制器

1. 驱动电机及控制器

驱动电机（Electrical Machine），指将电能转化成机械能的或将机械能转换为电能的装置，它具有做相对运动的部件，是一种依靠电感应而运行的电气装置。

发电机（Generator），指将机械能转化为电能的装置。

电动机（Motor），指将电能转化为机械能的装置。

驱动电机（Drive Motor），指为车辆行驶提供驱动力的电机。

辅助电机（Auxiliary Motor），指驱动电机以外的电机。

驱动电机控制器（Electrical Machine Controller），指控制动力电源与驱动电机之间能量传输的一种装置，由控制信号接口电路、驱动电机控制电路和驱动电路组成，或称能量转换装置。

2. 驱动电机类型

串励直流电机（DC Series Electrical Machine），指励磁绕组和电枢绕组串联的直流电机。

并励直流电机（DC Shunt Electrical Machine），指励磁绕组和电枢绕组并联的直流电机。

无刷直流电机（DC Brushless Electrical Machine），指用电子电路取代电刷和机械转换器的直流电机，通常由永磁转子电机本体、转子位置传感器和电子换向电路三部分组成。

交流感应电机（AC Induction Electrical Machine），指转子与气隙旋转磁场同步旋转的交流电机。

交流同步电机（AC Synchronous Electrical Machine），指转子采用永磁材料励磁的交流电机。

永磁同步电机（Permanent-magnet Synchronous Electrical Machine），指转子采用永磁材料励磁的同步电机。

电励同步电机（Electrical Wound-field Synchronous Electrical machine），指转子上的励磁绕组通过集电环接至转子外部励磁电源的同步电机。

开关磁阻电机（Switched Reluctance Electrical Machine），指采用转子凸极且极数相接近的励磁绕组式步进电机结构，利用转子位置传感器通过电子功率开关控制各相绕组导通使之运行的电机。

3. 控制器部件

变换器（Converter），指使电气系统的一个或多个特征（电压、电流、波形、相数、频率）发生变化的装置。

逆变器（Inverter），指将直流电转化为交流电的变换器。

整流器（Rectifier），指将交流电转化为直流电的变换器。

斩波器（Chopper），指将输入的直流电压以一定的频率通断，从而改变输出的平均电压的变换器。

4. 相关装置

DC/DC 变换器（DC/DC Converter），指将直流电源电压转换成任意直流电压的变换器。

冷却装置（Cooling Equipment），指用于驱动电机及控制器的冷却装置。

5. 性能参数

额定功率（Rated Power），指在额定条件下的输出功率。

峰值功率（Peak Power），指在规定的持续时间内，驱动电机允许的最大输出功率。

额定转速（Rated Speed），指在额定功率下的驱动电机最低转速。

最高工作转速（Maximum Work Speed），指相应于电动汽车最高设计车速的驱动电机转速。

额定转矩（Rated Torque），指驱动电机在额定功率和额定转速下的输出转矩。

峰值转矩（Peak Torque），指驱动电机在规定的持续时间内允许输出的最大转矩。

堵转转矩（Locked-rotor Torque），指转子在所有角位堵住时产生的转矩最小测得值。

电压控制方式（Voltage Control Method），指通过改变驱动电机端电压而实现转速控制的控制方式。

电流控制方式（Current Control Method），指通过改变驱动电机绕组电流而实现转速控制的控制方式。

频率控制方式（Frequency Control Method），指通过改变驱动电机的电源频率而实现转速控制的控制方式。

矢量控制（Vector Control），指将交流电机的定子电流作为矢量，经坐标变换分解成与直流电机的励磁电流和电枢电流相对应的独立控制电流分量，从而实现驱动电机转速/转矩控制的方式。

直接转矩控制（Direct Control Method），指用空间矢量的分析方法，直接在定子坐标系下计算并控制交流电机的转矩，采用定子磁场定向，借助于离散的两点式调节产生脉冲宽度调制（PWM）信号，直接对逆变器的开关进行控制，已获得转矩的高动态性能的控制方式。

再生制动控制（Regenerative Braking Control），指通过驱动电机由电动状态转化为发电状态，将行驶中的车辆的动能转化为电能回充至车载储能装置而实现对车速控制的控制方式。

弱磁控制（Field Weakening Control），指通过减弱气隙磁场控制电机转速的控制方式。

输出特性（Output Characteristic），指驱动电机的转矩、输出功率与转速的关系。

连续输出特性（Continuous Output Characteristic），指在规定的条件下，驱动电机和控制器非限时连续运行的最大输出特性。

短时输出特性（Short Time Output Characteristic），指在规定的条件下，驱动电机和控制器在规定时间内连续运行的最大输出特性。

驱动电机及控制器整体效率（Combination Efficiency Machine and Controller），指驱动电机转轴输出功率与控制器输入功率的百分比值。

1.6.3 动力蓄电池

1. 动力蓄电池种类

蓄电池（Battery），指能将电能以化学能的形式储存并能将化学能转化为电能的一种电化学装置。

动力蓄电池（Traction Battery），指为电动汽车动力系统提供电能的蓄电池。

辅助动力蓄电池（Auxiliary Battery），指为电动汽车辅助系统提供电能的蓄电池。

铅酸动力蓄电池（CLead - acid Battery），指正极活性物质为二氧化铅，负极为铅，并以硫酸溶液为电解液的动力蓄电池。

金属氢化物动力蓄电池（Nickel - mental Hydride Battery），指正极使用镍氧化物，负极使用可吸收释放氢的储氢合金，以氢氧化钾为电解液的动力蓄电池。

锂离子动力蓄电池（Lithium ion Battery），指用碳酸锂、钴酸锂或锰酸锂等锂的化合物做正极，用可嵌入锂离子的碳材料做负极，使用有机电解液的动力蓄电池。

聚合物锂离子动力蓄电池（Polymer Lithium Battery），指正极、负极和电解液中至少有一种由聚合物材料构成的锂离子动力蓄电池，其凝胶状电解质一般由聚合物膜与有机电解质构成。

2. 结构

单体动力蓄电池（Cell），指构成动力蓄电池的最小单元，一般由正、负极及电解质组成。

动力蓄电池模块（Battery Module），指一组相联的单体动力蓄电池。

动力蓄电池组（Battery Pack），指由一个或多个动力蓄电池模块组成的单一机械总成，或称蓄电池包。

动力蓄电池管理系统（Battery Management System），指用于控制动力蓄电池输入和输出功率，监视动力蓄电池状态（温度、电压、荷电状态），为动力蓄电池提供通信接口的系统。

动力蓄电池辅助装置（Battery Auxiliaries），指动力蓄电池系统正常工作所需的动力蓄电池托架、冷却系统、温控系统等部件。

动力蓄电池系统（Battery System），指所有动力蓄电池组、辅助装置及动力蓄电池管理系统的组合。

3. 部件及相关设备

活性物质（Active Materials），指动力蓄电池充分参与化学充/放电反应的物质。

电解质（Electrolyte），指动力蓄电池进行化学反应时，为离子提供移动的介质，也可直接参与充/放电反应。

动力蓄电池壳（Container），指容纳蓄电池极板和电解质的容器。

液孔塞（Vent plug），指装在动力蓄电池上的孔盖，具备排气、防沫和防爆功能。

安全阀（Safety Valve），指防止动力蓄电池内部压力过高而导致动力蓄电池变形或破裂，同时还能防止外部空气进入到蓄电池内部的部件。

端子（Terminal），指蓄电池的极柱，与外部电路连接的部分。

排气装置（Ventilation Device），指将充电时因电解产生的气体收集起来，并排放出蓄电池外的装置。

端子盖（Terminal Cover），指防止端子（极柱）间发生短路的盖子。

4. 规格性能

（1）放电

工况放电（Load Profile Discharge），指模拟实际运行时的负荷，用相应的负荷进行放电的过程。

恒流放电（Constant Current Discharge），指动力蓄电池以一个受控的恒定电流进行放电。

恒功率放电（Constant Power Discharge），指动力蓄电池以一个受控的恒定功率进行放电。

倍率放电（Rated Discharge），指动力蓄电池以额定电流倍数值进行放电。

连续放电时间（Discharge Duration），指动力蓄电池不间断放电至中止电压时，从开始放电到中止放电的时间。

放电深度（Depth of Discharge，DOD），表示动力蓄电池的放电状态的参数，等于实际放电量与额定容量的百分比。

深度放电（Deep Discharge），表示动力蓄电池50%或更大的容量被释放的程度。

（2）充电

充电（Charge），指从外部电源供给动力蓄电池直流电，将电能转化成化学能的方式储存起来的过程。

浮充电（Floating Charge），指随时对动力蓄电池用恒压充电，使其保持一定的荷电状态。

涓流充电（Trickle Charge），指为补充自放电，使动力蓄电池保持在近似完全充电状态的连续小电流充电。

充电特性（Charge Characteristics），指充电时，动力蓄电池的电流、电压等与时间的关系。

完全充电（Full Charge），指动力蓄电池内所有的活性物质都转换成完全荷电的状态。

荷电状态（State‑of‑charge，SOC），指动力蓄电池放电后剩余容量与全荷电容量的百分比。

（3）充放电共有特性

n 小时放电率（n Hour Rate），表示动力蓄电池放电电流大小的参数，如果以电流 I 放电，动力蓄电池在 n 小时内放出的电量为额定值的话，这个放电率即为 I 下 n 小时放电率。

温度特性（Temperature Characteristics），指动力蓄电池性能因温度的变化而变化的特性。

温度换算（Temperature Correction），指将不同温度下的动力蓄电池容量、电解质比重等参数换算成标准温度下的值的过程。

温度系数（Temperature Coefficient），指由于动力蓄电池温度的改变，可用的容量与标准温度下可用容量的比值百分比。

（4）容量

容量（Capacity），指完全充电的蓄电池在规定条件下所释放的总的电量，用 C 表示。

额定容量（Rated Capacity），指在规定条件下测得的，由制造给定的动力蓄电池容量。

n 小时率容量（n Hour Rate Capacity），指完全充电蓄电池在 n 小时率放电电流放电，达到规定终止电压时所释放的电量。

可用容量（Available Capacity），指在规定条件下，从完全充电的动力蓄电池中释放的电量。

理论容量（Theoretical Capacity），指假设活性物质完全被利用，动力蓄电池可释放的电量。

储存性能（Storage Characteristics），表示动力蓄电池长期搁置后容量变化的特性。

总能量（Total Energy），指动力蓄电池在其寿命周期内电能输出的总和。

充电能量（Charge Energy），指通过充电，动力蓄电池所获得的电能。

放电能量（Discharge Energy），指动力蓄电池放电时输出的电能。

（5）密度

能量密度（Energy Density），指从动力蓄电池的单位质量或单位体积所获取的电能。

质量能量密度（Specific Energy Density），指从动力蓄电池的单位质量所获取的电能。

体积功率密度（Volumetric Energy Density），指从动力蓄电池的单位体积所获取的电能。

功率密度（Power Density），指从动力蓄电池的单位质量或单位体积所获取的输出功率。

质量功率密度（Specific Power Density），指从动力蓄电池的单位质量所获取的输出功率。

体积功率密度（Volumetric Power Density），指从动力蓄电池的单位体积所获取的输出功率。

(6) 电压

标称电压（Normal Voltage），指用于鉴别动力蓄电池类型的适当的电压近似值。

开路电压（Open Circuit Voltage Off-load Voltage），指动力蓄电池在开路条件下的端电压。

单体动力蓄电池电压（Cell Voltage），指单体动力蓄电池的开路电压。

平均电压（Average Voltage），指在规定的放电过程中，以瓦·时数除以安·时数所得的值，它不是一段时间内的平均电压。

负荷电压（On-load Voltage），指动力蓄电池接上负载后处于放电状态下的端电压。

电压—电流特性（Voltage-current Characteristics），指动力蓄电池在充/放电过程中，电压与电流的关系特性。

充电终止电压（End-of-charge Voltage），指动力蓄电池标定停止充电时的电压。

放电终止电压（End-of-discharge Voltage），指动力蓄电池标定停止放电时的电压。

(7) 电流

放电电流（Discharge Current），指放电时动力蓄电池里输出的电流。

额定放电电流（Rated Discharge Current），指额定容量除以规定放电时间所得到的电流。

充电电流（Charge Current），指充电时动力蓄电池里流过的电流。

最大允许电流（Maximum Allowable Current），指动力蓄电池充电时，所允许充电电流的最大值。

(8) 电阻

绝缘电阻（Insulation Resistance），指动力蓄电池端子与蓄电池箱或车体之间的电阻。

内阻（Internal Resistance），指动力蓄电池中电解质、正负极群、隔板等电阻的总和。

(9) 效率

充电效率（Charge Efficiency），指库伦效率与能量效率的总和。

库伦效率（Coulombic Efficiency），指放电时，从动力蓄电池中释放的电量与恢复到初始容量所需的电量的百分比。

能量效率（Energy Efficiency），指放电能量与充电能量之比值。

(10) 现象

自放电（Self Discharge），指动力蓄电池内部自发的或者不期望的化学反应造成的电量自动减少的现象。

内部短路（Internal Short Circuit），指蓄电池内部正极与负极发生的短路现象。

析气（Gassing），指动力蓄电池在充电过程中产生气体的现象。

热失控（Thermal Runaway），指动力蓄电池充/放电过程中，电流及温度发生一种累积的相互增强作用而导致动力蓄电池损坏的现象。

反极（Reversal），指动力蓄电池正常极性发生改变的现象。

漏液（Leakage），指电解液泄漏到蓄电池外部的现象。

记忆效应（Memory Effect），指动力蓄电池经过长期充放电后显示出明显的容量损失和放电电压下降，经过数次完全充/放电循环后可恢复的现象。

过充电（Over Charge），指动力蓄电池完全充电后仍延续充电的现象。

过放电（Over Discharge），指动力蓄电池放电低于放电终止电压的放电现象。

1.6.4 充电器

1. 概述

充电（Charge），指以受控的方式将电能传输到电动汽车的动力蓄电池或其他储能装置中的过程。

充电能量（Charging Energy），指用于充电的电能，有交流充电能量和动力蓄电池充电能量两种。

交流充电能量（AC Charging Energy），指通过交流电源输入充电器的电能。

动力蓄电池充电能量（Battery Charging Energy），指通过充电器输入动力蓄电池的电能。

充电电流（Charging Current），指充电器工作时输出的电流。

充电电压（Charging Voltage），指充电器工作时输出端的电压。

充电器（Charger），指控制和调整动力蓄电池充电的电能转换装置。

车载充电器（On – board Charger），指固定安装在车上的充电器。

非车载充电器（Off – board Charger），指不固定安装在车上的充电器。

部分车载充电器（Partially On – board Charger），指一些元器件安装在车上，另一部分元器件不安装在车上的充电器。

2. 充电方式

均衡充电（Equalizing Charge），指为确保动力蓄电池所有单体动力蓄电池荷电状态均匀的一种延续充电。

恒流充电（Constant Current Charge），指以一个受控的恒定电流给动力蓄电池进行充电的方式。

恒压充电（Constant Voltage Charge），指以一个受控的恒定电压给动力蓄电池进行充电的方式。

脉冲充电（Pulse Charge），指以脉冲电流给蓄电池充电的方式。

感应式充电（Inductive Charge），指利用电磁感应给动力蓄电池进行充电的方式。

传导式充电（Conductive Charge），指利用电传导给动力蓄电池充电的方式。

3. 结构、部件

直流电源（DC Power Supply），指提供直流电能的装置。

充电电缆（Outlet Cable），指给电动汽车充电用的连接线。

充电插接器（Charging Connector），指充电电流与电动汽车连接的装置。

充电计时器（Timer for Charge），指设定充电时间的装置。

充电插头、插座（Outlet Plug of Charge），指电动汽车充电用的插头、插座。

锁止机构（Lock Actuator），指机械锁止充电插接器的装置。

充电控制器（Charging Controller），指对充电过程进行控制的装置。

4. 规格、性能

额定频率（Rated Power），指交流电源输出频率的额定值。

额定输入容量（Rated Input Capacity），指在规定条件下，充电器工作时的输入容量。

输入频率（Input Frequency），指交流输入电源的频率。

频率变动范围（Frequency Fluctuation Range），指交流输入电源的频率允许变动范围。

效率（Efficiency），指输出与输入能量之比值。

电压调节范围（Voltage Adjustable Range），指充电器输出电压的可调整范围。

电压变动范围（Voltage Alteration Range），指充电器的交流输入电源电压的允许变动范围；直流输出电压的变动范围。

电压脉动（Voltage Ripple），指叠加在直流电压上的脉动电压。

电流脉动（Current Ripple），指叠加在直流电流上的脉动电流。

谐波电流（Harmonic Current），指与基本频率成整数倍的电流的总称。

冲击电流（Rush Current），指充电器启动时在一至数个周期内产生的过大交流（输入）电流，一般用峰值表示。

高频噪声（High Frequency Noise），指由充电器发出的传导性及辐射性噪声。

传导噪声（Conduction Noise），指重叠或侵入充电器输入或输出端的高频噪声。

辐射噪声（Radiation Noise），指充电器传播并发射到空间的高频噪声。

第 2 章 Chapter 2

纯电动汽车

纯电动汽车是指以车载电源为动力，用驱动电机驱动车轮行驶，符合道路交通、安全法规各项要求的车辆。一般采用高效率可充放电的动力蓄电池为动力源。因此，纯电动汽车的驱动电机相当于传统汽车的发动机，动力蓄电池相当于原来的油箱。电能是二次能源，可以来源于风能、水能、热能、太阳能等多种方式，应用前景广阔。

2.1 概述

2.1.1 纯电动汽车的分类

纯电动汽车可以根据不同的指标进行不同种类的划分。按用途分类可分为纯电动乘用车和纯电动商用车；按驱动形式分类可分为直流电机驱动的纯电动汽车、交流电机驱动的纯电动汽车、双电机驱动的纯电动汽车、双绕组电机驱动的纯电动汽车、轮毂电机驱动的纯电动汽车等；按使用蓄电池类型分类可分为铅酸动力蓄电池纯电动汽车、镍氢动力蓄电池电动汽车、锂离子动力蓄电池电动汽车、燃料电池电动汽车等。

2.1.2 纯电动汽车的组成

纯电动汽车主要由电力驱动系统、电源系统、和辅助系统三部分组成。

纯电动汽车在行驶过程中，由动力蓄电池输出电能（电流），通过控制器驱动电机运转，驱动电机输出的转矩经由传动系统来驱动车轮前进或后退。电动汽车续驶里程与动力蓄电池容量有关，动力蓄电池容量受诸多因素限制。要提高一次充电续驶里程，必须尽可能节省电能。

1. 电力驱动系统

电力驱动系统主要包括电子控制器、功率转换器、驱动电机、机械传动装置和车轮等。它的功用是将存储在动力蓄电池中的电能高效地转化为车轮的动能，并能够在汽车减速制动时，将车轮的动能转化为电能充入动力蓄电池中。

在纯电动汽车中，直流电机和交流电机这两大类电机应用较多。当动力系统采用直流电机时，优点是驱动系统结构简单，省去了离合器和变速器，并具有起步加速牵引力大、控制系统较简单等优点。但它的整个动力传动系统效率较低，因此逐渐被采用其他类型驱动电机的动力系统所取代。当动力系统采用交流电机时，突出的优点是体积小、重量轻、效率高、调速范围宽和基本免维护，但制造成本较高。随着电力电子技术的进一步发展，成本将随之降低，采用这类驱动系统的纯电动汽车将具有强大的生命力。

纯电动汽车控制系统的性能将直接影响整车性能指标,它将驾驶人对车辆的操控（输入信号）转化为车辆的速度、方向等状态或电学参数的变化（输出）,因此被称作整车的大脑。

驱动电机种类的不同,与之相匹配的控制器也不尽相同,控制器的作用是将动力蓄电池的直流电逆变成交流电后驱动电机,经传动系统驱动车轮,使车辆行驶。

有关驱动电机的内容请详见第5章的介绍。

2. 电源系统

电源系统主要包括动力蓄电池、能量管理系统和充电机等。它的功用是向驱动电机提供电能、监测电源使用情况以及控制充电机向动力蓄电池充电。对于纯电动汽车,常用的电源有铅酸蓄电池、镍铬蓄电池、镍氢蓄电池、锂离子蓄电池等。

有关动力蓄电池的内容请详见第4章的介绍。

3. 辅助系统

辅助系统主要包括辅助动力源、空调器、动力转向系统、导航系统、刮水器、收音机以及照明和除霜装置等。辅助系统除辅助动力源之外,其余的装置因车型不同而不尽相同。

辅助动力源主要由辅助电源和DC/DC变换器组成。它的功用是向动力转向系统、空调器及其他辅助设备提供动力。

2.1.3 纯电动汽车驱动系统布置形式

纯电动汽车的驱动系统是电动汽车的核心组成部分,其性能决定着纯电动汽车运行性能的好坏,其布置取决于驱动电机驱动系统的结构形式,常见的布置形式如图2-1所示。

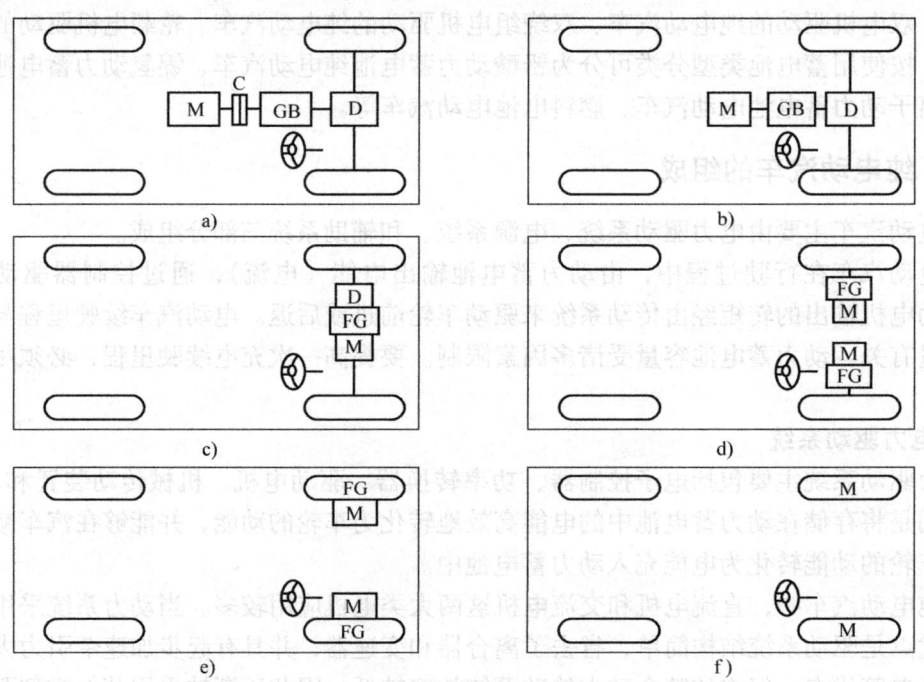

图2-1 纯电动汽车组成及布置形式

M—驱动电机　C—离合器　GB—变速器　D—差速器　FG—固定齿比变速器

1）第一种与传统汽车驱动系统布置形式一致,带有变速器与离合器。只是将发动机换成驱动电机,属于改装型电动汽车。这种布置形式可以提高纯电动汽车的起动转矩,增加低速时的后备功率。

2)第二种借助于驱动电机在较大转速范围内的恒功率特性,可用固定齿比变速器代替多速变速器,且不需要离合器。这种布置形式不仅减小了传动系统的尺寸和重量,还简化了驱动系统的控制策略(无需换档)。

3)第三种类似于第二种的布置形式,驱动电机、固定齿比变速器和差速器可进一步集成为一体,两侧的半轴连接两侧的驱动轮,使得驱动系统进一步简化。

4)在第四种中,差速器被两个驱动电机所取代,分别驱动相应侧的车轮。在车辆过弯时,利用两驱动电机的转速差来实现转向。

5)在第五种布置形式中,为进一步简化驱动系统,驱动电机可以整合进车轮内,从而构成电动轮,并采用轮边减速器来实现降速增矩。该布置形式使得驱动系统重量大大减轻,效率得以提高。

6)在第六种布置形式中,驱动电机和车轮之间的机械传动装置被完全舍弃,通过低转速的驱动电机直接驱动车轮。此时驱动电机的转速控制相当于轮速控制,即车速控制。这种布置形式的传动效率最高,但要求驱动电机在车辆起步和加速过程中输出足够的转矩。

2.2 纯电动汽车的动力性能

车辆的动力性能通常由其加速时间、最高车速和爬坡能力予以评价。在纯电动汽车驱动系统的设计中,驱动电机是纯电动汽车唯一的动力来源,因此它的参数匹配对于整车的动力性能至关重要,而这些参数的设计基本取决于驱动电机的转速—功率(转矩)特性。

2.2.1 驱动电机特性

纯电动汽车的驱动电机通常具有图2-2所示的特性,在其低速区域(低于图2-2所标记的基速),驱动电机具有恒转矩特性;在其高速区域(高于基速),驱动电机具有恒功率特性。这一特性一般采用转速比 x 予以描述,即驱动电机最高转速与其基速的比值。在低速运行情况下,随着转速增高,驱动电机的端电压升高(功率升高),而磁通保持不变(输出转矩不变);在基速运行点处,驱动电机的端电压达到电源电压;超过基速后,驱动电机的端电压保持不变(功率不变),而磁通衰减(随转速增加呈双曲线形下降),因此输出转矩也随转速增加呈双曲线形下降。

图2-3表明了一台不同转速比 x(x = 2、4和6)的60kW驱动电机的转速—转

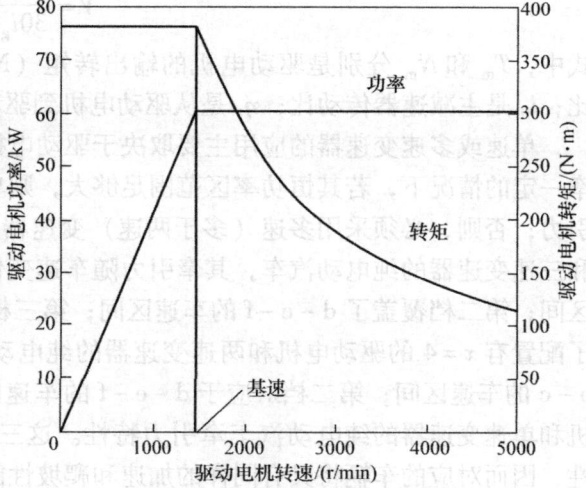

图2-2 典型驱动电机的特性

矩特性曲线。显然，具有大范围恒功率区域的驱动电机，其最大转矩能显著提高，因此车辆的加速和爬坡性能得以改善，而传动装置也可以简化。但是，每种驱动电机都有其固有的最高转速比的限值，例如，由于有永磁体，磁场难以衰减，永磁电机具有小转速比（$x<2$）；开关磁阻电机的转速比可达到$x>6$；异步电机约为$x=4$。

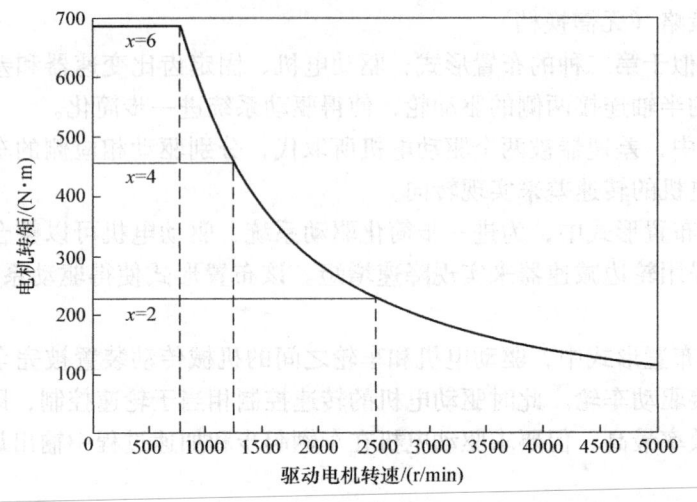

图2-3　具有$x=2$、4和6的60kW驱动电机的转矩—转速特性

2.2.2　车辆牵引特性

由驱动电机在驱动轮上产生的牵引力和车速（m/s）可表达为

$$F_t = \frac{T_m i_g i_0 \eta_t}{r_d} \tag{2-1}$$

和

$$V = \frac{\pi N_m r_d}{30 i_g i_0} \tag{2-2}$$

式中，T_m和N_m分别是驱动电机的输出转矩（N·m）和转速（r/min）；i_g是变速器传动比；i_0是主减速器传动比；η_t是从驱动电机到驱动轮的全线效率；r_d是驱动轮半径。

单速或多速变速器的应用主要取决于驱动电机的转矩—转速特性。即在驱动电机额定功率一定的情况下，若其恒功率区范围足够大，则单速变速器将足以在低转速情况下产生高牵引力；否则，必须采用多速（多于两速）变速器。图2-4表明一辆配置有$x=2$的驱动电机和三速变速器的纯电动汽车，其牵引力随车速变化的特性。其第一档覆盖了a-b-c的车速区间；第二档覆盖了d-e-f的车速区间；第三档覆盖了g-f-h的车速区间。图2-5表明了配置有$x=4$的驱动电机和两速变速器的纯电动汽车的牵引力特性。其第一档覆盖了a-b-c的车速区间；第二档对应于d-e-f的车速区间。图2-6表明了配置有$x=6$的驱动电机和单速变速器的纯电动汽车牵引力特性。这三种设计具有同样的牵引力随车速变化的特性，因而对应的车辆将具有同样的加速和爬坡性能。

2.2.3　循环工况下的车辆特性

在2.2节中所描述的纯电动汽车的动力性能确定了关于最高车速，加速时间和爬坡能力

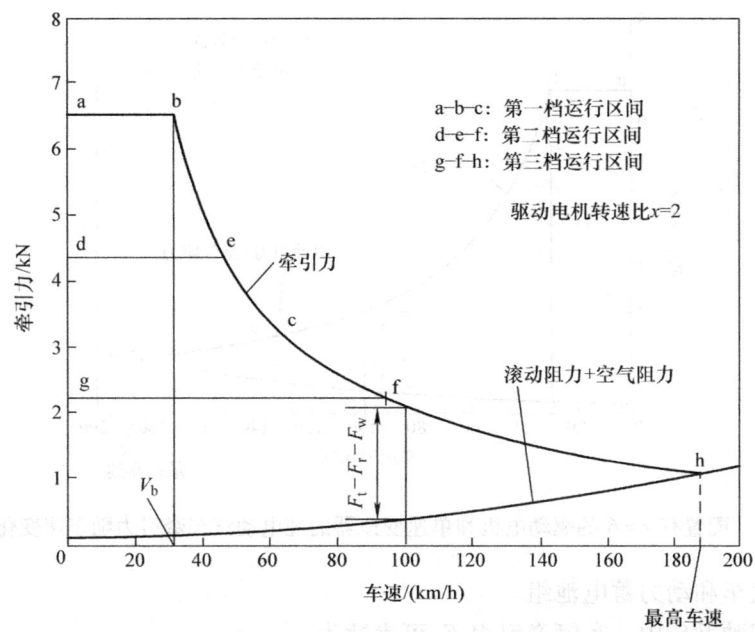

图 2-4 配置有 $x=2$ 的驱动电机和三速变速器的纯电动汽车牵引力随车速变化特性

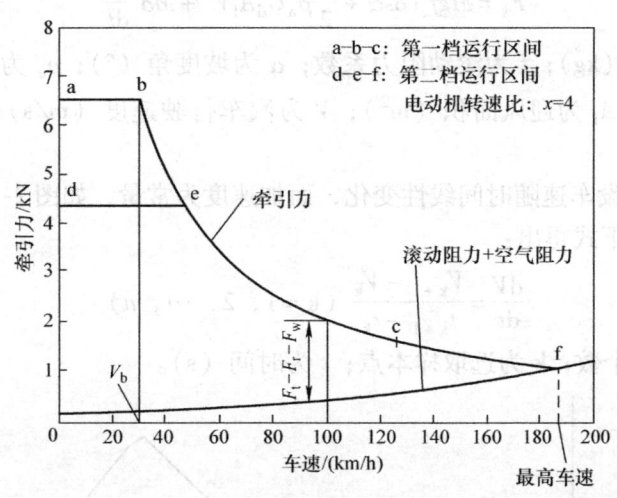

图 2-5 配置有 $x=4$ 的驱动电机和两速变速器的纯电动汽车牵引力随车速变化特性

的车辆性能,即动力系统的功率容量。然而在正常行驶的工况下,这些最高限度的能力很少能被达到。在大部分运行期间,纯电动汽车的动力系统处于部分载荷的工况下。实际的牵引力(功率)和车速随运行工况,如加减速、上下坡等呈现大范围的变化,这些变化与交通环境和车辆型式相关,且城市和高速公路交通环境差异极大。

在所有实际交通环境中精确并定量地描述牵引力和车速的变化是困难的,但是某些代表性的行驶循环(行驶进程)已被开发用以模拟典型的交通环境。这些行驶循环通过在平坦的路面上,根据车速与行驶时间的关系予以描述。一些典型的行驶循环包括①FTP75 市区循环;②FTP75 高速公路循环;③US06 循环,它是高速和高加速度的行驶循环;④J227a 进程B;⑤J227a 进程 C;⑥J227a 进程 D。J227a 系列由美国汽车工程师协会所推荐,并已应用

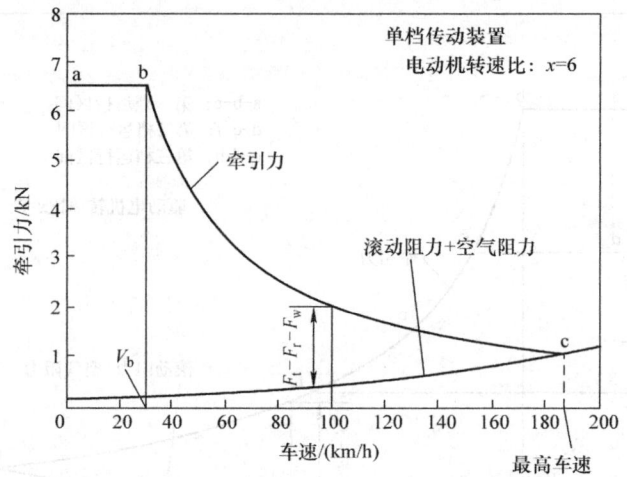

图 2-6　配置有 $x=6$ 的驱动电机和单速变速器的纯电动汽车牵引力随车速变化特性

于评价纯电动汽车和动力蓄电池组。

在具体的行驶循环中，车辆牵引力 F_t 可表达为

$$F_t = Mgf_r\cos\alpha + \frac{1}{2}\rho_a C_d A_f V^2 + M\delta\frac{dV}{dt} \quad (2-3)$$

式中，M 为整车质量（kg）；f 为滚动阻力系数；α 为坡度角（°）；ρ_a 为空气密度（kg/m³）；C_d 为空气阻力系数；A_f 为迎风面积（m²）；V 为汽车行驶速度（m/s）；δ 为汽车旋转质量换算系数。

在短时间内，假设车速随时间线性变化，而加速度为常量，如图2-7所示。行驶循环中的加速度 dV/dt 可由下式得出：

$$\frac{dV}{dt} = \frac{V_{k+1} - V_k}{t_{k+1} - t_k} \quad (k=1, 2, \cdots, n) \quad (2-4)$$

式中，n 为总分段点个数；k 为选取样本点；t 为时间（s）。

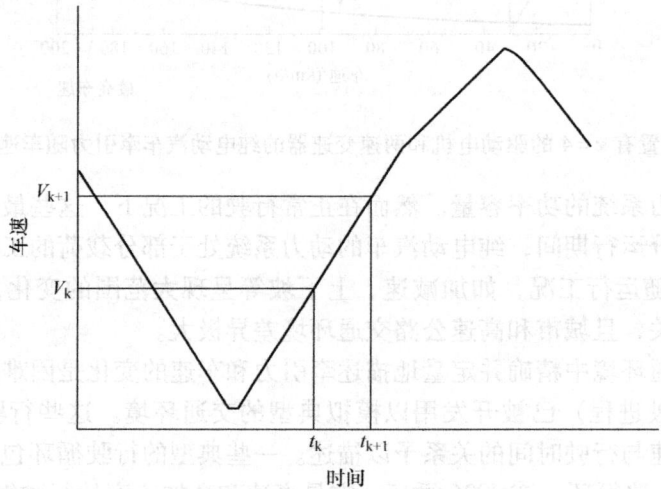

图 2-7　在短时间的时段内加速度被设为常量

由式（2-3）可算出在一个行驶循环中任何时刻的牵引力，如图2-8所示，与车速相关联的牵引力的运行点分布在平面范围内，并清晰地显示出动力系统运行的大部分时间处于该运行区域内。此外，车速和牵引力的时间分布可生成图2-9所示的图形。这一时间分布的数据对于动力系统的设计是非常具有参考价值的，其中动力系统最有效区域将设计成能与最大运行时间区域相一致。

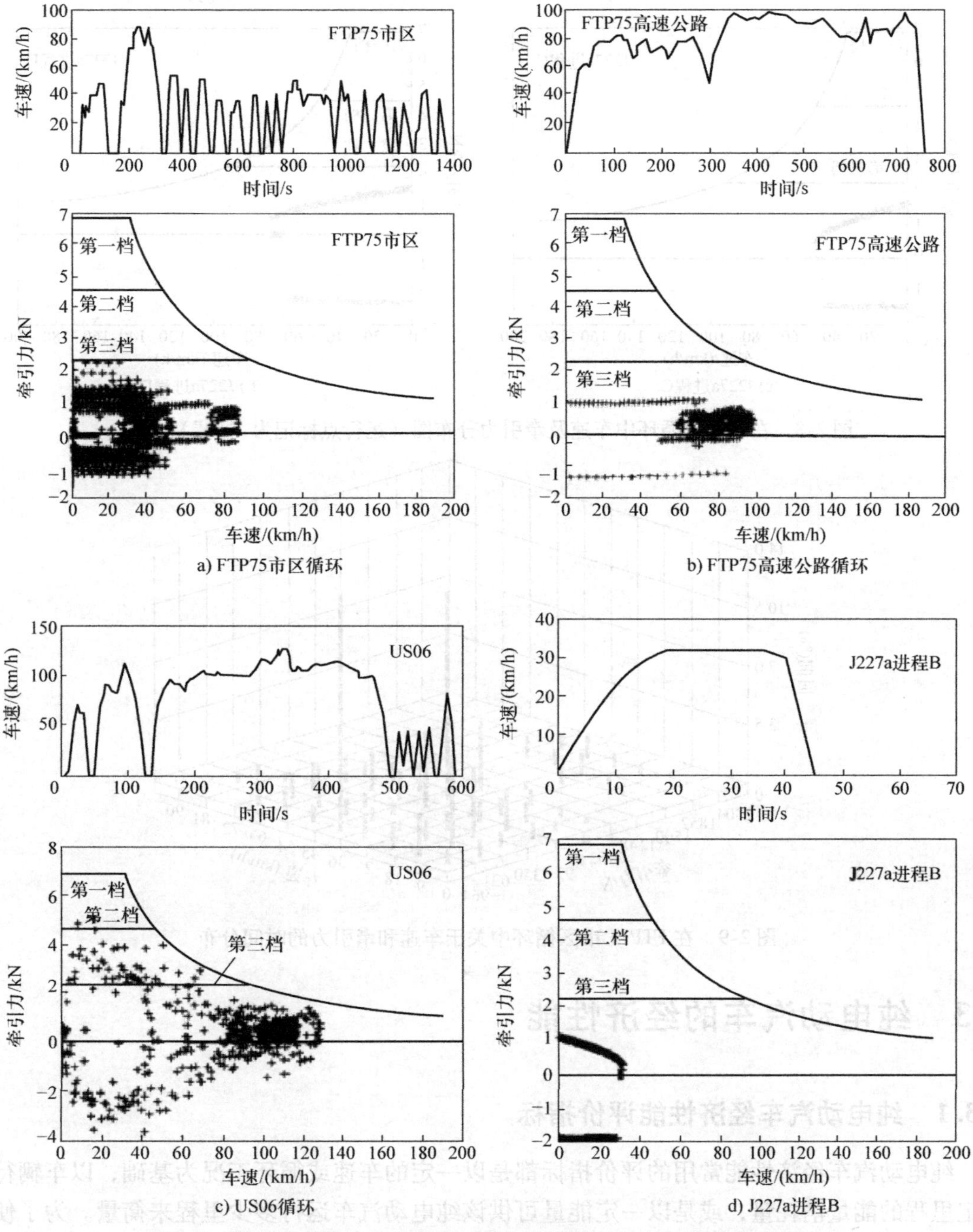

图2-8 在各行驶循环中车速及牵引力分布图（运行点标记为"＋"）

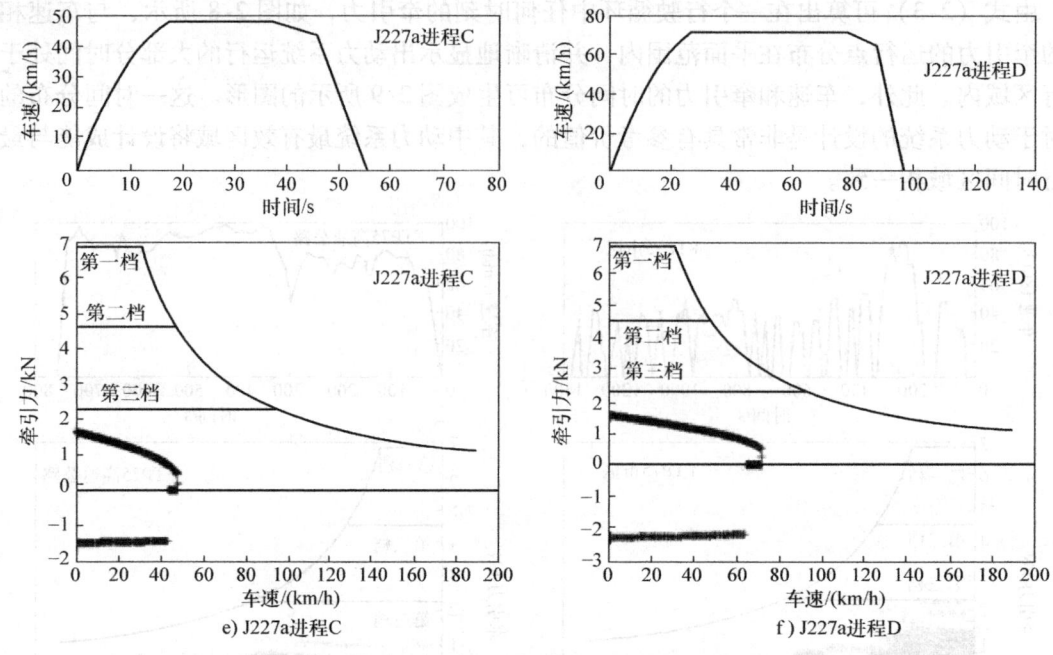

图 2-8 在各行驶循环中车速及牵引力分布图（运行点标记为"+"）（续）

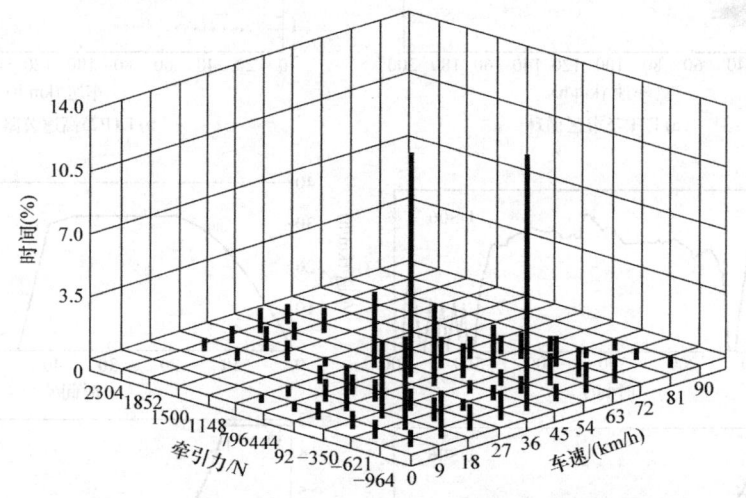

图 2-9 在 FTP75 市区循环中关于车速和牵引力的时间分布

2.3 纯电动汽车的经济性能

2.3.1 纯电动汽车经济性能评价指标

纯电动汽车经济性能常用的评价指标都是以一定的车速或循环工况为基础，以车辆行驶一定里程的能量消耗量，或是以一定能量可供该纯电动汽车运行多少里程来衡量。为了使纯电动汽车的经济性能评价指标具有普遍性，其评价指标应该满足以下三个条件：

1）可以对不同类型的纯电动汽车经济性能进行比较。

2）指标参数值与整车储存能量总量无关。

3）可以直接通过参数指标进行能耗经济性判断。

纯电动汽车常用评价指标有续驶里程、单位里程容量消耗、单位里程能量消耗、单位容量和单位能量可供行驶里程、等速能耗经济特性曲线以及直流比能耗和比容耗等。

1）续驶里程。续驶里程指的是纯电动汽车的电源充满电之后可连续行驶的里程，可分为等速行驶里程和循环工况续驶里程。此项指标对于综合评价纯电动汽车的蓄电池组、驱动电机及传动效率及整车实用性具有积极意义。但是此项指标与蓄电池组装车容量及电压水平有关，在不同车型和装配不同容量蓄电池组的同种车型间不具有可比性。即使装配相同容量同种蓄电池的同一车型，其续驶里程也受到蓄电池组状态、天气、环境因素等使用条件影响而有一定幅度的波动。

2）单位里程容量消耗。单位里程容量消耗是指纯电动汽车在等速工况或其他工况行驶单位里程消耗的蓄电池组容量。单位为 $A \cdot h/km$。它作为经济性能的评价参数在不同的蓄电池组使用条件下存在一定的误差，在不同车型间不具有可比性，仅适用于电压等级相同、车型相似的情况下经济性能的比较或同一车型能耗水平随蓄电池组寿命变化历程的分析。

3）单位里程能量消耗。单位里程能量消耗又可以分为单位里程电网交流电消耗和蓄电池组直流电消耗，单位为 $kW \cdot h/km$。其中交流电消耗受到不同类型充电设备效率的影响。直流电量消耗仅以车载电源的能量状态作为标准，脱离了充电机的影响，可以比较直接地反映纯电动汽车的实际性能。

4）单位容量和单位能量可供行驶里程。这两种纯电动汽车经济性能评价指标分别是单位里程容量消耗和单位里程能量消耗的倒数，单位为 $km/(A \cdot h)$、$km/(kW \cdot h)$。

5）等速能耗经济特性曲线。通常以测出速度间隔 $5km/h$ 或 $10km/h$ 的等速行驶能耗量为标准，在速度—能耗曲线图上连成曲线，称为等速能耗经济特性曲线。但这种评价方法不能反映纯电动汽车实际行驶过程中受工况变化的影响，特别是市区行驶中频繁出现的加速、减速、怠速及停车等行驶工况。

6）直流比能耗和比容耗。不同车型的纯电动汽车整备质量相差很大，因此单位里程能量消耗也有很大差别。为了进行不同车型间的能耗水平分析和比较，从而引入直流比能耗这个评价指标，即单位质量在单位里程的能耗，单位为 $kW \cdot h/(km \cdot t)$。此参数可以体现不同车型间传动系统匹配优化程度和能量利用效果。

在电压等级相同的情况下，引入比容耗这个评价指标，即单位质量在单位里程的容量消耗，单位为 $A \cdot h/(km \cdot t)$。

2.3.2 纯电动汽车续驶里程

纯电动汽车的续驶里程是评价电动汽车的关键因素。传统汽车是采用燃油作为能源，在油料不足时可以在加油站快速补充，故续驶里程不是其评价的关键指标。而纯电动汽车则不然，除燃料电池电动汽车外其他纯电动汽车均需要充电，而充电过程时间相对较长，一旦电量耗尽，则必须回到特定的充电站进行充电。因此，纯电动汽车的续驶能力是一个重要指标。

1）等速行驶续驶里程的计算。汽车在良好水平路面上一次充电后等速行驶至消耗掉全部电源中的电能为止所行驶的里程，称为等速行驶里程。它是纯电动汽车的经济性能指标之一。

汽车以速度 u_a（km/h）等速行驶时所需的驱动电机功率 P 为

$$P = \frac{u_a}{3600\eta_t}\left(mgf + \frac{C_d A u_a^2}{21.15}\right) \quad (2-5)$$

式中，m 为整车质量（kg）；f 为滚动阻力系数；C_d 为空气阻力系数；A 为迎风面积（m²）；η_t 为机械传动系统的效率。

蓄电池携带的额定总能量 W_0 为

$$W_0 = Q_m U_e = G_e q \quad (2-6)$$

式中，Q_m 为蓄电池的额定容量（A·h）；U_e 为蓄电池端电压（V）；G_e 为纯电动汽车携带的蓄电池总质量（kg）；q 为蓄电池比能量（W·h/kg）。

等速行驶续驶里程 S 为

$$S = \frac{W_0 u_a}{P}\eta_e \quad (2-7)$$

式中，η_e 为蓄电池放电效率。

2）多任务工况行驶续驶里程的计算。

$$S = \sum_{i=1}^{k} S_i \quad (2-8)$$

式中，S_i 为每个状态行驶距离（km）；k 为车辆能够完成的状态总数。

2.3.3 纯电动汽车的 SOC

纯电动汽车蓄电池组的荷电状态 SOC 被用来反映蓄电池的剩余电量情况，其定义为蓄电池剩余电量与蓄电池容量的比值。

如果以蓄电池充满状态定义为 $SOC=1$，定义式可表示为

$$SOC = \frac{Q_c}{C_1} = \frac{P_a t_{res}}{\int_0^t P(t)dt + P_a t_{res}} \quad (2-9)$$

式中，Q_c 为蓄电池剩余电量（W·h）；C_1 为蓄电池总容量（W·h）；P_a 为蓄电池剩余电量平均消耗功率（W）；t_{res} 为剩余电量可使用时间（h）；t 为蓄电池已工作时间（h）；$P(t)$ 为蓄电池工作功率（W）。

其中，在蓄电池成组使用的工况下，由于组内包含多个单体，在单体容量、单体荷电量、温度及各单体蓄电池放电不一致的情况下，若将这些问题全部考虑进去，将使整个问题变得复杂，难以求解。故在此以容量最低单体不能放电作为 $SOC=0\%$，容量最高单体不能再充电作为 100% 定义整组 SOC 值。

然而在实际问题中，对于能量的精确计算是十分困难的，故 SOC 值常常采用估算的方法，常见的估算方法见表 2-1。

表 2-1 常见的 SOC 的估算方法

估算策略	优点	缺点
放电实验法	准确可靠	需中断
安时计量法	计算简单	不够准确
开路电压法	在数值上接近电源电动势	需长时间静置
线性模型法	模型简单	不够准确
内阻法	与 SOC 关系密切	测量困难
卡尔曼滤波法	适合非线性模型	需准确的模型算法
神经网络法	精度比较高	需大量训练数据

以上 SOC 的估算方法各有优缺点，但均不是最优方法。现阶段可以我们在大量的实验数据基础上，利用改进型 SOC 估算方法，并考虑各种因素的补偿，估算策略如图 2-10 所示。

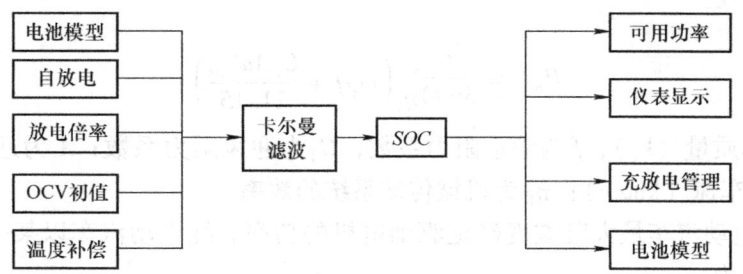

图 2-10　SOC 估算策略框图

模型详解如下

$$U_i = U_{oc} + IR_0 + U_p \tag{2-10}$$

$$\dot{U}_p = -\frac{1}{C_p R_p} U_p + \frac{1}{C_p} I \tag{2-11}$$

式中，U_{oc} 描述蓄电池的开路电压；R_0 为蓄电池内阻；I 为总电流；U_p 为通过极化电阻上的电压；U_i 为蓄电池的负载电压；R_p 和 C_p 分别为极化内阻和极化电容。

此方法以数学模型为基础，开发出的一套模型参数在线辨识的方法，使在蓄电池全寿命过程中，数学模型都能精确地描述系统的响应特性，精度较高。

2.4　纯电动汽车传动系统参数设计

纯电动汽车动力传动系统的设计应该满足车辆对动力性能和续驶里程的要求。车辆行驶的动力性能可以用四个指标来评价：

1）起步加速性能。纯电动汽车由静止起步并以最大加速度加速到某一车速或在某一预定的距离加速行驶所需的最短时间。

2）最高车速稳定行驶的能力。在水平良好的路面上，驱动电机发出的功率应该能够维持纯电动汽车以最高车速行驶的能力。

3）额定车速稳定行驶的能力。对于纯电动汽车来说，动力蓄电池和驱动电机提供的功率应该能维持纯电动汽车以最高车速稳定行驶的能力。

4）最大爬坡能力。纯电动汽车提供的功率能使其爬上最大坡度路面的能力。

除此之外，纯电动汽车上动力蓄电池组的能量应该能够维持行驶一定的续驶里程。

2.4.1　驱动电机参数设计

驱动电机参数设计主要包括设计额定功率、峰值功率、额定转速、最高转速、最大转矩以及额定电压等参数。

1）驱动电机的额定功率和峰值功率。驱动电机是纯电动汽车行驶的动力源，对整车的动力性能有直接影响。所选的驱动电机功率越大，整车的动力性也就越好，但是如果功率过大，驱动电机的质量和体积也会增大，且驱动电机的工作效率不高，这样就不能充分利用有限的车载能源，从而使续驶里程降低。因此，驱动电机功率参数设计时通常参考汽车的最高车速、最大爬坡度和加速性能。

① 根据纯电动汽车最高车速确定驱动电机功率。设计中初步选择驱动电机的额定功率应不小于汽车以最高车速行驶时行驶阻力消耗的功率之和，纯电动汽车以最高车速行驶消耗的功率为

$$P_{m1} = \frac{u_{max}}{3600\eta_t}\left(mgf + \frac{C_d A u_{max}^2}{21.15}\right) \tag{2-12}$$

式中，m 为整车质量（kg）；f 为滚动阻力系数；C_d 为迎风阻力系数；A 为迎风面积（m²）；u_{max} 为最高行驶车速（km/h）；η_t 为机械传动系统的效率。

② 根据纯电动汽车最大爬坡度确定驱动电机的功率。纯电动汽车以某一车速爬上最大坡度消耗的功率为

$$P_{m2} = \frac{u_p}{3600\eta_t}\left(mgf\cos\alpha_{max} + mg\sin\alpha_{max} + \frac{C_d A u_p^2}{21.15}\right) \tag{2-13}$$

式中，u_p 为纯电动汽车爬坡时的行驶速度（km/h）；α_{max} 为最大爬坡角。

③ 根据纯电动汽车加速性能确定驱动电机功率。纯电动汽车在水平路面上加速行驶消耗的功率为

$$P_{m3} = \frac{\mu_f}{3600\eta_t}\left(mgf + \frac{C_d A}{21.15}u_f^2 + \delta m\frac{du}{dt}\right) \tag{2-14}$$

式中，δ 为汽车旋转质量换算系数；u_f 为纯电动汽车加速后达到的速度（km/h）；$\frac{du}{dt}$ 为加速度。

纯电动汽车额定功率应满足整车对最高车速的要求，峰值功率应能同时满足纯电动汽车对最高车速、最大爬坡度和加速度的要求。所以纯电动汽车驱动电机的额定功率和峰值功率分别对应为

$$P_e \geq P_{m1} \tag{2-15}$$

$$P_{emax} \geq \max\{P_{m1}, P_{m2}, P_{m3}\} \tag{2-16}$$

纯电动汽车驱动电机的峰值功率与额定功率的关系为

$$P_{emax} = \lambda P_e \tag{2-17}$$

式中，P_{emax} 为驱动电机的峰值功率；P_e 为驱动电机的额定功率；λ 为驱动电机的过载系数。

2）驱动电机的最高转速和额定转速。纯电动汽车最高行驶速度与驱动电机最高转速之间的关系为

$$n_{max} = \frac{u_{max}\sum i}{0.377r} \tag{2-18}$$

式中，n_{max} 为驱动电机最高转速（r/min）；u_{max} 为纯电动汽车最高行驶车速（km/h）；$\sum i$ 为传动系统传动比，一般包括变速器传动比和主减速器传动比；r 为车轮半径（m）。

驱动电机额定转速为

$$n_e = \frac{n_{max}}{\beta} \tag{2-19}$$

式中，β 为驱动电机扩大恒功率区系数。β 值越大，转速越低，转矩增高，有利于提高车辆的加速和爬坡性能，稳定运行性能越好，但同时功率变换器尺寸增大，因此 β 值不宜过高。

通常 β 值取 $2 \sim 4$。

3）驱动电机最大转矩。驱动电机最大转矩的选择需要满足汽车起动转矩和最大爬坡角的要求，同时结合传动系统最大传动比来确定。

$$T_{max} \geqslant \frac{mg(f\cos\alpha_{max} + \sin\alpha_{max})r}{\eta_t i_{max}} \tag{2-20}$$

式中，i_{max} 为传动系统最大传动比。

4）驱动电机额定电压。驱动电机额定电压与其额定功率成正比，额定功率越大，额定电压也就越大。驱动电机额定电压选择与蓄电池组的电压有密切关系。因此，要选择合适的蓄电池组的电压和电流以满足整车能源的需要。不过最终都是由所选取的驱动电机参数来决定额定电压。

2.4.2 传动系统传动比设计

在驱动电机输出特性一定时，传动系统的传动比如何选择，依赖于整车动力性指标要求，即纯电动汽车传动比的选择应该满足汽车期望最高车速、最大爬坡度以及对加速时间的要求。

1）传动系统传动比的上限确定。传动系统传动比的上限由驱动电机最高转速和最高行驶车速所确定。

$$\sum_{min} i \leqslant \frac{0.377 n_{max} r}{u_{max}} \tag{2-21}$$

2）传动系统传动比的下限确定。传动系统传动比的下限由下述两种方法算出的传动系统速比的最大值确定。

由驱动电机最高转速对应的输出转矩和最高行驶车速对应的行驶阻力确定传动系传动比下限为

$$\sum_{max} i \geqslant \frac{r}{\eta_t T_{umax}} \left(mgf + \frac{C_d A u_{max}^2}{21.15} \right) \tag{2-22}$$

式中，T_{umax} 为驱动电机最高转速对应的输出转矩（N·m）。

由驱动电机的最大输出转矩和最大爬坡度对应的行驶阻力确定传动系统传动比下限为：

$$\sum_{max} i \geqslant \frac{r}{\eta_t T_{max}} \left(mgf\cos\alpha_{max} + mg\sin\alpha_{max} + \frac{C_d A u_f^2}{21.15} \right) \tag{2-23}$$

式中，T_{max} 为驱动电机最大输出转矩（N·m）。

2.4.3 蓄电池组参数设计

动力蓄电池是整车的能量来源，整车所有能量消耗都来自蓄电池组。因此所选择的蓄电池组类型、质量和各种技术参数都会影响整车性能，是纯电动汽车的关键部件之一。蓄电池组的参数匹配主要包括蓄电池的类型、蓄电池组的数目、容量、电压等参数的选择。

1）动力蓄电池匹配原则。动力蓄电池类型的选择要符合纯电动汽车的运行要求，动力蓄电池要具有较高的比能量和比功率，以满足汽车的续驶里程和动力性要求，同时也希望动力蓄电池具有与汽车使用寿命相当的充放电循环寿命，拥有高效率、良好的性价比以及免维护的特性。

动力蓄电池的电压等级要与驱动电机电压等级相当且满足电压变化的要求。同时，因为电动空调、电动真空泵和电动助力转向泵等附件也消耗一定的电能，所以蓄电池组的总电压要大于驱动电机的额定电压。

动力蓄电池一般有能量型和功率型两种，为满足纯电动汽车的行驶要求，采用能量型蓄电池匹配时主要考察蓄电池的能量，即蓄电池应具有较大的容量，以增加车辆的续驶里程。蓄电池容量与其功率成正比，容量越大，其输出的功率越大，其输出功率均能满足整车电力系统的要求，因此主要是根据其续驶里程来确定蓄电池容量，并且确定的蓄电池容量还须符合市场现有产品的标准，并通过对现有产品反复验证进行设计。

2) 动力蓄电池组参数匹配。

① 动力蓄电池组类型选择。目前可用于纯电动汽车的动力蓄电池主要有铅酸蓄电池、镍氢蓄电池、锂离子蓄电池和燃料电池。其中锂离子蓄电池的高能量和充放电速度快等优越性能得到越来越多的关注，是目前市场前景最好的一种产品。

② 蓄电池组数目的确定。蓄电池组数目必须满足纯电动汽车行驶时所需的最大功率和续驶里程的要求。

满足纯电动汽车行驶时所需的最大功率要求的蓄电池组数目为

$$n_p = \frac{P_{emax}}{P_{bmax} \eta_e \eta_{ec} N} \tag{2-24}$$

式中，P_{emax} 为驱动电机峰值功率（kW）；η_e 为驱动电机工作效率；η_{ec} 为驱动电机控制器工作效率；P_{bmax} 为单个蓄电池最大输出功率（kW）；N 为蓄电池组所包含的蓄电池数目。

满足电动汽车续驶里程要求的蓄电池组数目为

$$n_x = \frac{1000SW}{C_s V_s N} \tag{2-25}$$

式中，S 为续驶里程（km）；W 为纯电动汽车行驶 1km 所消耗的能量（kW）；C_s 为单节蓄电池的容量（A·h）；V_s 为单节蓄电池的电压（V）。

蓄电池组数目为

$$n = \max\{n_p, n_x\} \tag{2-26}$$

3) 蓄电池组容量。蓄电池组容量为

$$E_B = \frac{U_m C_E}{1000} \tag{2-27}$$

式中，E_B 为蓄电池组能量（kW·h）；U_m 为蓄电池组电压（V）；C_E 为蓄电池组容量（A·h）。

动力蓄电池能量应满足以下条件

$$E_B \geq \frac{mgf + C_d A u_a^2/21.15}{3600 \times DOD \eta_t \eta_{mc} \eta_{dis}(1 - \eta_a)} S \tag{2-28}$$

式中，η_{mc} 为驱动电机效率；η_{dis} 为动力蓄电池放电效率；η_t 为汽车附件能量消耗比例系数；DOD 为动力蓄电池放电深度。

或者动力蓄电池满足以下条件

$$C_E \geq \frac{mgf + C_d A u_a^2/21.15}{3.6 \times DOD \eta_t \eta_{mc} \eta_{dis}(1 - \eta_a) U_m} S \tag{2-29}$$

第 3 章 Chapter 3

混合动力电动汽车

传统内燃机车辆（ICE）提供了良好的运行性能，并利用石油燃料高能量密度的优点可实现远距离行驶。然而，传统 ICE 车辆燃油经济性差，主要原因在于：
1) 发动机燃油效率特性与实际运行要求不相匹配。
2) 制动期间车辆动能的消耗，当车辆在市区中运行时尤其明显。
3) 在采用停车—起动运行模式的现代汽车中，其液力变矩器效率较低等。

另一方面，配置动力蓄电池的电动汽车（EV）具有一些优于传统 ICE 车辆的优点，例如高能量效率和零环境污染。但是，相比于汽油的能量密度，动力蓄电池组较低的能量密度使 EV 的性能远不能与 ICE 车辆相竞争，尤其明显体现在动力蓄电池每次充电对应的行驶里程上面。而混合动力电动汽车（HEV）利用了两个能源———一个基本能源和一个辅助能源，它具有 ICE 车辆和 EV 两者的优点，并克服了它们的缺点。本章讨论 HEV 动力系统的基本概念和运行原理。

3.1 混合动力电驱动系统的概念

本质上，任何车辆的动力系统都要求：
1) 产生足够的动力以满足车辆性能的需要。
2) 配置充分的车载能量以保证车辆行驶足够的路程。
3) 高效率的行驶。
4) 少量环境污染物的排放。

一般来说，一辆车可有不止一个动力系统。这里动力系统被定义为能源和能量变换器或功率源的组合，例如汽油（或柴油）热机系统；氢—燃料电池—驱动电机系统；化学动力蓄电池—驱动电机系统等。配置有两个或更多个动力系统的车辆被称作混合动力汽车，配置有电气的动力系统的混合动力车，进而被称作混合动力电动汽车。车辆的驱动系统定义为全部动力系统的集合体。

混合动力电动汽车的驱动系统通常由不多于两个的动力系统组成，多于两个动力系统的结构将使整车驱动系统过于复杂。为回收在传统 ICE 车辆中以热形式消耗的制动能量的目的，通常的混合动力电驱动系统含有一个可双向能量流动的动力系统，而另一类，则不是双向的就是单向能量的流动系统。图 3-1 展示了混合动力电驱动系统的概念，以及可能的各种动力流的通路。

混合动力电驱动系统通过被采用的动力系统向载荷供应其动力。许多与载荷需求相配合的由两动力系统运作的有效模式如下：

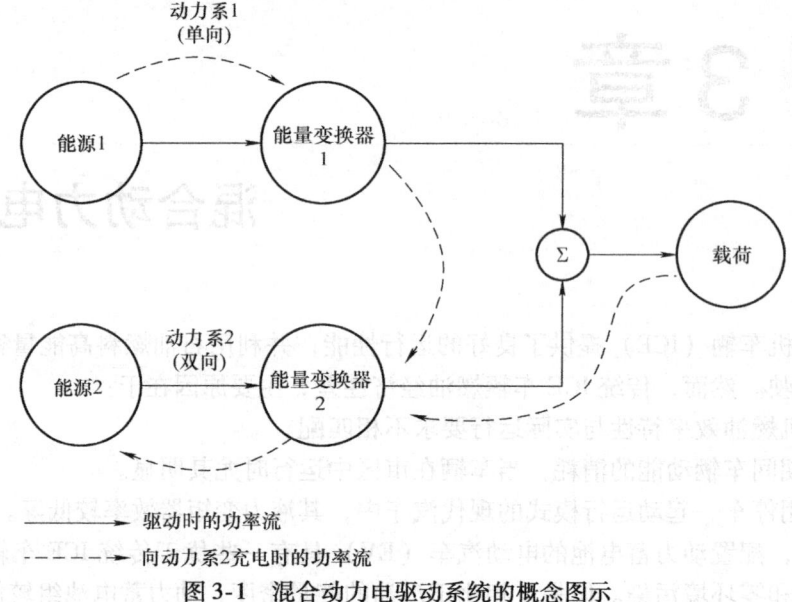

图 3-1 混合动力电驱动系统的概念图示

1)动力系 1 单独向载荷提供动力。
2)动力系 2 单独向载荷提供动力。
3)动力系 1 和动力系 2 两者都向载荷提供动力。
4)动力系 2 由载荷获得功率(再生制动)。
5)动力系 2 从动力系 1 中获得功率。
6)动力系 2 从动力系 1 和载荷中同时获得功率。
7)动力系 1 同时向载荷和动力系 2 提供动力。
8)动力系 1 向动力系 2 提供功率,同时动力系 2 向载荷提供动力。
9)动力系 1 向载荷提供动力,同时载荷向动力系 2 提供功率。

在由汽油(柴油)—内燃机(动力系 1)和动力蓄电池—驱动电机(动力系 2)混合集成的情况下,模式 1 是单发动机驱动模式。这一模式可应用于动力蓄电池组近乎完全放电而发电机没有剩余功率给动力蓄电池组充电的情况;或可应用于蓄电池组已完全充电而发动机能供应足够的动力去满足车辆动力需求的情况。模式 2 是纯粹的电驱动模式,其中发动机是关闭的。这一模式可应用于发动机不能有效运行的场合,例如极低速状态,或在严禁排放的区域内行驶的场合。模式 3 是混合牵引模式,可应用于需要大量动力供给的情况下,例如当急剧加速或爬陡坡之际。模式 4 是再生制动模式,由此借助于驱动电机运行在发电机状态,车辆的动能或位能得以回收。回收的能量储存于动力蓄电池组,并在以后重复利用。模式 5 是发动机向动力蓄电池组充电的模式,这时车辆处于停止、惯性滑行或小坡度下运行状态,没有动力应用于载荷或来自于载荷。模式 6 是同时存在再生制动和内燃机向动力蓄电池组充电的模式。模式 7 是发动机驱动车辆和同时向动力蓄电池组充电的模式。模式 8 是发动机向动力蓄电池组充电,同时动力蓄电池组向载荷供应功率的模式。模式 9 是借助于车辆的质量,来自于热机的动力流进入动力蓄电池组的模式。这一混合集成的电驱动系统的典型结构是两动力系统分别安装在车辆的前后轴上,将在后面的章节中讨论。

在混合动力电动汽车中，大量的运行模式形成了优于单动力系统车辆的更多灵活性。由特有的结构和控制，采用对每一特定运行工况的专用模式，将能优化车辆的全面性能、效率和排放。然而，在实际设计中，选择哪一种模式予以实施应取决于许多因素，例如驱动系统的实际结构、动力系统的效率特性、载荷特性等。

就车辆总效率而言，每一个动力系统运行于最佳的效率区是必不可少的前提。内燃机一般随着节气门全开，有其最佳效率的运行区。远离该区间将导致低运行效率。另一方面，当与远离最佳效率运行区的内燃机相比时，驱动电机所经历的效率变化不像内燃机那样的不利。

如图3-2所示，由于车辆的频繁加速、减速、上坡和下坡，其载荷功率在实际运行中是随机变化的。事实上，载荷功率由两部分组成：一是稳定的（平均的）功率，它为一恒定值；另一为具有零平均值的动态功率。在混合动力电动汽车控制策略设计中，一个动力系统支持稳态运行，如内燃机、燃料电池可用于供给平均功率；另一方面，另一动力系如驱动电机可用以供给动态功率。在整个行驶循环中，来自于动态动力系统的总能量输出将为零。这意味着动态动力系的能源在行驶循环终结时，不失去能量的容量，其功能仅作为功率的调节器。

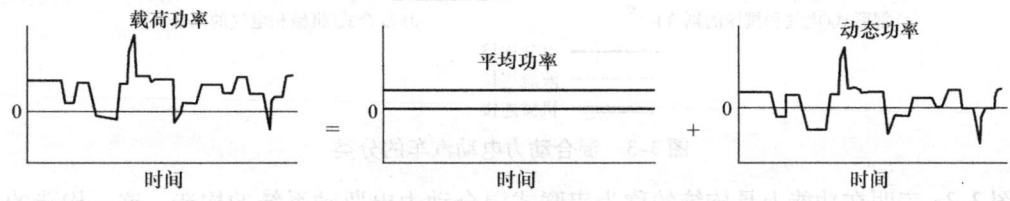

图3-2 载荷功率分解为其稳定分量和动态分量

在混合动力电动汽车中，稳定的功率可由内燃机、斯特林发动机或燃料电池等提供。因为动态功率取自于动态功率源，故所采用的内燃机或燃料电池比单动力系统设计中的内燃机或燃料电池要小得多，于是便能令其稳定地运行在最佳效率区。动态功率可由配置动力蓄电池组的驱动电机、超级电容器组或飞轮组（机械动力蓄电池组）提供，或可由它们组合配置提供。

3.2 混合动力电驱动系统的构造

混合动力电动汽车的构造可大致定义为确定的能量流通路径与控制端口组件之间的连接关系。传统意义上，混合动力电动汽车被分类为两种基本形式：串联式和并联式的混合动力电动汽车。有意思的是，在2000年以后，一些推广应用的混合动力电动汽车不能归入这样的分类之中，因此，混合动力电动汽车现分类为四种形式：串联式、并联式、混联式和复合式混合动力电动汽车，其功能分别如图3-3所示。

上述分类在科学意义上并非十分清晰，且可能引起混淆。实际上，混合动力电动汽车中，在驱动系统内存在着两类能量流：一类是机械能量流；另一类是电能量流。在功率交汇点处，始终以同一类功率形式，即电气的或机械的功率形式，而不是电气的和机械的功率形式，呈现着两个功率的相加或将一个功率分解为两个功率。这样，或可由功率耦合或解耦特性来更精确地定义混合动力电动汽车电驱动系统的构造，例如电耦合驱动系统、机械耦合驱动系统以及机械—电气耦合驱动系统。

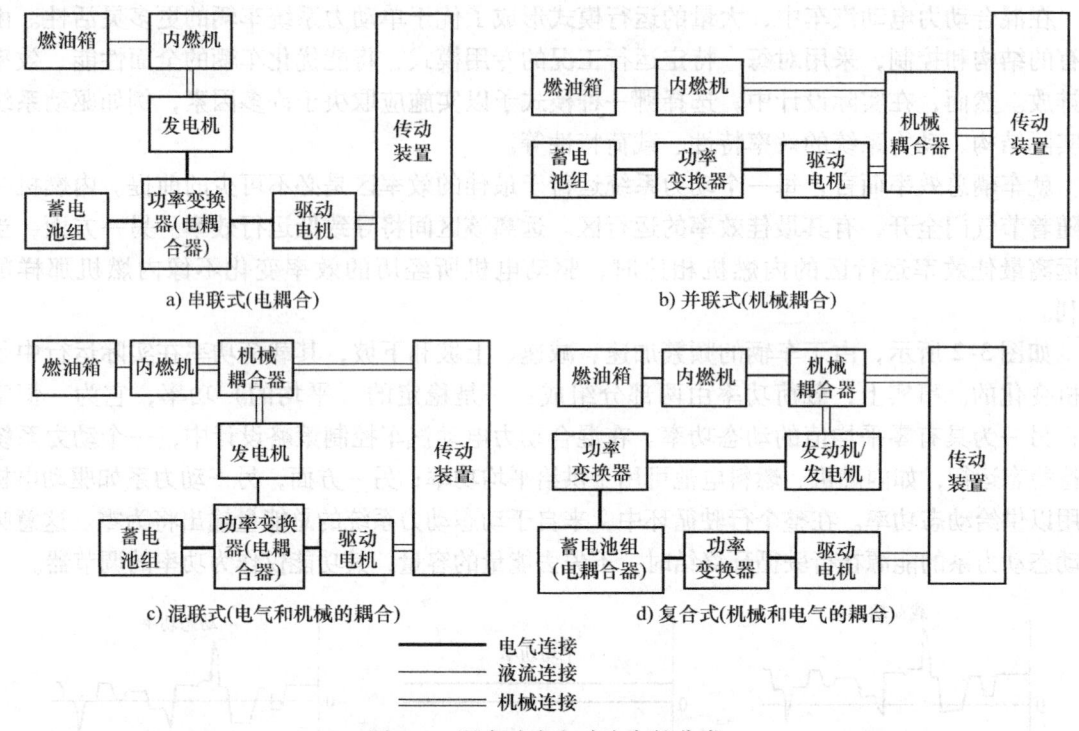

图 3-3 混合动力电动汽车的分类

图 3-3a 表明在功能上是传统的称为串联式混合动力电驱动系统的构造。这一构造的关键特征是在功率变换器中两个电功率被相加在一起。该功率变换器起电功率耦合器的作用,控制从动力蓄电池组和发电机到驱动电机的功率流;或反向控制从驱动电机到动力蓄电池组的功率流。燃油箱、内燃机和发电机组成基本能源,而动力蓄电池组则起能量缓冲器的作用。

图 3-3b 是传统意义上称为并联式混合动力电驱动系统的构造。这一构造的关键特征是在机械耦合器中两个机械功率被相加在一起。内燃机是基本能源设备,而动力蓄电池和驱动电机驱动装置则组成能量缓冲器。此时,功率流仅受动力装置——发动机和驱动电机所控制。

图 3-3c 表明传统意义上称为混联式混合动力电驱动系统的构造。这一构造的明显特征是使用了两个功率耦合器——机械的和电气的耦合器。实际上,这一构造是串联式和并联式结构的组合,它具有两者的主要特性,并且相比于串联式或并联式的单一结构,拥有更多的运行模式。从另一方面来说,它的结构相对地更为复杂,且多半成本较高。

图 3-3d 表明通常所说的复合式混合动力电驱动系统的构造,它具有与混联式相似的结构。唯一的差异在于电耦合功能由功率变换器转移到动力蓄电池组,并且在驱动电机/发电机组和动力蓄电池组之间加入一个功率变换器。

3.2.1 串联式混合动力电驱动系(电耦合)

串联式混合动力电驱动系统是一个由两个电能源向单个电动力装置(驱动电机)供电,以推进车辆的驱动系统。最一般的串联式混合动力电驱动系统的组成如图 3-4 所示。

其中,单向为燃油箱,而单向的能量变换器(动力装置)为发动机和发电机的组合。

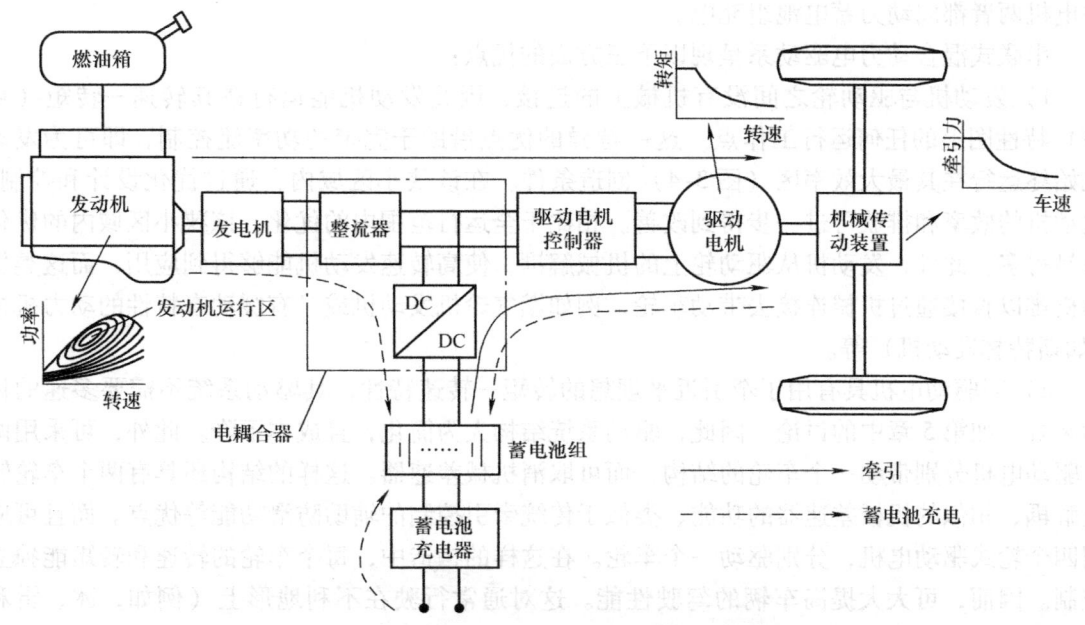

图 3-4　串联式混合动力电驱动系统的组成

发电机的输出通过可控的电子变流器（整流器）连接到电力（DC）总线。双向能源为动力蓄电池组单元，并通过可控的双向电力电子变换器（DC/DC 变换器）连接到电力（DC）总线。电力总线也连接到驱动电机的控制器，电机将被控制为驱动电机或发电机，并以正向或反向运转。该电驱动系统需要一个动力蓄电池的充电器，以通过墙插座由电网向动力蓄电池充电。串联式混合动力电驱动系统原先来自于纯电动汽车，当时因受制于动力蓄电池组的低能量密度，为延拓纯电动汽车的行驶里程，在其上添加了辅助的发动机—发电机组。

根据驾驶人通过加速和制动踏板给出的运行指令，以及来自其他组成部分的其他反馈信息，电驱动系统需有一个车辆控制器，以控制运行和功率流。该车辆控制器将通过内燃机的节气门、电耦合器（可控整流器和 DC/DC 变换器）以及驱动电机，按以下的某一种运行模式控制内燃机产生所要求的驱动转矩或再生制动转矩：

1) 纯粹的电牵引模式：发动机关闭，车辆仅由动力蓄电池组供电、驱动。

2) 纯粹的发动机牵引模式：车辆牵引功率仅源于发动机—发电机组，而动力蓄电池组既不供电也不从驱动系统中吸收任何功率。电设备组用作从发动机到驱动轮的电传动系统。

3) 混合牵引模式：牵引功率由发动机—发电机组和动力蓄电池组两者在电耦合器中交汇，共同提供。

4) 发动机牵引和动力蓄电池组充电模式：发动机—发电机组同时供给向动力蓄电池组充电和驱动车辆所需功率。该发动机—发电机组功率在电耦合器中实施分解。

5) 再生制动模式：发动机—发电机组关闭，而驱动电机运行如同一台发电机，由车辆的动能或位能赋予动力。它所产生的电功率用于向动力蓄电池组充电，以及重复利用于往后的驱动之中。

6) 动力蓄电池组充电模式：驱动电机不接收功率，发动机—发电机组仅向动力蓄电池组充电。

7) 混合式动力蓄电池充电模式：发动机—发电机组和运行在制动的发电机状态下的驱

动电机两者都向动力蓄电池组充电。

串联式混合动力电驱动系呈现以下三方面的优点：

1) 发动机与驱动轮之间没有机械上的连接，因此发动机能运行在其转速—转矩（功率）特性图上的任何运行工作点。这一特异的优点借助于完善的功率流控制，即可为发动机始终运行在其最大效率区（图3-4）创造条件。在该狭小区域内，通过优化设计和控制，发动机的效率和排放可进一步得到改善。相比于全运行范围内的优化，该狭小区域内的优化简易得多。此外，发动机从驱动轮上的机械解耦，使高转速发动机能够得到应用，而这类发动机难以直接通过机械连接去带动车轮，例如燃气轮机发动机或具有缓动态特性的动力机械（如斯特林发动机）等。

2) 因驱动电机具有用于牵引近乎理想的转矩—转速特性，其驱动系统不需要多速的传动装置，如第5章中的讨论。因此，驱动系统结构大为简化，且成本下降。此外，可采用两个驱动电机分别带动一个车轮的结构，而可取消机械差速器。这样的结构还具有两个车轮转速解耦、相似的机械差速器的功能、类似于传统牵引控制的辅助防滑功能等优点。而且可应用四个轮式驱动电机，分别驱动一个车轮。在这样的构造中，每个车轮的转速和转矩能独立控制。因而，可大大提高车辆的驾驶性能。这对通常行驶在不利地形上（例如，冰、雪和软地面）的越野车辆尤为重要。

3) 由于发动机与车轮之间在机械上完全解耦，相比于其他结构，串联式混合动力电驱动系统的控制策略可得以简化。

然而，串联式混合动力电驱动系有以下缺点：

1) 源于发动机的能量被两次转换（在发电机中，由机械能转变为电能；在驱动电机中，由电能转变为机械能）传递到终端—驱动轮。发电机和驱动电机两者的低效率导致显著的损耗。

2) 发电机附加了额外的重量和成本。

3) 因为驱动电机是唯一的驱动车辆的动力装置，故其必须按最佳的加速和爬坡运行性能需求，为保证足够动力予以定制。

3.2.2 并联式混合动力电驱动系统（机械耦合）

如同传统内燃机车辆一样，并联式混合动力电驱动系统是一个由发动机直接向驱动轮供给机械动力的驱动系统，它由机械上与传动系统相配合的驱动电机予以辅助，并通过机械联轴器两者共同配合提供动力，如图3-5所示。这一结构的特异性能是利用机械联轴器将由发动机和驱动电机提供的两个机械功率组合在一起的。

在串联式混合动力电驱动系统中，已阐述的所有可能的运行模式依然有效。并联混合动力电驱动系优于串联式混合动力电驱动系统的主要优点如下：

1) 发动机和驱动电机都直接向驱动轮提供转矩，不存在能量形式的转换，因而能量损失较少。

2) 由于不需要附加的发电机，以及驱动电机相比于串联式电驱动系统中的驱动电机要小，因此其结构紧凑。

并联式混合动力电驱动系统的主要缺点是，发动机和驱动轮之间存在着机械联轴器，由此发动机的运行点就不可能固定在一个狭小的转速和转矩区域内。其他的缺点是其结构和控

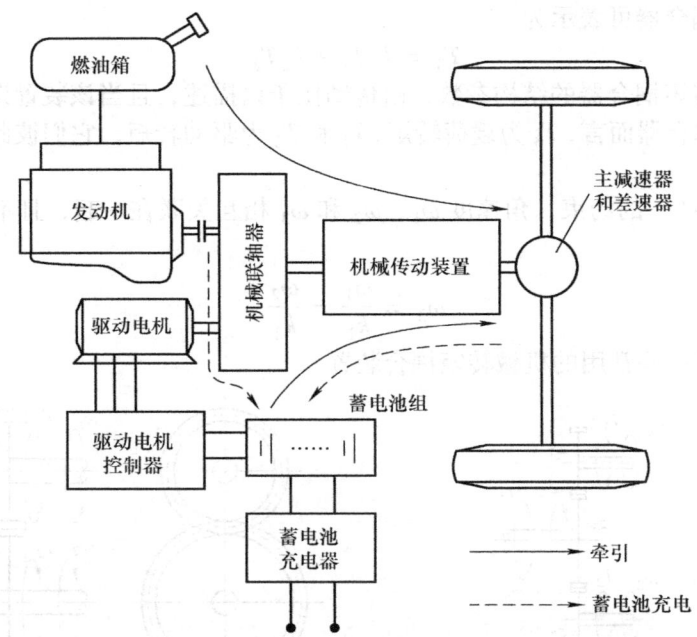

图 3-5 并联式混合动力汽车电驱动系统的结构

制系统复杂。

通常,机械耦合包括转矩耦合和转速耦合。在转矩耦合中,机械联轴器将发动机和驱动电机的转矩相加在一起,并将总转矩传递给驱动轮。发动机和驱动电机的转矩可分别独立控制。但是,由于功率守恒的约束条件,发动机、驱动电机的转速以及车速是以一确定的关系相互耦合在一起的,不可能独立控制。类似地,在转速耦合中,发动机和驱动电机的转速可相加在一起,且所有的转矩被耦合在一起,并不能独立控制。关于机械联轴器的这两类机械耦合的细节将在以后的章节叙述。

3.3 转矩耦合的并联式混合动力电驱动系统

3.3.1 转矩耦合配置

图 3-6 概念性地表明了一个机械转矩耦合方案,它是三端口、两自由度的机构。端口 1 为单向的输入;端口 2 和端口 3 为双向的输入或输出,但两者不能同时为输入。这里,输入意味着能量流进机械配置,而输出意味着能量流流出机构。在混合动力电动汽车应用中,端口 1 直接或通过机械传动装置连接到内燃机;端口 2 直接或通过机械传动装置连接到电动机轴;端口 3 则通过机械耦合装置连接到驱动轮。

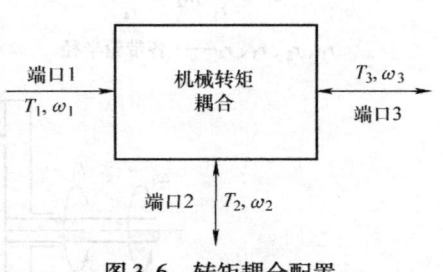

图 3-6 转矩耦合配置

若在稳定运行状态下忽略损耗,则对转矩耦合器而言,其输入功率始终等于其输出功率。这时,设端口 2 处于驱动状况(驱动电机),即输入功率,那么向驱动轮输出的功率为

$$T_3\omega_3 = T_1\omega_1 + T_2\omega_2 \tag{3-1}$$

从而，转矩耦合器可表示为

$$T_3 = k_1 T_1 + k_2 T_2 \tag{3-2}$$

式中，k_1、k_2 为转矩耦合器的结构参数，由传动比予以描述，且当该装置设计不变时，通常为常数；就转矩耦合器而言，T_3 为载荷转矩；T_1 和 T_2 为驱动转矩，它们彼此无关，并可分别独立控制。

但由于式（3-1）的约束，角速度 ω_1、ω_2 和 ω_3 相互关联在一起，且不能独立控制，其关联式为

$$\omega_3 = \frac{\omega_1}{k_1} = \frac{\omega_2}{k_2} \tag{3-3}$$

图 3-7 展示了一些常用的机械转矩耦合装置。

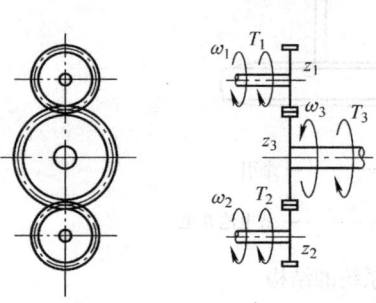

$k_1 = \dfrac{z_3}{z_1}, k_2 = \dfrac{z_3}{z_2}$

z_1、z_2、z_3——各齿轮齿数

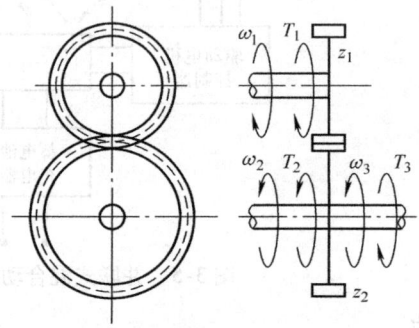

$k_1 = \dfrac{z_2}{z_1}, k_2 = 1$

z_1、z_2——各齿轮齿数

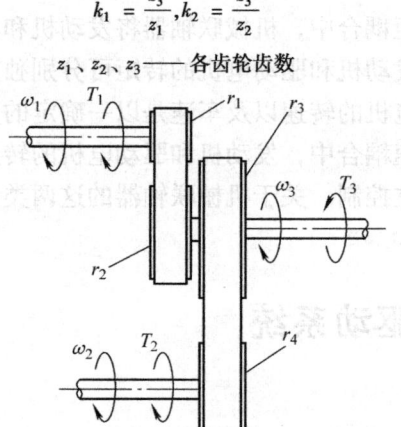

$k_1 = \dfrac{r_2}{r_1}, k_2 = \dfrac{r_3}{r_4}$

r_1、r_2、r_3、r_4——各带轮半径

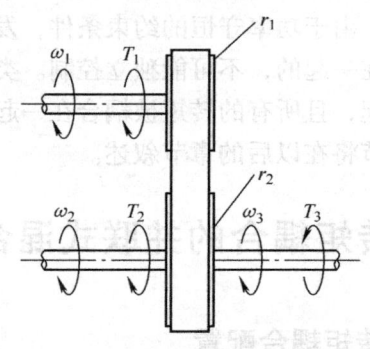

$k_1 = \dfrac{r_2}{r_1}, k_2 = 1$

r_1、r_2——各带轮半径

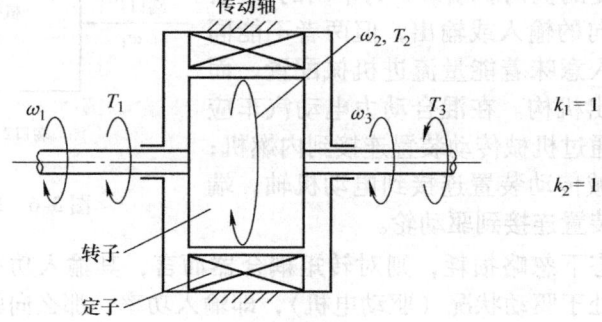

$k_1 = 1$

$k_2 = 1$

图 3-7 常用的机械转矩耦合装置

3.3.2 转矩耦合的电驱动系统结构

转矩耦合的并联式混合动力电驱动系统可有多种不同的结构。它们可分类为两轴或单轴式设计，在每一类内，传动装置可配置在不同的位置，并设计为不同的排档数，从而导致相异的牵引特性。优化设计主要取决于牵引需求、发动机尺寸、驱动电机尺寸及其转速—转矩特性等。

图 3-8 为一个两轴式的结构，其中应用了两个传动装置：其一位于发动机和转矩耦合装置之间；另一位于驱动电机和转矩耦合装置之间。两个传动装置可以是单速或多速的传动装置。

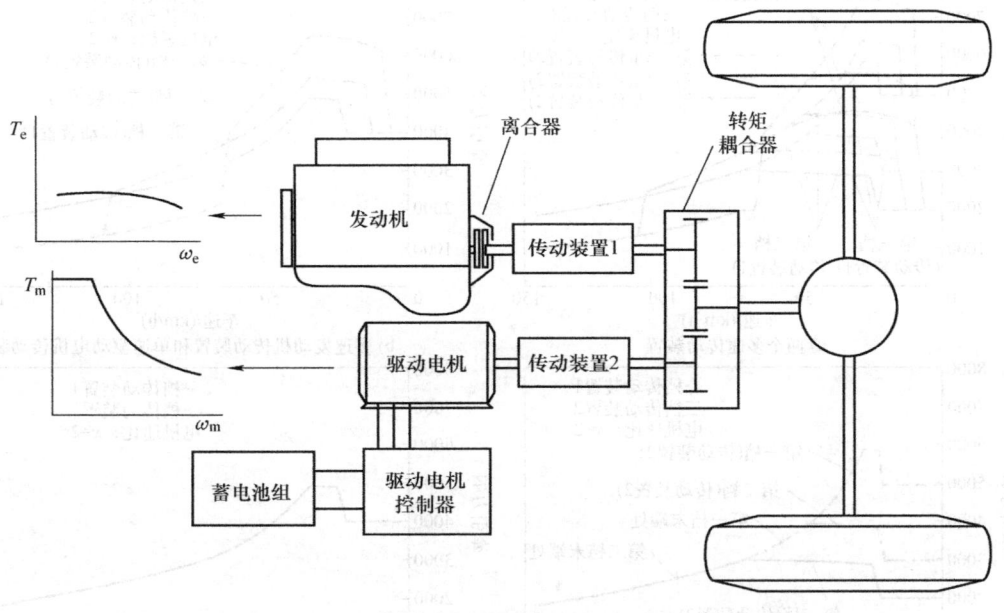

图 3-8 两轴式结构

图 3-9 给出了具有不同传动装置参数的车辆总牵引力—车速特性曲线。显然，两个多速传动装置形成了众多的牵引力—车速特性曲线。因为两个多速传动装置为发动机和电牵引系统（电设备和动力蓄电池组），两者运行于其最佳区域，提供了更多的可能性，故此电驱动系统的性能和整体效率可超过其他类型的设计。这一设计也在发动机和驱动电机特性的设计中提供了很大的灵活性。但是，两个多速传动装置将使电驱动系统明显复杂化，并为选择每个传动装置特定的档位而增加了控制系统的难度。

在图 3-9a 中，可应用多速传动装置 1 和单速传动装置 2。关于传动装置和驱动电机的相对位置，该结构被归入前传动装置类结构（驱动电机在传动装置之前）。其牵引力—车速特性曲线如图 3-9b 所示。在混合动力电驱动系设计中，与传动装置配置相联系的最大牵引力可足以满足车辆爬坡性能的要求，由于轮胎与地面接触的附着力的限制，并不需要更大的牵引力。单速传动装置 2 的应用是利用了低速时驱动电机高转矩特性的内在优点。采用多速传动装置 1 可用以克服内燃机转速—转矩特性的缺陷（在其整个转速变化范围内无明显变动的转矩输出）。多速的传动装置 1 也有助于改进发动机的效率，并减小车速范围（此时，驱动电机必须单独驱动车辆），从而也就防止了动力蓄电池迅速放电。

与上述设计相对照，图3-9c所表明的电驱动系统的牵引力—车速特性曲线，其中对发动机应用了单速传动装置1，对驱动电机应用了多速传动装置2。因在该结构中没有利用两个动力装置的优点，故为一个不适宜的设计。

图3-9d所表明的电驱动系统的牵引力—车速特性曲线对应于两个单速传动装置，这一配置导致简单的结构和控制。该电驱动系统的应用限制在于其最大的牵引力。当发动机、驱动电机和动力蓄电池组的额定功率以及传动装置的参数均正确地设计时，该电驱动系统将以令人满意的性能和效率适用于车辆。

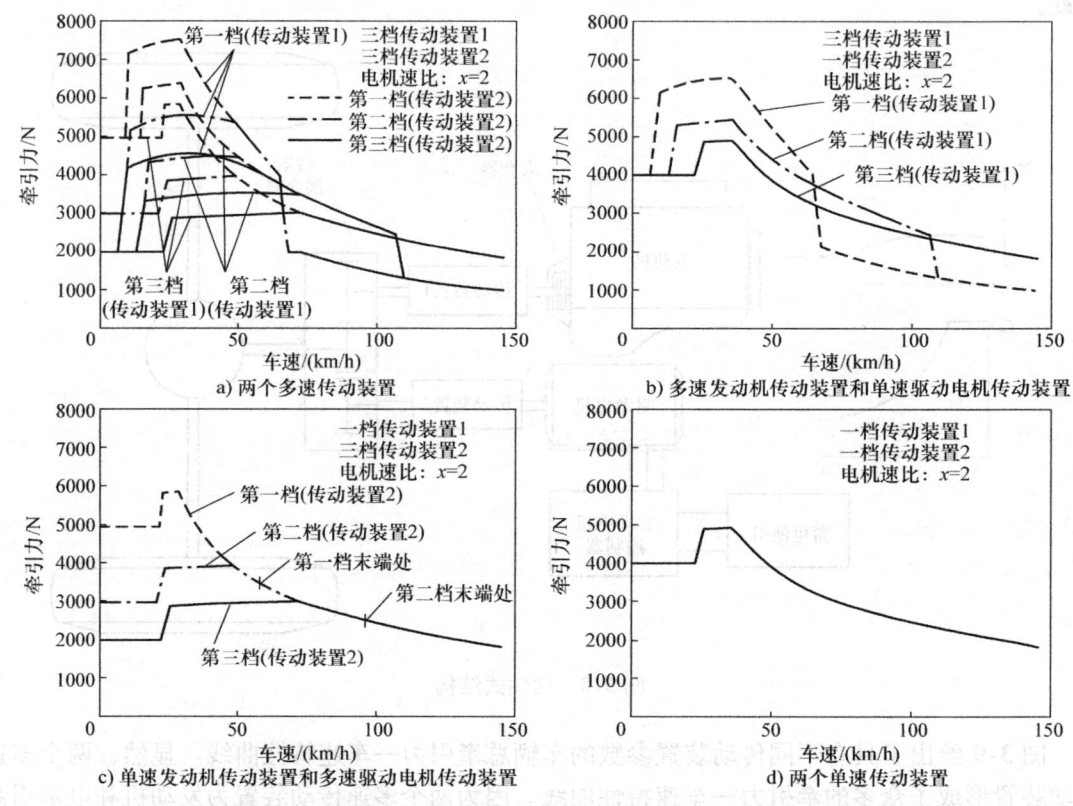

图3-9 在不同的传动装置配置下的牵引力与车速间的关联

另一两轴式的并联式混合动力电驱动系的结构如图3-10所示，其中传动装置位于转矩耦合装置和驱动轴之间，可归类为前传动装置。该传动装置以相同比例提高发动机和驱动电机两者的转矩。在转矩耦合装置中，传动比 k_1 和 k_2 的设计将使驱动电机和发动机能同时达到其最大转速。这一设计适用于相对采用小型发动机和驱动电机的情况，同时需应用一个多速传动装置以增大低速时的牵引力。

对于转矩耦合的并联式混合动力电驱动系统，其简单且紧凑的构造是单轴结构，其中驱动电机转子起着转矩耦合装置的作用 [在式（3-2）和式（3-3）中，$k_1 = 1$ 和 $k_2 = 1$]，如图3-11所示。驱动电机可安置在发动机和传动装置之间，被归类为前传动装置，或可安置在传动装置和末级驱动之间，被归类为后传动装置，如图3-12所示。

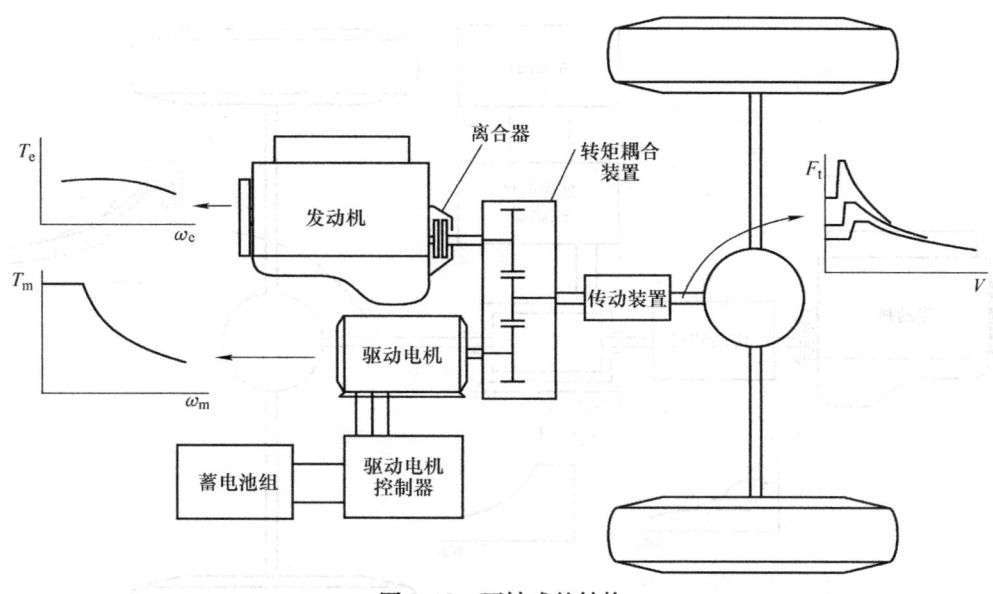

图 3-10　两轴式的结构

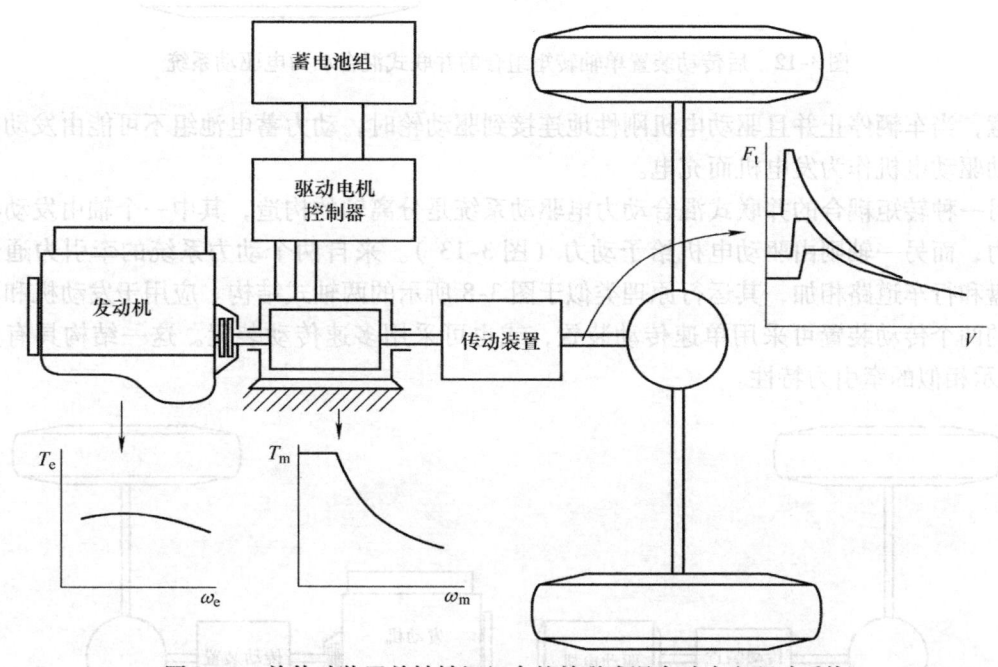

图 3-11　前传动装置单轴转矩组合的并联式混合动力电驱动系统

在前传动装置结构（图 3-11）中，发动机转矩和驱动电机转矩两者均由传动装置调节，此时，发动机和驱动电机必须有相同的转速范围。这一结构常用于小型驱动电机的情况，被归类为轻度混合动力电驱动系统，其中驱动电机起着发动机的起动机、发电机、发动机的动力辅助机和再生制动的作用。

然而，在如图 3-12 所示的后传动装置结构中，当驱动电机转矩直接传递给末级驱动时，传动装置仅能调节发动机转矩。这一结构可用于有大范围恒功率区的大型驱动电机的电驱动系统。传动装置仅用于改变发动机的运行工作点，以改进车辆性能和发动机的运行效率。应

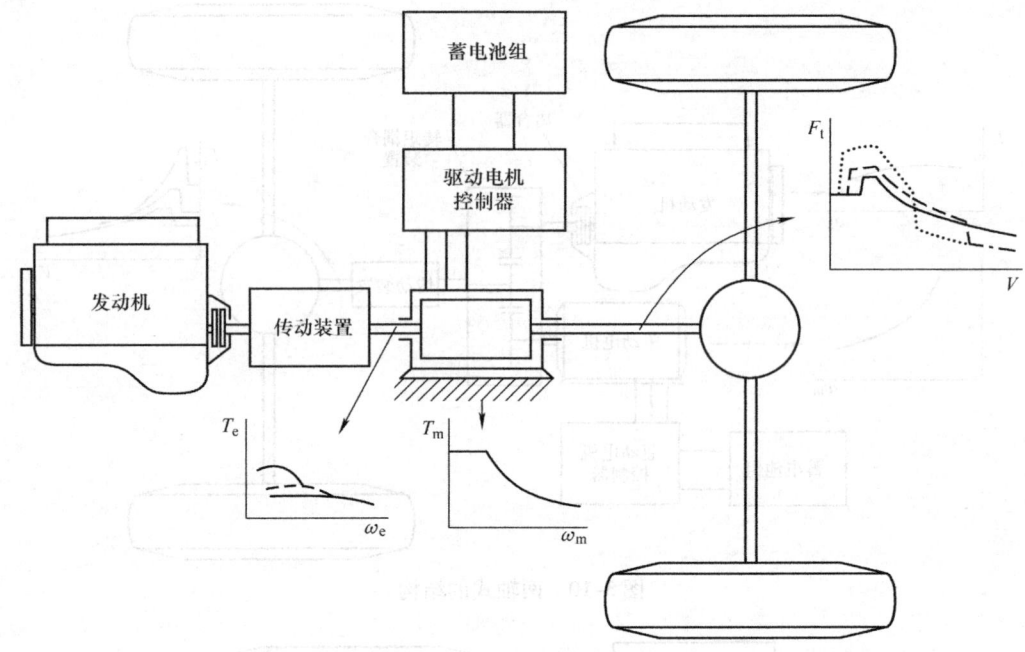

图3-12 后传动装置单轴转矩组合的并联式混合动力电驱动系统

该注意,当车辆停止并且驱动电机刚性地连接到驱动轮时,动力蓄电池组不可能由发动机通过带动驱动电机作为发电机而充电。

另一种转矩耦合的并联式混合动力电驱动系统是分离轴的构造,其中一个轴由发动机给以动力,而另一轴则由驱动电机给予动力(图3-13)。来自两个动力系统的牵引力通过车辆底盘和行车道路相加,其运行原理类似于图3-8所示的两轴式结构。应用于发动机和驱动电机的两个传动装置可采用单速传动装置,或也可采用多速传动装置。这一结构具有如图3-9所示相似的牵引力特性。

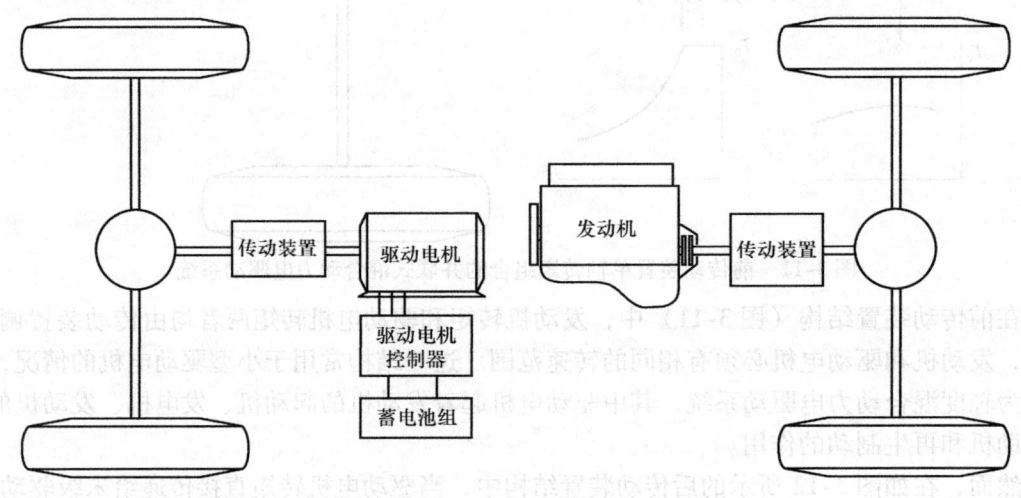

图3-13 分离轴转矩组合的并联式混合动力电驱动系统

分离轴的构造提供了某些传统车辆的优点。它保持了原始发动机和传动装置不变，并在另一轴上附加了一个电牵引系统。它也有四轮驱动形式，由此可优化在光滑路面上的牵引力，且减小了作用于单个轮胎上的牵引力。

然而，电设备和末端差速齿轮系占有一定空间，致使有效的乘客和行李装载空间减小。但若位于驱动电机后面的传动装置是单速的，并以装置在两驱动轮内的两个小尺寸的驱动电机替代该驱动电机，则可以解决这一问题。应该注意，当车辆处于停止状态时，动力蓄电池组不可能由发动机予以充电。

3.4 转速耦合的并联式混合动力电驱动系统

3.4.1 转速耦合配置

源于两个动力装置的动力可通过它们的转速耦合相互关联，如图 3-14 所示。类似于机械转矩耦合器，转速耦合器也是一个三端口、两自由度的机械配置。端口 1 以单向能量流连接至内燃机，端口 2 和端口 3 以双向能量流连接至驱动电机和载荷（末级驱动）。

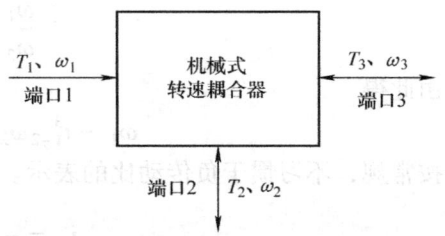

图 3-14 转速耦合

机械的转速耦合特性可描述为

$$\omega_3 = k_1\omega_1 + k_2\omega_2 \quad (3-4)$$

式中，k_1 和 k_2 是与结构和几何形状设计相关联的常数。在三个转速 ω_1、ω_2 和 ω_3 之中，两个转速是彼此无关的，可独立予以控制。由于功率守恒的约束，其转矩相互关联为

$$T_3 = \frac{T_1}{k_1} = \frac{T_2}{k_2} \quad (3-5)$$

式中，最小转矩决定了另两个转矩。

图 3-15 显示了一种典型的转速耦合器件，即行星齿轮机构。行星齿轮机构是一个三端口组件，由分别标记为 1、2 和 3 的太阳轮、齿圈和行星轮架构成。其太阳轮、齿圈和行星轮架之间的转速关系可求得如下。

首先，设行星轮架被连接到静止的车梁上，即 $\omega_3 = 0$，这样从太阳轮到齿圈的传动比为

$$i_{1-2}^3 = \frac{\omega_2^3}{\omega_1^3} = -\frac{R_2}{R_1} = -\frac{z_2}{z_1} \quad (3-6)$$

式中，ω_1^3 和 ω_2^3 分别是太阳轮和齿圈相对于行星轮架（当行星轮架处于静止状态时）的角速度；R_1 和 R_2 分别是太阳轮和齿圈的半径；z_1 和 z_2 分别是太阳轮和齿圈的齿数，对应地与太阳轮和齿圈的半径成正比。

此处，逆时针旋转方向被定义为正角速度的方向；反之，顺时针旋转方向被定义为负角速度的方向，如图 3-15 所示。

式 (3-6) 表明，因 ω_1^3 和 ω_2^3 具有不同的旋转方向，故传动比 i_{1-2}^3 为负。当行星轮架脱离静止的车梁时，不受限制的太阳轮、齿圈和行星轮架的角速度可表达为

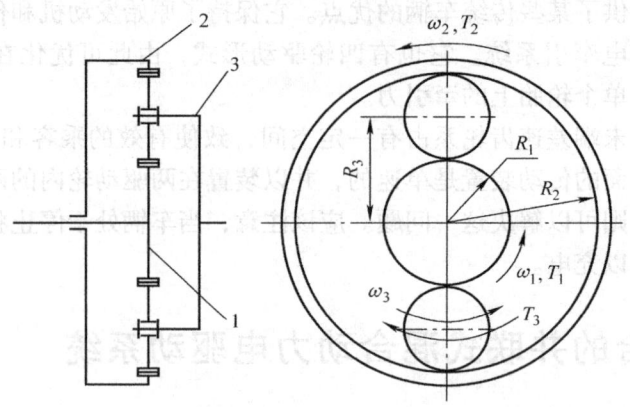

图 3-15　用作转速耦合器件的行星齿轮机构

$$\frac{\omega_1 - \omega_3}{\omega_2 - \omega_3} = i_{1-2}^3 \tag{3-7}$$

由此得

$$\omega_1 - i_{1-2}^3 \omega_2 - (1 - i_{1-2}^3)\omega_3 = 0 \tag{3-8}$$

按常规，不习惯于负传动比的表示。若今定义传动比为正值，即

$$i_g = -i_{1-2}^3 = \frac{R_2}{R_1} = \frac{z_2}{z_1} \tag{3-9}$$

式（3-8）便可改写为

$$\omega_1 + i_g \omega_2 - (1 + i_g)\omega_3 = 0 \tag{3-10}$$

或

$$\omega_3 = \frac{1}{1+i_g}\omega_1 + \frac{i_g}{1+i_g}\omega_2 \tag{3-11}$$

比较式（3-11）和式（3-4）可得 $k_1 = 1/(1+i_g)$ 和 $k_2 = i_g/(1+i_g)$。

类似于转速的定义，作用于行星齿轮机构每一部件上的转矩以逆时针旋转方向定义为正值，而以顺时针旋转方向定义为负值。输入行星齿轮机构的总功率应为零（输出功率为负），当忽略行星齿轮机构内的功率损耗时，便有

$$T_1\omega_1 + T_2\omega_2 + T_3\omega_3 = 0 \tag{3-12}$$

联立求解式（3-11）和式（3-12），得出：

$$T_3 = -(1 + i_g)T_1 = -\frac{1+i_g}{i_g}T_2 \tag{3-13}$$

式（3-13）表明，作用于太阳轮的转矩 T_1 和作用于齿圈的转矩 T_2 始终有相同的符号（两者都为正或都为负），而作用于行星轮架的转矩 T_3 总是具有与 T_1 和 T_2 相反的方向，如图 3-15 所示。

当太阳轮、齿圈或行星轮架一个部件被锁定在静止的车梁上时，也就是说，一个自由度的约束，则该行星齿轮机构将成为一个单速传动装置（一端输入和一端输出）。当不同的部件被固定时，其转速和转矩关系见表 3-1。

表 3-1 当一个部件被固定时的转速和转矩关系

被固定的部件	转速	转矩
太阳轮	$\omega_3 = \dfrac{i_g}{1+i_g}\omega_2$	$T_3 = -\dfrac{1+i_g}{i_g}T_2$
齿圈	$\omega_3 = \dfrac{i_g}{1+i_g}\omega_2$	$T_3 = -(1+i_g)T_1$
行星轮架	$\omega_1 = -i_g\omega_2$	$T_1 = \dfrac{1}{i_g}T_2$

另一有意义的转速耦合器件是带有浮定子的电机（本书称之为传动电机），其定子通常按传统电机的方式固定在静止的车梁上，它被释放时即构成一个双转子电机—外转子和内转子。外转子、内转子和气隙为三个端口。电功率通过气隙转换为机械功率，如图 3-16 所示。按传统的术语，传动电机转速是内转子关于外转子的相对转速。由于作用和反作用效应，作用在两个转子上的转矩值始终相同，导致常数 $k_1 = 1$ 和 $k_2 = 1$。其转速关系可表达为

$$\omega_{or} = \omega_{ir} + \omega_{oi} \tag{3-14}$$

式中，ω_{or} 是内转子相对于外旋转定子的转速，其转矩关系为

$$T_{ir} = T_{or} = T_e \tag{3-15}$$

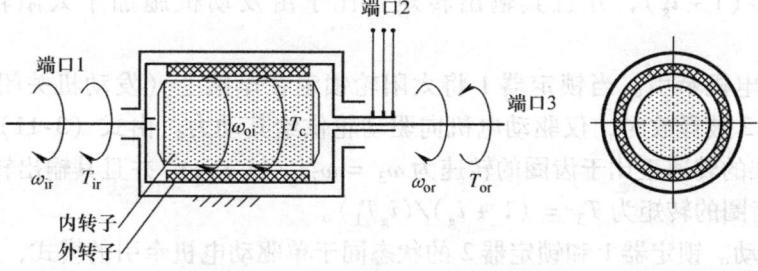

图 3-16 用作转速耦合器件的传动电机

3.4.2 转速耦合的电驱动系统结构

与转矩耦合器件相似，可应用转速耦合器件构成各种混合动力电驱动系统。图 3-17 和图 3-18 分别给出了由行星齿轮机构和传动电机两转速耦合器件构造的混合动力电驱动系统的实例。在图 3-17 中，发动机通过离合器和传动装置向中心齿轮供给动力，传动装置用以调整发动机的转速—转矩特性，以便匹配牵引的要求。基于发动机的转速—转矩特性图，传动装置可以是多速的或单速的。驱动电机通过一对齿轮向齿圈供给动力，锁定器 1 和离合器 2 用来将太阳轮和齿圈锁定在静止的车梁上，以便满足不同运行模式的需要。可实现的运行模式如下：

1) 混合牵引。当锁定器 1 和锁定器 2 被释放（太阳轮和齿圈可以旋转）时，发动机和驱动电机两者都向驱动轮供给正向转速和转矩（正向动力）。此时，由行星齿轮机构的行星轮架提供的输出转速和转矩可由式（3-11）和式（3-13）描述，即行星轮架旋转的转速是中心齿轮转速（发动机转速或正比于发动机转速）和齿圈转速（发动机转速或正比于驱动电机转速）之总和。然而，行星轮架输出的转矩正比于发动机转矩和驱动电机转矩。

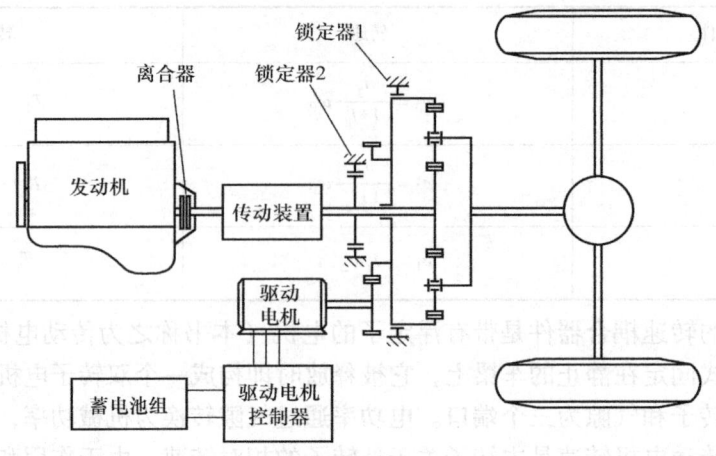

图 3-17 由行星齿轮机构转速耦合器件组成的混合动力电驱动系统

2) 单发动机牵引。当锁定器 2 将齿圈锁定在车梁上,而锁定器 1 被释放时,发动机单独向驱动轮供给动力。由式 (3-11) 和式 (3-13) 可知,行星轮架的转速正比于太阳轮的转速为 $\omega_3 = \omega_1/(1+i_g)$,并且其输出转矩正比于由发动机施加于太阳轮的转矩 $T_3 = (1+i_g)T_1$。

3) 单驱动电机牵引。当锁定器 1 将太阳轮锁定在车梁上(发动机关闭,且离合器脱开),而锁定器 2 被释放时,仅驱动电机向驱动轮供给其动力。由式 (3-11) 和式 (3-13) 可知,行星轮架的转速正比于齿圈的转速为 $\omega_3 = \omega_2 i_g/(1+i_g)$,并且其输出转矩正比于由驱动电机施加于齿圈的转矩为 $T_3 = (1+i_g)/(i_g T_1)$。

4) 再生制动。锁定器 1 和锁定器 2 的状态同于单驱动电机牵引的模式,发动机也关闭,离合器脱开,而驱动电机按再生运行模式(负转矩)予以控制。车辆的动能或位能可由电系统吸收。

5) 动力蓄电池由发动机充电。发动机的离合器和锁定器 1、锁定器 2 的状态同于混合牵引模式,但是驱动电机被控制为反向运转状态,即负向转速。因而,驱动电机以正向转矩和负向转速(负功率)运行,从发动机吸收能量,并传送能量到动力蓄电池组。在这样的情况下,发动机通过其转速的分解,将其功率分离为两部分。

由传动电机组成的混合动力电驱动系如图 3-18 所示,它具有类似于图 3-17 的结构。锁定器 1 和离合器 2 分别用于将外转子锁定在车梁和内转子上。这一电驱动系统可完成上述的所有运行模式,其分析留给读者。

图 3-19 显示了配置传动电机的转速耦合装置。其中,离合器 1 是图 3-18 中离合器 1 的代换;离合器 2 具有同于图 3-18 中离合器 2 的功能;离合器 3 则具有图 3-18 中锁定器 1 的功能。

转速耦合的混合动力电驱动系统的主要优点在于两个动力装置的转速从车速处是解耦的,因而该两动力装置的转速均能自由地进行选择。对于动力装置而言,这是显著的优点,例如斯特林发动机和燃气轮机的效率对转速敏感,而对转矩则不太敏感。

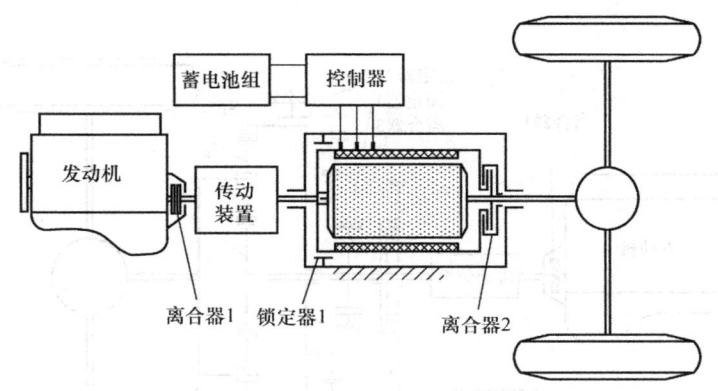

图 3-18 由传动电机转速耦合器件组成的混合动力电驱动系统

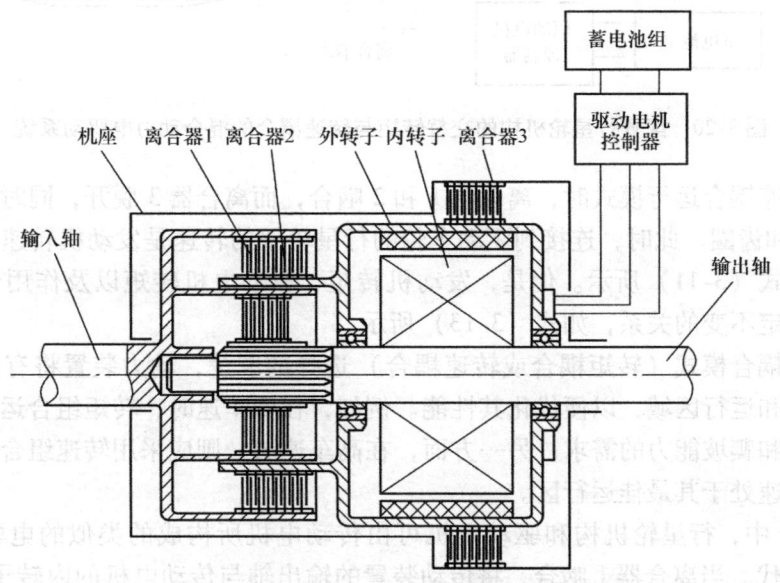

图 3-19 配置传动电机的转速耦合装置

3.5 转矩耦合与转速耦合的并联式混合动力电驱动系统

3.5.1 可供选择的耦合模式

将转矩耦合与转速耦合相组合,可构造一种混合动力电驱动系统,其中转矩耦合和转速耦合状态能交替地予以选择。图 3-20 展示了这样的一个混合动力电驱动系统,当选择转矩耦合运行模式时,锁定器 2 将行星轮机构的齿圈锁定在车梁上,同时离合器 1 和离合器 3 啮合,而离合器 2 脱开。于是,通过经由齿轮 z_a、z_b 和离合器 3 直到太阳轮轴的转矩相加,发动机和驱动电机的动力一起相加。在这样的情况下,行星轮机构仅起减速器的作用,由太阳轮到行星轮架的传动比定义为 $\omega_1/\omega_3 = 1 + i_g$ 此为典型的转矩耦合的并联式混合动力电驱动系统。

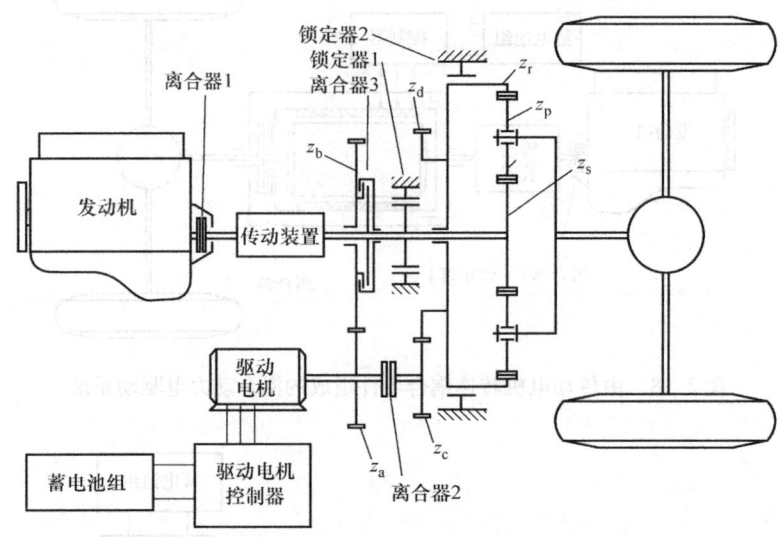

图 3-20　配置行星轮机构的交替转矩与转速耦合的混合动力电驱动系统

当选择转速耦合运行模式时，离合器 1 和 2 啮合，而离合器 3 脱开，同时，锁定器 1 和 2 释放太阳轮和齿圈。此时，连接到驱动车轮的行星轮架的转速是发动机转速和驱动电机转速的组合，如式（3-11）所示。但是，发动机转矩、驱动电机转矩以及作用于驱动轮上的转矩保持为固定不变的关系，如式（3-13）所示。

随着动力耦合模式（转矩耦合或转速耦合）选择的取舍，动力装置将有更多的可供选择的运行方式和运行区域，以便优化其性能。例如，在低车速时，转矩组合运行模式将适合于高加速性能和爬坡能力的需求；另一方面，在高车速时，则应采用转速组合运行模式，以保持发动机转速处于其最佳运行区。

在图 3-20 中，行星轮机构和驱动电机可由传动电机所构成的类似的电驱动系统（图 3-21）予以替代。当离合器 1 啮合，将传动装置的输出轴与传动电机的内转子轴相耦合时，离合器 2 脱开，以释放发动机轴与传动电机内转子轴间的耦合，并且开启锁定器将传动电机的外转子定位在车梁上，于是该电驱动系统工作在转矩耦合模式。另一方面，当离合器 1 脱开，而离合器 2 啮合时，同时开启锁定器，则该电驱动系统即工作在转速耦合模式。

以上混合动力电驱动系统可辨别的特性在于，根据不同的驱动情况，电驱动系统能随意地选择最佳的耦合模式，以实现最优的车辆性能和效率。然而，在同一时刻，不可能两种耦合模式都涉及，因为有效的只有两个动力装置。

3.5.2　两种耦合模式的配置

借助于增加另一动力装置，可在同一时刻实现兼有转速和转矩耦合模式的混合动力电驱动系统。一个令人满意的实例是由丰田汽车公司在其 Prius 混合动力电动轿车中开发并实现的。该电驱动系统示意图如图 3-22 所示，其中行星轮机构用作转速耦合装置；固定轴齿轮组件用作转矩耦合装置。发动机被连接到行星轮架，而一个小型驱动电机/发电机（几千瓦）则连接到行星轮机构的太阳轮，组成转速耦合整体结构。齿圈通过固定轴的齿轮组件

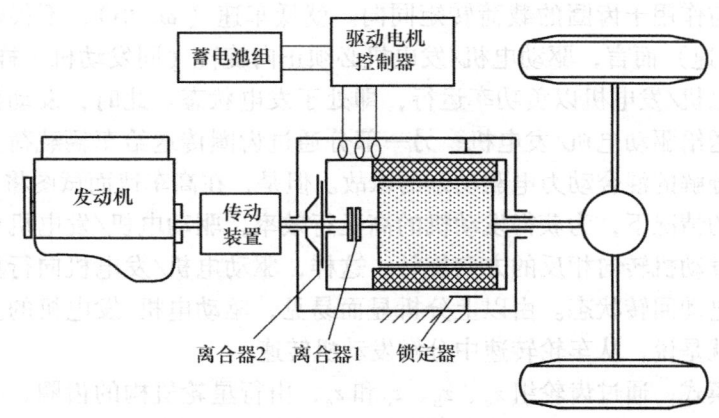

图 3-21 配置传动电机的交替转矩与转速耦合的混合动力电驱动系统

(转矩耦合器) 被连接到驱动轮上。同时，驱动电机也连接到固定轴的齿轮组件，以组成转矩耦合结构。

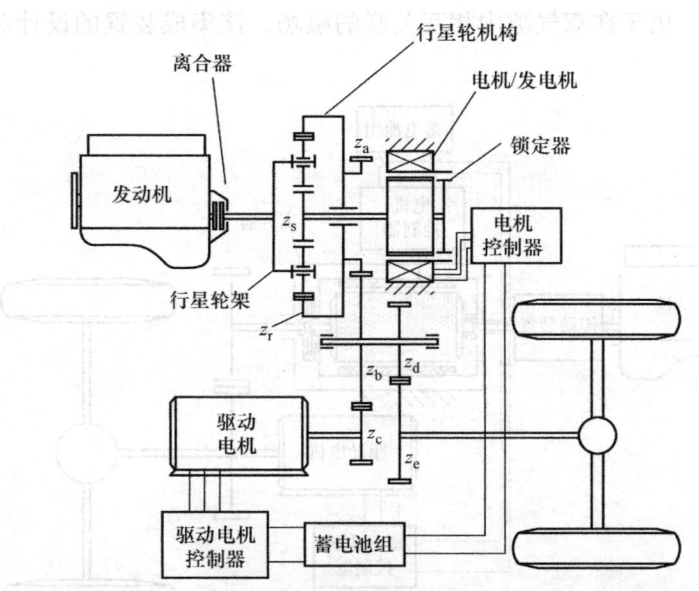

图 3-22 集成转速和转矩耦合的混合动力电驱动系统

由式 (3-11) 可知，正比于车速的齿圈或齿轮 z_a 的旋转速度和发动机（行星轮架），以及驱动电机/发电机（太阳轮）的旋转速度相互关联，其关系式为

$$\omega_r = \frac{1+i_g}{i_g}\omega_{ice} - i_g\omega_{m/g} \tag{3-16}$$

式中，i_g 为由式 (3-9) 定义的传动比；ω_{ice} 和 $\omega_{m/g}$ 分别是发动机和驱动电机/发电机的旋转速度。通过齿轮 z_4 作用于齿圈的载荷转矩与发动机转矩和驱动电机/发电机转矩的关系式为

$$-T_r = \frac{i_g}{1+i_g}T_{ice} = -i_gT_{m/g} \tag{3-17}$$

式 (3-17) 表明，由驱动电机/发电机提供的作用于中心齿轮的转矩具有与发动机转矩

相反的方向，而与作用于齿圈的载荷转矩同向。就低车速（ω_r 小）、不很低的发动机转速（大于其空转的转速）而言，驱动电机/发电机必须正向旋转（同发动机一样的转向）。在这一情况下，驱动电机/发电机以负功率运行，即处于发电状态。此时，发动机功率分解为两部分：一部分传送给驱动电机/发电机；另一部分通过齿圈传送给车辆载荷。这就是将该电驱动系称为功率分解的混合动力电驱动系的缘故。但是，在高车速而试图将发动机转速保持在低于给定转速的情况下，为获得发动机的高运行效率，驱动电机/发电机可运行在负转速的状态，即以与发动机转向相反的方向旋转。这样，驱动电机/发电机向行星轮机构传送正功率，即其处于电动回转状态。由以上分析显而易见，驱动电机/发电机的主要功能是控制发动机转速，也就是说，从车轮转速中分解发动机转速。

以转矩耦合模式，通过齿轮组 z_c、z_b、z_d 和 z_e，由行星轮机构的齿圈、驱动电机向输出转矩添加了附加的转矩。由此，发动机转矩得以从车辆载荷处解耦。

图 3-22 中的小型驱动电机和行星轮机构可以由单一的传动电机予以替代，如图 3-23 所示。该驱动系具有非常相似于图 3-22 中驱动系的特性。图 3-23 中驱动系的另一变更方案为如图 3-24 所示的单轴设计。这一更紧凑的驱动系设计，是把传动电机和驱动电机集成在一起，如图 3-25 所示。由于在双气隙中相互关联的磁场，该集成装置的设计和控制比分离的构造要更为复杂。

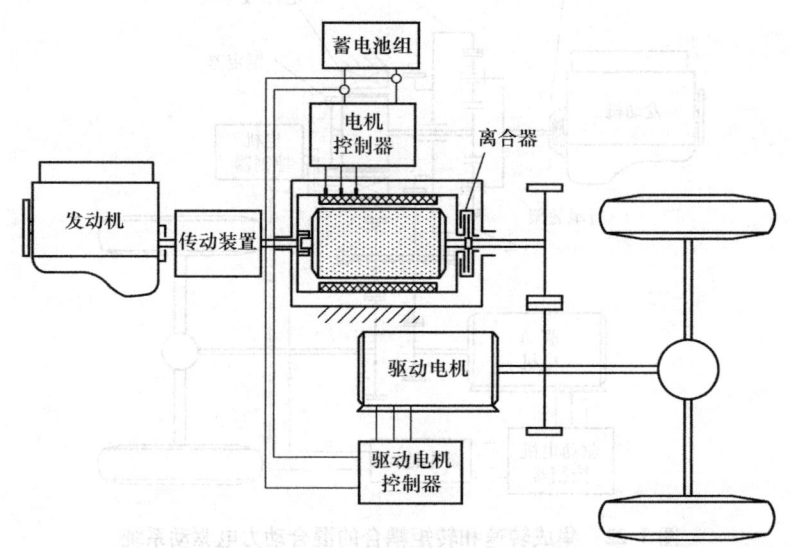

图 3-23 应用传动电机和双轴式结构集成转速和转矩耦合的混合动力电驱动系统

在相关文献中，由图 3-24 和图 3-25 所示集成的或分离的传动电机和驱动电机，被称为电气的可变传动装置（EVS）。这一称谓来源于通过转速耦合装置（传动电机），发动机转速从车速中用电解耦的事实。关于其运行特性和驱动系控制将在以后讨论。

3.6　混合动力总成控制策略

确定混合动力总成的控制策略，首先要明确采用的控制目标和控制方法。控制目标，就是要明确提出控制策略要达到的目标；控制方法，就是根据控制目标以及对各种控制方法的

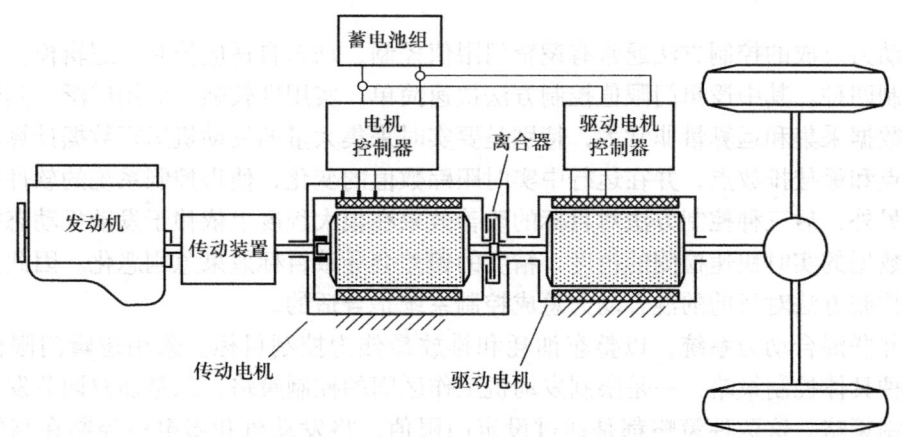

图 3-24 应用传动电机和单轴集成转速和转矩耦合的混合动力电驱动系统

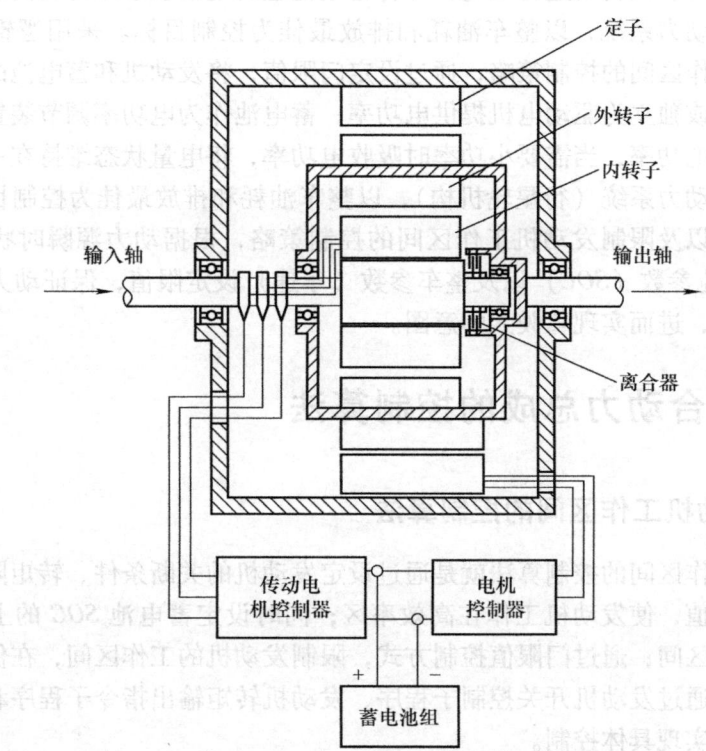

图 3-25 传动电机和驱动电机的集成

分析比较,选择合适的控制方法。

混合动力总成的控制目标主要有两种:一是以整车油耗和排放最佳为目标,二是以蓄电池的电量消耗最小为目标。其中以整车油耗和排放最佳为控制目标,可以充分发挥混合动力电动汽车的优势,同时采取措施维持蓄电池的电量状态,提高蓄电池的循环寿命,保证足够的续驶里程,这是混合动力电动汽车产品的发展趋势。这里所讨论的混合动力总成的控制目标是在保证按照驾驶人意图实现动力输出调节的前提下,以整车燃油经济性能和排放性能最佳为目标。

混合动力总成的控制方法通常有逻辑门限值控制、动态自适应控制、逻辑模糊控制和神经网络控制四种。其中逻辑门限值控制方法快速简单，实用性较强，应用广泛。其他三种控制方法的数据采集和运算量非常大，特别是要实时采集大量的发动机运行数据计算发动机的最佳油耗点和最佳排放点，并在运行中实时跟踪数值的变化，使得控制系统的软件和硬件过于复杂。另外，后三种控制方法对目标的改善效果在很大程度上依赖于发动机动态模型的精度和运行数据的实时快速检测的精度，精度的偏差会导致目标效果急剧恶化。因此，采用逻辑门限值控制方法对目前的混合动力总成控制系统是合适的。

对于并联混合动力系统，以整车油耗和排放最佳为控制目标。采用逻辑门限值控制方法，有两种具体控制策略：一是限制发动机工作区间的控制策略，二是加权调节发动机工作区间的控制策略。这两种策略都是通过设定门限值，将发动机和蓄电池控制在高效率区运行，提供要求的转矩；驱动电机作为载荷调节装置，当需要大转矩输出时参加驱动，当需要小转矩输出时吸收发动机转矩进行发电，并将蓄电池组的电量状态维持在高效率区间内。

对于串联混合动力系统，以整车油耗和排放最佳为控制目标。采用逻辑门限值控制方法，限制发动机工作区间的控制策略，通过设定门限值，将发动机和蓄电池的工作区限制在高效率区间，联合或独立为驱动电机提供电功率；蓄电池作为电功率调节装置，当驱动电机需要大功率时输出电功率，当需要小功率时吸收电功率，将电量状态维持在一定范围内。

对于混联混合动力系统（行星轮机构），以整车油耗和排放最佳为控制目标。采用逻辑门限值控制方法，以及限制发动机工作区间的控制策略，根据动力源瞬时状态参数（动力源的转速）、蓄电池参数（SOC）以及整车参数（车速）设定限值，保证动力源功率输出来满足整车功率需求，进而实现驾驶人的意图。

3.7 并联混合动力总成的控制算法

3.7.1 限制发动机工作区间的控制算法

限制发动机工作区间的控制算法就是通过设定发动机的关断条件、转矩限值、最小转矩限值和最低转速限值，使发动机工作在高效率区；同时设定蓄电池 SOC 的上下限值，使蓄电池工作在高效率区间；通过门限值控制方式，限制发动机的工作区间，在低效率区时关闭发动机。控制算法通过发动机开关控制子程序、发动机转矩输出指令子程序和驱动电机转矩输出指令子程序来实现具体控制。

1) 发动机的开关控制子程序。根据控制策略要求，发动机开关控制子程序采集发动机转速 n 和蓄电池 SOC。根据 T，确定发动机开关状态的逻辑值 engine_on。该子程序的输入和输出信号如图 3-26 所示。

根据控制策略，发动机的开关控制子程序的逻辑如下。

当运行工况全部符合下列条件时，发动机运行（engine_on = 1）：

① $T>0$ 或 $n>n_{\text{idel}}$

② $n>n_{\text{idel}}$ 或 eidle = 1

③ $n>n_{\text{motor\_lo}}$ 或 $SOC<SOC_{\text{lo}}$

④ $SOC < SOC_{lo}$ 或 $T > T_{eoff} = f_{eoff} T_{max}$

式中，n_{idel} 表示发动机的怠速转速；eidle 表示发动机怠速状态；n_{motor_lo} 表示电机最低转速；SOC_{lo} 表示蓄电池工作时的 SOC 最低值；T_{eoff} 表示发动机关断转矩；f_{eoff} 表示发动机关断转矩比例系数。

当运行工况不满足上述条件之一时，发动机停机（engine_on = 0）。

根据以上控制逻辑，发动机开关控制子程序的框图 3-27 所示。

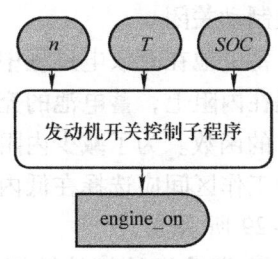

图 3-26 发动机开关控制子程序输入和输出信号

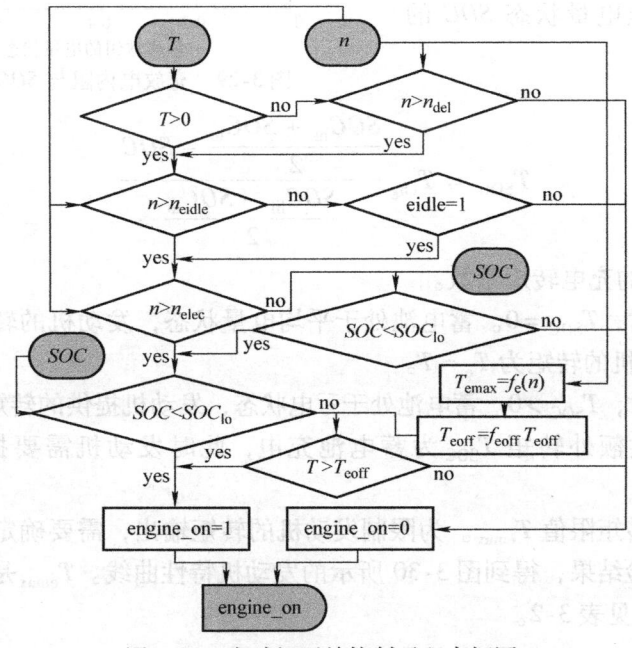

图 3-27 发动机开关控制子程序框图

2）发动机的转矩输出指令子程序。根据控制策略，提出发动机转矩输出指令子程序的功能：采集 SOC 信号和 n 信号，根据 engine_on 和 T 指令，通过运算确定 T_{eout} 和 L_e。发动机转矩输出指令子程序的输入输出信号如图 3-28 所示。

根据控制策略，提出发动机转矩输出控制逻辑如下。

① 蓄电池组电量状态的上限值 SOC_{hi} 和下限值 SOC_{lo}。为了限制蓄电池的工作区间，需要设定蓄电池组电量状态的上限值 SOC_{hi} 和下限值 SOC_{lo}。控制算法保证蓄电池在工作过程中的 SOC 基本处于 SOC_{hi} 和 SOC_{lo} 之间。定义 $SOC_0 = (SOC_{hi} + SOC_{lo})/2$，当 $SOC < SOC_0$ 时，说明蓄电池电量已经低于平均电量值，发动机要提供额外转矩为蓄电池充电；当 $SOC > SOC_0$ 时，说明蓄电池电量已经高于平均电量值，可以使蓄电池放电为驱动电机提供电功率，与发动机联合提供驱动转矩。当 $SOC > SOC_{hi}$ 时，蓄电池处于满电状态，

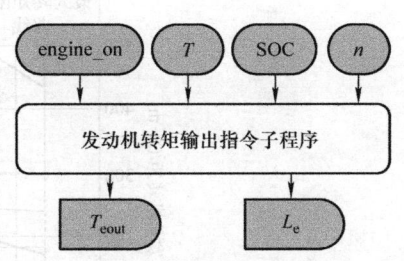

图 3-28 发动机转矩输出指令子程序输入输出信号

再生制动关闭。

蓄电池在充放电过程中有部分转矩消耗在内阻上，蓄电池的充放电内阻是 SOC 的函数。为了减少内阻消耗，蓄电池的工作区间应选择在低内阻区间，如图 3-29 所示。

② 发动机的额外转矩 T_{SOC}。为了使发动机运行于高效率区间，需要确定发动机的额外转矩 T_{SOC}。额外转矩 T_{SOC} 是当前蓄电池组电量状态 SOC 的函数，应满足：

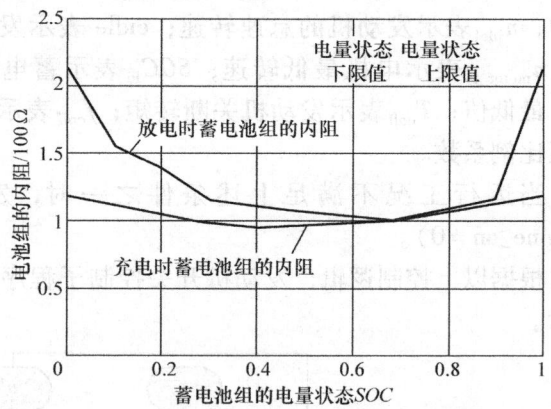

图 3-29 充放电内阻与 SOC 的关系曲线

$$T_{SOC} = T_{chg} \frac{\frac{SOC_{hi} + SOC_{lo}}{2} - SOC}{\frac{SOC_{hi} - SOC_{lo}}{2}} \quad (3-18)$$

式中，T_{chg} 为发动机的充电转矩系数。

当 $SOC = SOC_0$ 时，$T_{SOC} = 0$。蓄电池处于平均电量状态，发动机的转矩只需要满足转矩输出指令 T，即发动机的转矩为 $T_e = T$。

当 $SOC < SOC_{lo}$ 时，$T_{SOC} > 0$。蓄电池处于亏电状态，发动机提供的转矩除了满足转矩输出指令 T 外，还要提供额外转矩 T_{SOC} 为蓄电池充电，此时发动机需要提供的转矩为 $T_e = T + T_{SOC}$。

③ 发动机最大转矩限值 T_{emax}。为限制发动机的转矩输出，需要确定发动机的最大转矩限值 T_{emax}。根据实验结果，得到图 3-30 所示的发动机特性曲线。T_{emax} 是发动机转速 n_e 的函数，对应的函数关系见表 3-2。

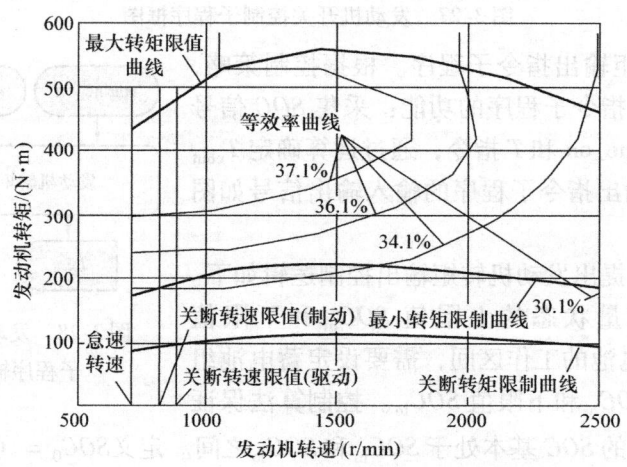

图 3-30 发动机特性曲线

在子程序中输入数据表，当给定转速 n_e 时，应用一维插值即可确定对应的 T_{emax}。

表 3-2 发动机最大转矩限值数据表

n_{e1}	n_{e2}	……	$n_{e(k-1)}$	n_{ek}
T_{emax1}	T_{emax2}	……	$T_{emax(k-1)}$	T_{emaxk}

④ 发动机的最小转矩限值 T_{emin} 和关断转矩限值 T_{eoff}。为限制发动机的工作区间，需要设定发动机的最小转矩限值 T_{emin} 和关断转矩限值 T_{eoff} 两个限值，如图 3-30 所示。

设定发动机最小转矩限值的比例系数 f_{emin}（$0<f_{emin}<1$），则有

$$T_{emin} = f_{emin} T_{emax} \tag{3-19}$$

当 $SOC<SOC_{lo}$ 且 $T_e<T_{emin}$ 时，为了避免发动机工作在低效率区间，要求发动机工作在 T_{emin} 上，即提供转矩为 T_{emin}，以大于 T_{SOC} 的转矩为蓄电池充电。

设定发动机关断转矩限值的比例系数 f_{eoff}（$0<f_{eoff}<1$），则有

$$T_{eoff} = f_{eoff} T_{emax} \tag{3-20}$$

当 $SOC>SOC_{lo}$ 且 $T_e<T_{eoff}$ 时，为了避免发动机工作在低负荷区，要求发动机关闭，由驱动电机单独提供需要的转矩 T_e。

不同转速下的 T_{emin} 与 T_{eoff} 数据见表 3-3。

表 3-3 发动机的最小转矩限值 T_{emin} 和关断转矩限值 T_{eoff}

n_{e1}	n_{e2}	……	$n_{e(k-1)}$	n_{ek}
T_{eoff1}	T_{eoff2}	……	$T_{eoff(k-1)}$	T_{eoffk}
T_{emin1}	T_{emin2}	……	$T_{emin(k-1)}$	T_{emink}

在子程序中输入上述数据表，给定发动机转速 n_e，应用一维插值即可确定对应的 T_{emin} 与 T_{eoff}。

⑤ 制动工况和驱动工况下发动机关断转速限值 n_{del} 和 n_{ele}。在驱动工况下，为了避免发动机工作在低效率区，设定发动机关断转速限值 n_{ele}。若 $SOC>SOC_{lo}$ 且 $n<n_{ele}$，则关闭发动机，汽车运行于纯电动状态。

在制动工况下，为了避免发动机高速运转时停机，设定发动机关断转速限值 n_{del}，若 $n<n_{del}$，则关闭发动机。

⑥ 发动机转矩输出指令 L_e。将发动机的发动机转矩输出指令 L_e（$0 \leq L_e \leq 1$）定义为发动机的输出转矩和最大转矩限值的比值，即 $L_e = T_{eout}/T_{emax}$。根据控制逻辑，编制发动机转矩输出指令子过程控制算法，如图 3-31 所示。

3）驱动电机的转矩输出指令子程序。根据控制策略，驱动电机的转矩输出指令子程序根据 T 和 T_{eout} 以及 n，确定驱动电机的转矩输出指令 L_m。驱动电机的转矩输出指令子程序的输入和输出变量如图 3-32 所示。

根据控制策略，提出驱动电机的转矩输出控制逻辑如下：

① 驱动电机的峰值转矩限值 T_{max_mot} 和 T_{max_mot}。为了限制驱动电机的转矩输出，需要确定驱动电机的峰值转矩限值，驱动电机特性曲线如图 3-33 所示。无论是发电状态还是电动状态，驱动电机的峰值转矩都是转速的函数，即

$$T_{\text{max\_mot}} = f_{\text{mot}}(n_{\text{m}})$$
$$T_{\text{max\_gen}} = f_{\text{gen}}(n_{\text{m}})$$

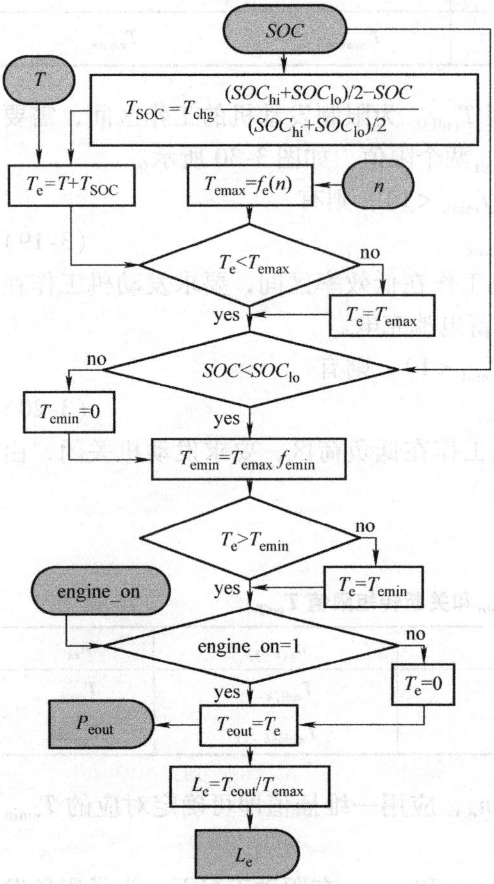

图 3-31 发动机转矩输出指令子程序

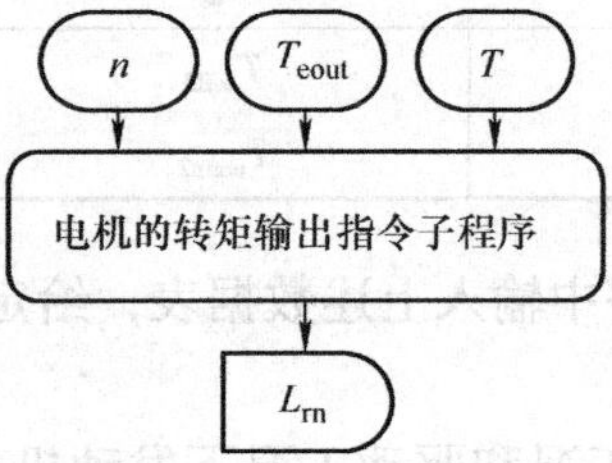

图 3-32 驱动电机转矩输出指令子程序的输入和输出变量

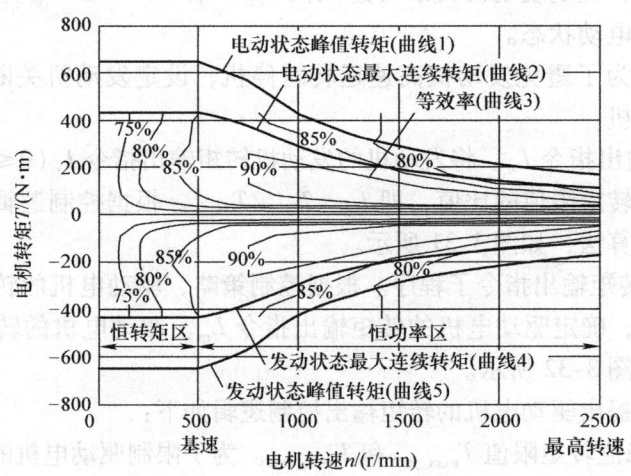

图 3-33 驱动电机的机械特性曲线

通过驱动电机实验数据得到对应的函数关系见表 3-4。

表 3-4 驱动电机峰值转矩数据表

n_{m1}	n_{m2}	……	$n_{m(k-1)}$	n_{mk}
$T_{\text{max\_out}1}$	$T_{\text{max\_out}2}$	……	$T_{\text{max\_out}(k-1)}$	$T_{\text{max\_out}k}$
$T_{\text{max\_gen}1}$	$T_{\text{max\_gen}2}$	……	$T_{\text{max\_gen}(k-1)}$	$T_{\text{max\_gen}k}$

在子程序中输入数据实验表,当给定驱动电机转速 n_m 时,应用一维插值即可确定对应的 $T_{\text{max\_mot}}$ 和 $T_{\text{max\_gen}}$。

② 驱动电机的输出转矩 T_m。根据控制策略要求,T 和 T_{eout} 的差值为驱动电机应提供的输出转矩 T_m,即

$$T_m = T - T_{\text{eout}} \tag{3-21}$$

若 $T > T_{\text{eout}}$,则 $T_m > 0$,要求驱动电机工作在电动状态,补充驱动转矩。

若 $T < T_{\text{eout}}$,则 $T_m < 0$,要求驱动电机工作在发电状态,将发动机的部分机械功率转化为电功率加以储存。

③ 驱动电机的转矩输出指令 L_m。驱动电机的输出转矩 T_m 确定后,则驱动电机的输出转矩指令 L_m 为

$$L_m = T_m / T_{\text{max\_mot}} \text{ 或 } L_m = T_m / T_{\text{max\_gen}} \tag{3-22}$$

根据上述控制逻辑,编制驱动电机转矩输出指令子程序的控制算法,如图 3-34 所示。

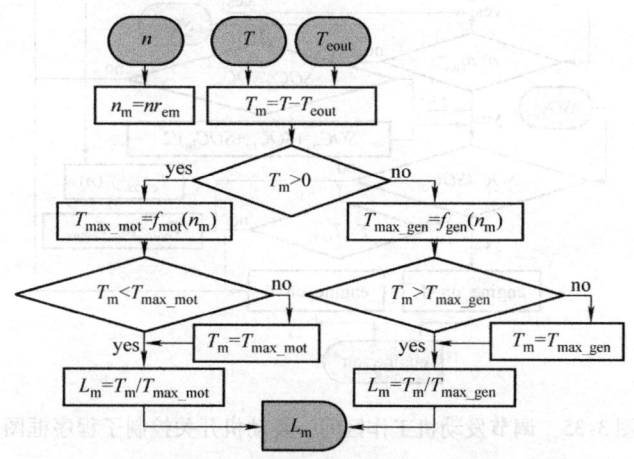

图 3-34 驱动电机的转矩输出指令子程序框图

3.7.2 调节发动机工作区间的控制算法

在限制发动机工作区间的控制策略基础上,考虑到驱动电机对发动机负荷的调节能力,使用发动机开关控制子程序、发动机转矩输出指令子程序和驱动电机转矩输出指令子程序,实现调节发动机工作区间的控制策略。

控制策略的基本原理是,通过发动机台架实验和蓄电池充放电实验分别确定发动机和蓄电池的最高效率曲线。根据混合动力总成的转矩输出指令,通过加权系数的调节,使蓄电池和发动机尽可能工作在最高效率曲线附近。本节通过研究调节发动机工作区间的控制策略,确定控制逻辑,编制以上三个子程序的控制算法。

3.7.3 发动机的开关控制子程序

根据控制策略，子程序的输入和输出信号如图 3-26 所示。提出发动机的开关控制逻辑如下。

当运行工况全部符合下列条件时，发动机运行（engine_on = 1）：

$SOC < SOC_o$ 或 $T > T_{eoff} = ft_{lo} T_{emax}$

$n > n_{elec}$ 或 $SOC < SOC_{lo}$

$T > 0$ 或 $n > n_{del}$

$n > n_{eidle}$ 或 $eidle = 1$

当运行工况不满足上述条件之一时，发动机停机（engine_on = 0）。

发动机开关控制子程序的控制算法如图 3-35 所示。

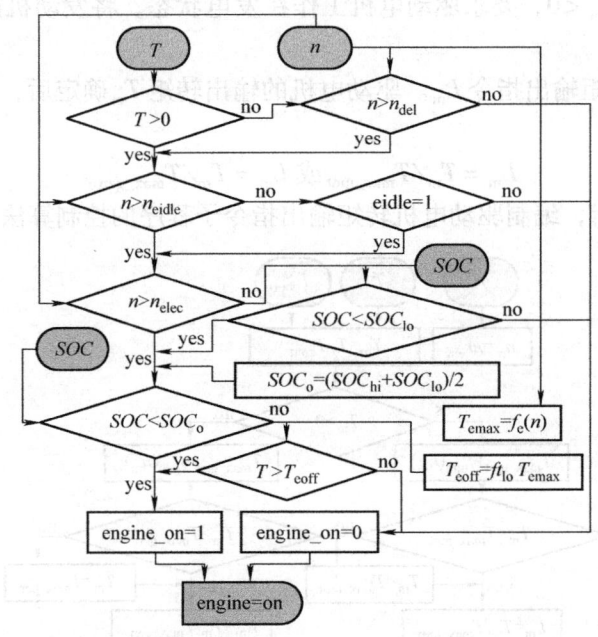

图 3-35 调节发动机工作区间—发动机开关控制子程序框图

3.7.4 发动机的转矩输出指令子程序

在调节发动机工作区间的控制策略基础上，根据 T 和 SOC 的不同情况，人为设定不同的调节系数表达式，通过调节系数（kk）实现对发动机工作点的调节，使其尽可能接近平均值，由此确定发动机的转矩输出 T_{eout} 和转矩输出指令 L_e。在调节过程中涉及发动机的最大转矩限值、关断转矩限值和最小转矩限值的确定，与 3.7.3 节相同。提出的控制逻辑具体讨论如下。

1. 发动机负荷率 ft

发动机负荷率的定义为在固定转速下为发动机的输出转矩与最大转矩的比值。即

$$ft = T_e / T_{emax} \tag{3-23}$$

ft 反映了发动机的载荷状态，由负荷率和转速即确定了发动机的工作点。如图 3-36 所

示,通过发动机台架实验得到最高效率的转矩曲线,确定对应的负荷率为 ft_0,并设区间 $[ft_{lo}, ft_{hi}]$,使 ft_0 为该区间的平均值。即

$$ft_0 = (ft_{hi} + ft_{lo})/2 \tag{3-24}$$

设定参数 $ft_{00} = (ft_{hi} - ft_{lo})/2$,则 Δft 定义为

$$\Delta ft = \frac{(ft_i + ft_{lo})/2 - ft}{(ft_i - ft_{lo})/2} = (ft_0 - ft)/ft_{00} \tag{3-25}$$

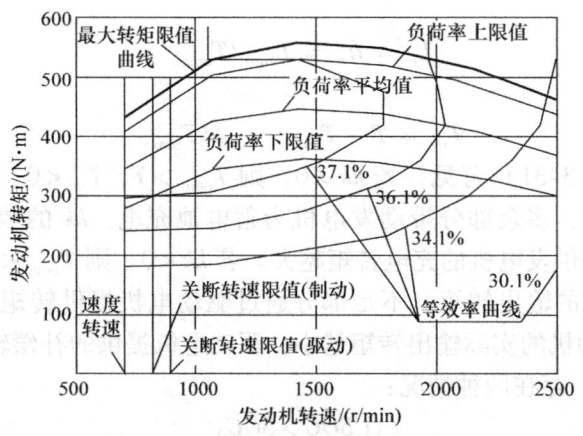

图 3-36 发动机特性图

Δft 反映了当前的负荷率与平均值的偏差,绝对值越大说明偏差越大。当 $ft > ft_0$ 时,$\Delta ft < 0$;当 $ft < ft_0$ 时,$\Delta ft > 0$。特殊情况,当 $ft = ft_0$ 时,$\Delta ft = 0$;当 $ft = ft_{hi}$ 时,$\Delta ft = -1$;当 $ft = ft_{lo}$ 时,$\Delta ft = 1$。因此 Δft 的数值范围为 $[-1, 1]$。

为了便于控制逻辑的阐述,文中定义了两种发动机负荷率,一是名义负荷率 ft,是指将混合动力总成的转矩输出 T 作为发动机的转矩输出所对应的负荷率,是对发动机输出转矩的要求。二是实际负荷率,是指最终确定的发动机的实际转矩输出 T_{eout} 所对应的负荷率。

2. 蓄电池组的电量状态 SOC

通过蓄电池的充放电实验确定最高效率的电量状态值 SOC_0,并设定 SOC 的区间 $[SOC_{lo}, SOC_{hi}]$,使 SOC_0 为该区间的平均值,即

$$SOC_0 = (SOC_{hi} + SOC_{lo})/2 \tag{3-26}$$

另外设定参数 SOC_{00} 的表达式如下:$SOC_{00} = (SOC_{hi} - SOC_{lo})/2$,$SOC$ 与 SOC_0 的差值 ΔSOC 定义为

$$\Delta SOC = \frac{(SOC_i + SOC_{lo})/2 - SOC}{(SOC_i - SOC_{lo})/2} = (SOC_0 - SOC)/SOC_{00} \tag{3-27}$$

ΔSOC 反映了 SOC 与 SOC_0 的偏差,绝对值越大说明偏差越大。当 $SOC > SOC_0$ 时,$\Delta SOC < 0$;当 $SOC < SOC_0$ 时,$\Delta SOC > 0$。特殊情况,当 $SOC = SOC_0$ 时,$\Delta SOC = 0$;当 $SOC = SOC_{hi}$ 时,$\Delta SOC = -1$;当 $SOC = SOC_{lo}$ 时,$\Delta SOC = 1$。因此 ΔSOC 的数值范围为 $[-1, 1]$。

3. 发动机的额外转矩 T_{SOC} 和输出转矩 T_{eout}

为了实现发动机工作区间的调节,设定发动机的额外转矩 T_{SOC} 的表达式为

$$T_{SOC} = kkT_{emax} \tag{3-28}$$

式中，$kk = k_1 \times k_2 \times k_3$，$k_1$、$k_2$、$k_3$是与发动机和蓄电池的工作状态参数有关的系数，不同$ft$和不同$SOC$将对应不同的系数取值，见下面的讨论。

由式（3-28）得T_{eout}的表达式为

$$T_{eout} = T + T_{SOC} = T + kkT_{emax} \quad (3-29)$$

两端除以T_{emax}得

$$ft_e = T_{eout}/T_{emax} = ft + kk \quad (3-30)$$

故L_e的表达式为

$$L_e = ft_e = T_{eout}/T_{emax} \quad (3-31)$$

T_m的表达式为

$$T_m = T - T_{eout} = -kkT_{emax} \quad (3-32)$$

由式（3-29）~式（3-31）可见，若$kk > 0$，则$T_{eout} > T$，$T_m < 0$。发动机的实际输出转矩大于要求的输出转矩，多余部分带动发电机为蓄电池充电。kk的数值越大，则发动机的实际输出转矩越大，提供发电机的充电转矩越大。若$kk < 0$，则$T_{eout} < T$，$T_m > 0$，发动机的实际输出转矩小于要求的输出转矩，不足部分通过驱动电机提供转矩补偿。kk的数值越小（绝对值越大），则发动机的实际输出转矩越小，驱动电机提供的补偿转矩越大。

SOC与SOC_0比较，存在两种情况：

①$SOC > SOC_0$
②$SOC < SOC_0$

ft与ft_0比较，存在四种情况：

①$ft > ft_{hi}$
②$ft_0 < ft < ft_{hi}$
③$ft_0 > ft > ft_{lo}$
④$ft < ft_{lo}$

对于不同SOC和ft，kk的确定分以下四情况分别讨论。

1）$SOC > SOC_0$；$ft > ft_0$。此时为实现发动机工作区间调节，设定系数k_1、k_2、k_3表达式如下：

$$k_1 = ft_0 - ft$$
$$k_2 = -1$$
$$k_3 = k\Delta ft + \Delta SOC = k(ft_0 - ft)/ft_{00} + (SOC_0 - SOC)/SOC_{00} \quad (3-33)$$

则kk的表达式为

$$kk = -(ft_0 - ft)[k(ft_0 - ft)/ft_{00} + (SOC_0 - SOC)/SOC_{00}] \quad (3-34)$$

由式（3-34），绘制kk与ft和SOC的函数曲线如图3-37所示。可见，ft偏离ft_0的程度越大，或SOC偏离SOC_0的程度越大，则kk的数值越小（绝对值越大）；反之则kk的数值越大（绝对值越小）。

由式（3-30），绘制ft_e与ft和SOC的函数曲线如图3-38所示。曲线显示了kk对ft和SOC的调节作用，使ft_e和SOC在一定范围内围绕各自的平均值波动，偏离平均值的程度最小。kk的绝对值越大，则$ft - ft_e$的数值越大，对ft和SOC的调节作用越明显。

由式（3-34），绘制kk与k以及ft_e与k的函数曲线如图3-39和图3-40所示。可见，随着加权系数值由0至1逐渐增加，kk随之减小（绝对值增大），ft_e逐渐接近ft_0。当$k = 1$时，

$ft_e = ft_0$。因此当 k 取较大值时，kk 对 ft_e 的调节程度加大，使 ft_e 逐渐接近 ft_0。当 k 取较小值时，kk 对 SOC 的调节程度增加，使 SOC 逐渐接近 SOC_0。

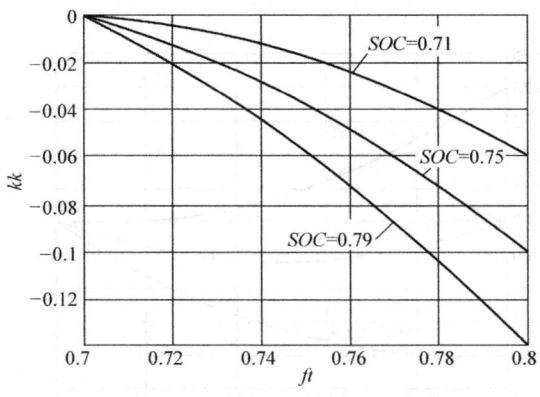

图 3-37　kk 与 ft 的关系曲线　　　　　　图 3-38　ft_e 与 ft 的关系曲线

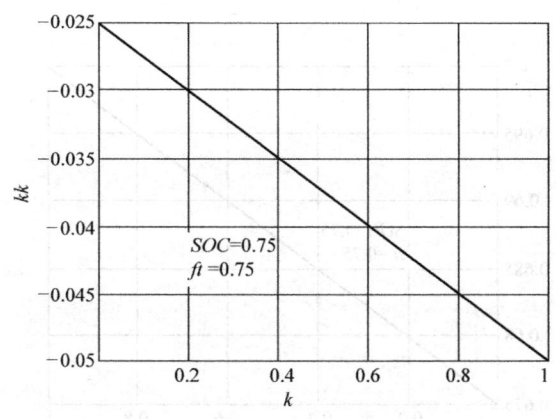 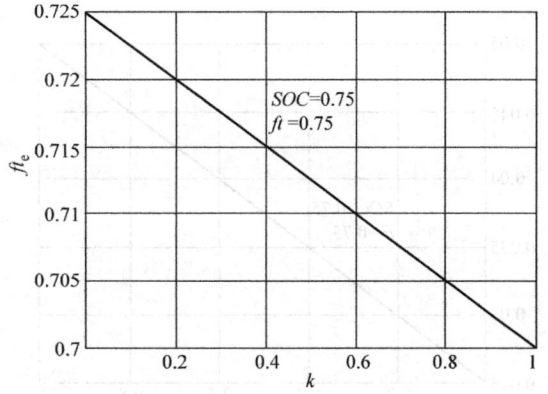

图 3-39　kk 与 k 的关系曲线　　　　　　图 3-40　ft_e 与 k 的关系曲线

2）$SOC < SOC_0$；$ft < ft_0$。此时为实现发动机工作区间调节，设定系数 k_1、k_2、k_3 的表达式如下：

$$k_1 = ft_0 - ft$$
$$k_2 = 1$$
$$k_3 = k\Delta ft + \Delta SOC = k(ft_0 - ft)/ft_{00} + (SOC_0 - SOC)/SOC_{00} \tag{3-35}$$

kk 的表达式如下：

$$kk = (ft_0 - ft)[k(ft_0 - ft)/ft_{00} + (SOC_0 - SOC)/SOC_{00}] \tag{3-36}$$

由式（3-34），绘制 kk 与 ft 和 SOC 的函数曲线如图 3-41 所示。可见，ft 偏离 ft_0 的程度越大，或 SOC 偏离 SOC_0 的程度越大，则 kk 的数值越大；反之则 kk 的数值越小。

由式（3-28），绘制 ft_e 与 ft 和 SOC 的函数曲线如图 3-42 所示。曲线显示了 kk 对 ft 和 SOC 的调节作用，使 ft_e 和 SOC 在一定范围内围绕各自的平均值波动，偏离平均值的程度最小。kk 的数值越大，则 $ft - ft_e$ 的数值越大，对 ft 和 SOC 的调节作用越明显。

由式（3-34），绘制 kk 与 k 以及 ft_e 与 k 的函数曲线如图 3-43 和图 3-44 所示。可见，随

着加权系数值由 0 至 1 逐渐增加，kk 随之增大，使 ft_e 逐渐接近 ft_0。当 $k=1$ 时，$ft_e=ft_0$。因此当 k 取较大值时，kk 对 ft_e 的调节程度加大，使 ft_e 逐渐接近 ft_0。当 k 取较小值时，kk 对 SOC 的调节程度增加，使 SOC 逐渐接近 SOC_0。

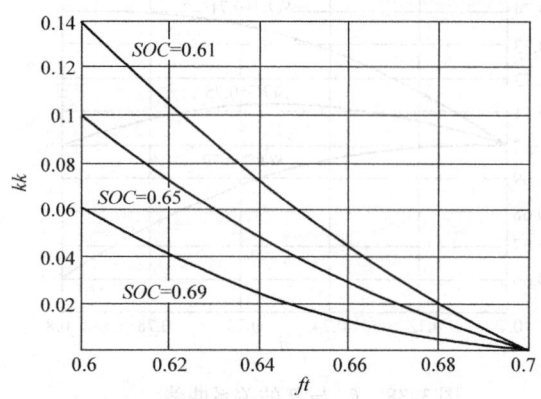

图 3-41 kk 与 ft 的关系曲线　　　　　　图 3-42 ft_e 与 ft 的关系曲线

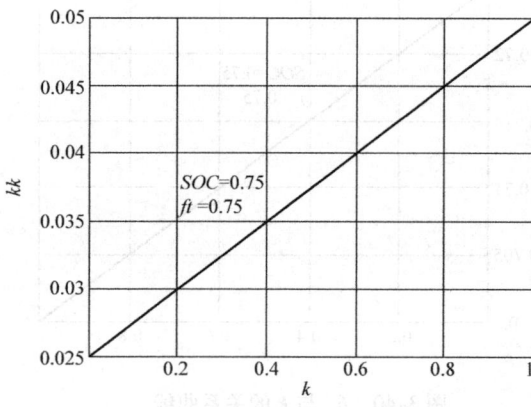
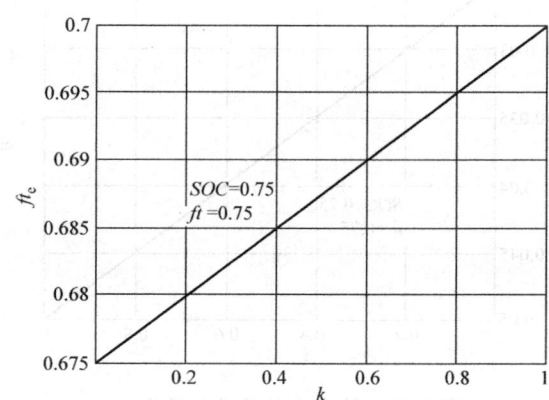

图 3-43 kk 与 k 关系曲线　　　　　　图 3-44 ft_e 与 k 关系曲线

3) $SOC>SOC_0$；$ft<ft_0$。分两种情况讨论发动机负荷率调节系数和实际负荷率。

① $ft_0>ft>ft_{lo}$；$SOC>SOC_0$。此时为实现发动机工作区间调节，设定系数 k_1、k_2、k_3 的表达式如下：

$$k_1 = ft_0 - ft$$
$$k_2 = 0$$
$$k_3 = k\Delta ft + \Delta SOC = k(ft_0 - ft)/ft_{00} + (SOC_0 - SOC)/SOC_{00} \qquad (3-37)$$

kk 的表达式为 $kk=0$。

这种情况表明，在蓄电池电量高而发动机负荷低时，发动机的输出转矩与总转矩要求相等，驱动电机不参与工作。

② $ft<ft_{lo}$；$SOC>SOC_0$。此时根据发动机开关控制子程序，发动机停机，由驱动电机单独驱动。

4) $SOC<SOC_0$；$ft>ft_0$。分两种情况讨论发动机负荷率调节系数和实际负荷率。

① $ft_{hi} > ft > ft_0$；$SOC < SOC_0$。此时为实现发动机工作区间调节，设定系数 k_1、k_2、k_3 的表达式如下：

$$k_1 = ft_{hi} - ft$$
$$k_2 = 1$$
$$k_3 = k\Delta ft + \Delta SOC = k(ft_0 - ft)/ft_{00} + (SOC_0 - SOC)/SOC_{00} \quad (3-38)$$

kk 的表达式如下：

$$kk = (ft_{hi} - ft)[k(ft_0 - ft)/ft_{00} + (SOC_0 - SOC)/SOC_{00}] \quad (3-39)$$

由式 (3-36)，绘制 kk 与 ft 和 SOC 的函数曲线如图 3-45 所示。可见，ft 偏离 ft_0 的程度越小，或 SOC 偏离 SOC_0 的程度越大，则 kk 的数值越大；反之则 kk 的数值越小。特别是当 ft 接近 ft_{hi} 或 SOC 接近 SOC_0 时，kk 的数值接近 0。

由式 (3-30)，绘制 ft_e 与 ft 和 SOC 的函数曲线如图 3-46 所示。曲线显示了 kk 对 ft 和 SOC 的调节作用，使 ft_e 和 SOC 在一定范围内围绕各自的平均值波动，偏离平均值的程度最小。kk 的数值越大，则 $ft - ft_e$ 的数值越大，对 ft 和 SOC 的调节作用越明显。

由式 (3-36)，绘制 kk 与 k 以及 ft_e 与 k 的函数曲线如图 3-47 和图 3-48 所示。可见，随着加权系数值由 0 至 1 逐渐增加，kk 随之增大，使 ft_e 逐渐接近 ft_0。当 $k = 1$ 时，$ft_e = ft_0$。因此当 k 取较大值时，kk 对 ft_e 的调节程度加大，使 ft_e 逐渐接近 ft_0。当 k 取较小值时，kk 对 SOC 的调节程度增加，使 SOC 逐渐接近 SOC_0。

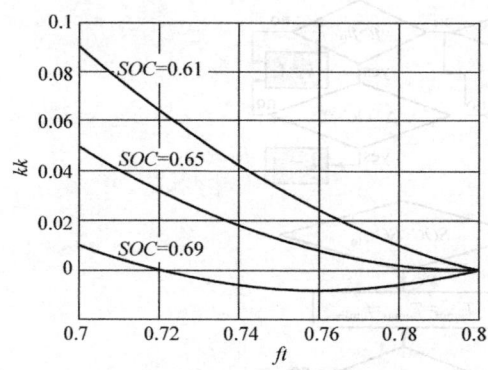

图 3-45　kk 与 ft 的关系曲线

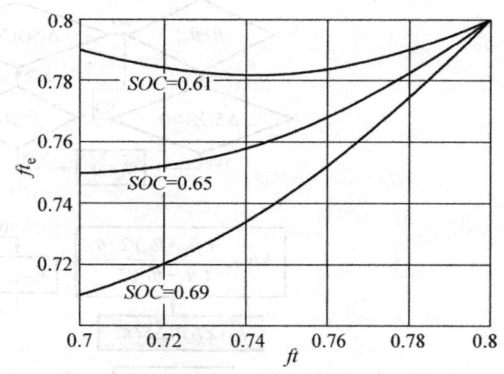

图 3-46　ft_e 与 ft 的关系曲线

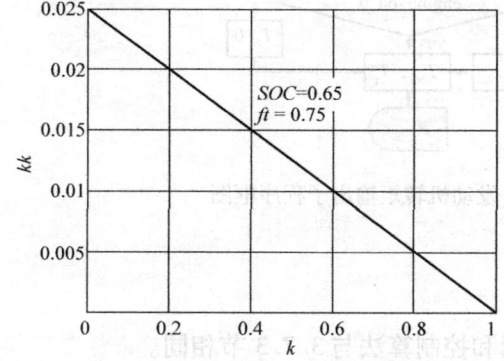

图 3-47　kk 与 k 关系曲线

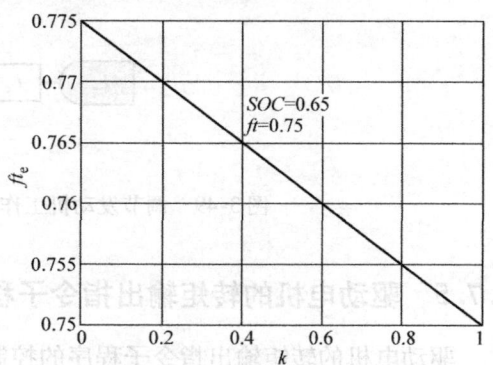

图 3-48　ft_e 与 k 关系曲线

② $ft > ft_{hi}$；$SOC < SOC_0$。在上述条件下，为实现发动机工作区间调节，设定系数 k_1、k_2、k_3 的表达式如下：

$$k_1 = ft_0 - ft$$
$$k_2 = 0$$
$$k_3 = k\Delta ft + \Delta SOC = k(ft_0 - ft)/ft_{00} + (SOC_0 - SOC)/SOC_{00} \quad (3-40)$$

kk 的表达式为 $kk = 0$。

这种情况表明，在蓄电池电量低而发动机负荷超过上限值时，发动机的输出转矩与转矩输出指令相等，没有多余的转矩提供给发电机为蓄电池充电，发电机不参与工作。

根据上述控制逻辑，编制发动机转矩输出指令子程序的控制算法如图 3-49 所示。

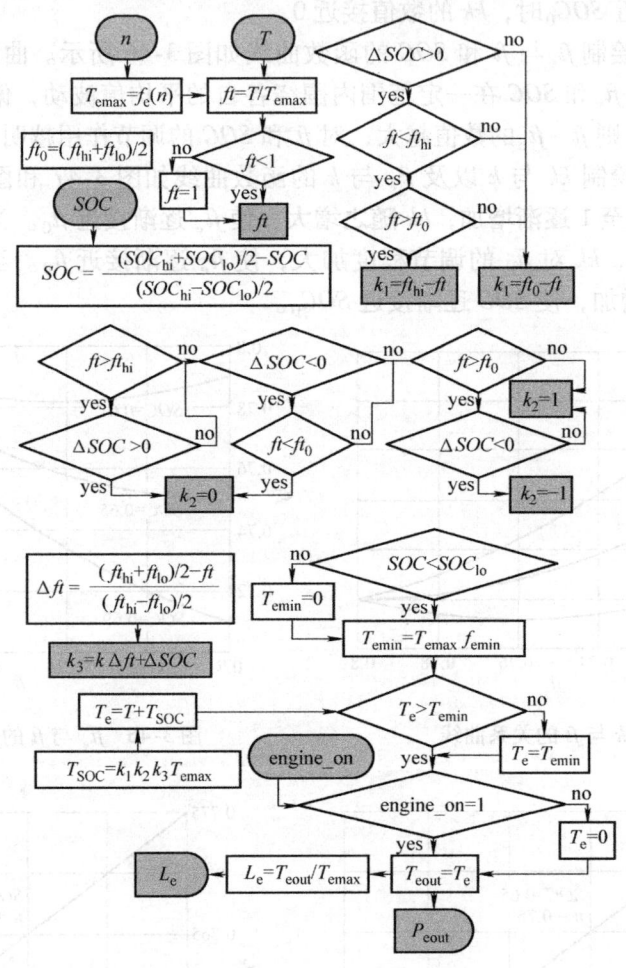

图 3-49　调节发动机工作区间—发动机转矩输出子程序框图

3.7.5　驱动电机的转矩输出指令子程序

驱动电机的转矩输出指令子程序的控制逻辑和控制算法与 3.7.3 节相同。

3.8 串联混合动力总成的控制算法

串联混合动力总成的控制大多都采用发动机开关控制策略，当蓄电池电量低于设定值时，发动机起动并工作在固定点；当蓄电池电量高于设定值时，发动机关闭。这种控制策略的缺点是难以控制蓄电池工作在高效率区间，同时对蓄电池寿命也不利。本文提出串联系统的限制发动机工作区间的控制策略，通过设定逻辑门限值，将发动机的工作区间限制在高效率区间范围，在此范围内，蓄电池作为负荷调节发动机的工作点，当蓄电池电量充足时，驱动电机需要的输入电功率分别由蓄电池组和发动机—发电机组提供，当蓄电池电量不足时，发动机—发电机组一方面为驱动电机提供电功率，一方面为蓄电池组充电。仿真结果表明，这种控制策略与通常的开关控制策略相比，可以有效地调节发动机的负荷和蓄电池的电量状态，使发动机和动力蓄电池都工作在高效率区间，如图 3-50 所示。

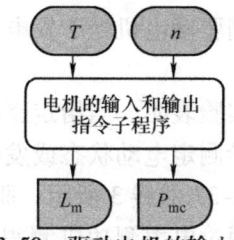

图 3-50 驱动电机的输入输出指令子程序的输入和输出量

这种控制策略是通过驱动电机的输入和输出指令子程序、发动机—发电机组开关控制子程序、发动机—发电机组转矩输出指令子程序实现的，下面根据控制策略，提出控制逻辑，编制上述三个子程序的控制算法框图。

3.8.1 驱动电机的输入输出指令子程序

根据控制策略，驱动电机的输入输出指令子程序的功能如下：根据 T 和 n，确定驱动电机的 L_m 以及 P_{mc}，L_m 用来控制驱动电机的转矩输出，P_{mc} 用来确定发动机—发电机组的功率输出。子程序的输入和输出量如图 3-51 所示。

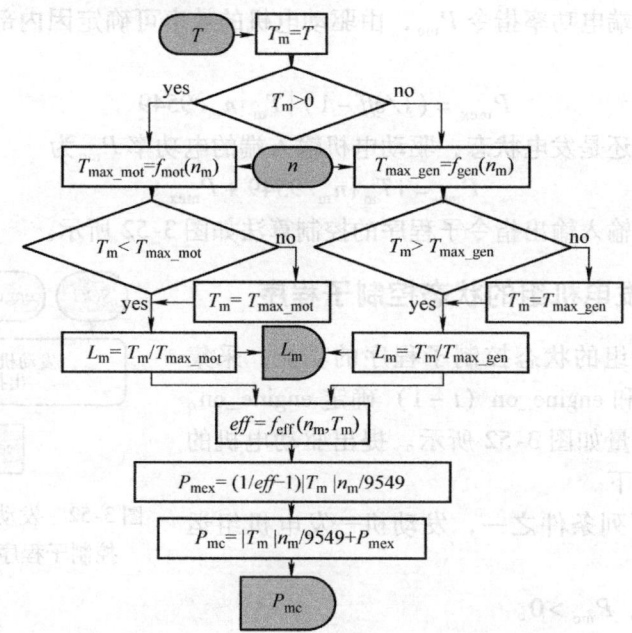

图 3-51 驱动电机的输入和输出指令子程序框图

在此基础上，提出驱动电机的输入输出控制逻辑如下。

1. 驱动电机的转矩输出指令 L_m

$$T_m = T$$

$$L_m = T_m/T_{max\_mot} \text{ 或 } L_m = T_m/T_{max\_gen}$$

2. 驱动电机的效率

当驱动电机处于电动状态时，驱动电机的效率为输出机械功率与输入电功率的比值，即

$$eff_{mot} = (T_m n_m)/(9549 P_{mc\_mot})$$

当驱动电机处于发电状态时，驱动电机的效率为输出电功率与输入机械功率的比值，即

$$eff_{gen} = (9549 P_{mc\_mot})/(T_m n_m)$$

实验表明，当给定驱动电机转矩 T_m 和转速 n_m 时，eff_{mot} 和 eff_{gen} 数值相同。这样只需通过实验测定电动状态或发电状态的驱动电机效率，即可得到驱动电机整个工作区间的效率。如图3-37曲线3所示，驱动电机效率 eff 是驱动电机转矩 T_m 和转速 n 的函数。

通过电力测功机测得对应不同驱动电机转矩 T_m 和转速 n_m 时的驱动电机效率 eff 见表3-5。

表3-5 驱动电机效率数据表

	T_{m1}	T_{m2}	———	$T_{m(j-1)}$	T_{mj}
n_{m1}	eff_{11}	eff_{12}	———	$eff_{1(j-1)}$	eff_{1j}
n_{m2}	eff_{21}	eff_{22}	———	$eff_{2(j-1)}$	eff_{2j}
⋮	⋮	⋮	⋮	⋮	⋮
$n_{m(k-1)}$	$eff_{(k-1)1}$	$eff_{(k-1)2}$	———	$eff_{(k-1)(j-1)}$	$eff_{(k-1)j}$
n_{mk}	eff_{k1}	eff_{k2}	———	$eff_{k(j-1)}$	eff_{kj}

在程序中输入驱动电机效率数据表，当给定驱动电机转矩 T_m（电动状态时 $T_m > 0$，发电状态时 $T_m < 0$）和转速 n_m 时，应用二维插值即可确定对应的驱动电机效率。

驱动电机的峰值转矩限值与3.7.3节相同。

驱动电机的输入端电功率指令 P_{mc}，由驱动电机的效率可确定因内部损耗而产生的功率损失 P_{mex} 为

$$P_{mex} = (1/eff - 1)|T_m|n_m/9549$$

无论是电动状态还是发电状态，驱动电机输入端的电功率 P_{mc} 为

$$P_{mc} = |T_m|n_m/9549 + P_{mex}$$

编制驱动电机的输入输出指令子程序的控制算法如图3-52所示。

3.8.2 发动机—发电机组的状态控制子程序

发动机—发电机组的状态控制子程序的功能：采集 SOC 信号，根据 P_{mc} 和 engine_on $(t-1)$ 确定 engine_on。子程序的输入和输出量如图3-52所示。提出驱动电机的输入输出控制逻辑如下。

运行工况满足下列条件之一，发动机—发电机组运行（engine_on = 1）。

1) $SOC > SOC_{lo}$，$P_{mc} > 0$。
2) $SOC_{lo} < SOC < SOC_{hi}$，engine_on $(t-1) = 1$，$P_{mc} > 0$。

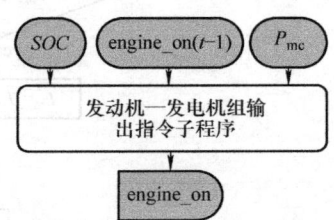

图3-52 发动机—发电机组状态控制子程序的输入和输出量

3) $SOC < SOC_{hi}$，$P_{mc} > P_{cs\_min}$。

运行工况满足下列条件之一，发动机—发电机组停机（engine_on =0）。

1) $SOC > SOC_{lo}$，engine_on $(t-1) = 0$。
2) $SOC > SOC_{hi}$，$P_{mc} < P_{cs\_min}$。
3) $P_{mc} < 0$。

根据上述控制逻辑，编制发动机—发电机组状态控制子程序的控制算法如图 3-53 所示。

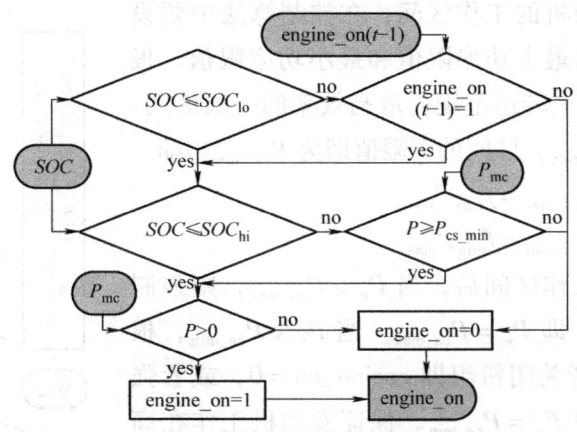

图 3-53　发动机—发电机组开关控制子程序框图

3.8.3　发动机—发电机组的输出指令子程序

发动机—发电机组的输出指令子程序的功能：根据 P_{mc} 和 SOC 以及 engine_on，确定发动机的转矩输出指令 L_e。子程序的输入输出信号如图 3-54 所示。提出驱动电机的输入输出控制逻辑如下。

1. 蓄电池组电量状态的上限值 SOC_{hi} 和下限值 SOC_{lo}

为了限制蓄电池的工作区间，要设定 SOC 的上限值 SOC_{hi} 和下限值 SOC_{lo}。则平均值为 $SOC_0 = (SOC_{hi} + SOC_{lo})/2$。

当 $SOC < SOC_0$ 时，要求发动机—发电机组提供额外的功率为蓄电池充电；当 $SOC > SOC_0$ 时，蓄电池和机组共同为驱动电机提供电功率。当 $SOC > SOC_{hi}$ 时，蓄电池处于满电量，再生制动也关闭。

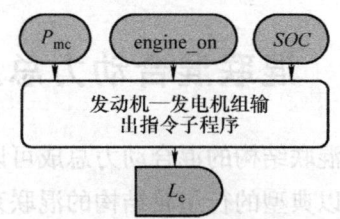

图 3-54　发动机—发电机组输出指令子程序的输入和输出量

发动机—发电机组提供的额外功率 P_{SOC}。

为了在发动机的工作区间内调节发动机的工作点，使发动机工作在高效率点上，在控制算法中需要设定以 SOC 为自变量的额外功率 P_{soc}，表达式如下

$$P_{SOC} = P_{chg} \frac{(SOC_{hi} + SOC_{lo})/2 - SOC}{(SOC_{hi} - SOC_{lo})/2} \tag{3-41}$$

当 $SOC = SOC_0$ 时，$P_{SOC} = 0$。蓄电池处于平均电量状态，此时机组提供的功率只需满足

P_{mc} 的要求，即机组提供的电功率为：$P_e = P_{mc}$。

当 $SOC < SOC_0$ 时，$P_{soc} > 0$。蓄电池处于亏电状态，此时机组提供的电功率除了满足 P_{mc} 外，还要提供额外功率 P_{soc} 为蓄电池充电。即机组提供的功率为 $P_e = P_{mc} + P_{soc}$。

当 $SOC > SOC_0$ 时，$P_{soc} < 0$。蓄电池处于盈电状态，则蓄电池放电，为驱动电机提供额外功率 P_{soc}。机组提供的功率为 $P_e = P + P_{soc}$。

2. 发动机—发电机组的最大功率限值 P_{cs_max} 和最小功率限值 P_{cs_min}

为了有效限制发动机的工作区间，在控制算法中要设定发动机—发电机组的最大功率限值和最小功率限值。根据发动机万有特性，在全转速范围内取高效率的一段区间，区间的上限值即为 P_{cs_max}，区间的下限值即为 P_{cs_min}。即

$$P_{cs\_max} = f_{max} P_{emax}$$

$$P_{cs\_min} = f_{min} P_{emax}$$

确定了发动机的工作区间后，当 $P_e > P_{cs\_max}$，则强制发动机工作于上限值，即 $P_e = P_{cs\_max}$。当 $P_e < P_{cs\_min}$，根据 SOC 值的大小，或者关闭机组即 engine_on = 0，或者强制发动机工作于下限值 $P_e = P_{cs\_min}$，保证发动机工作在高效率区。

3. 发动机—发电机组的输出指令 L_e

根据机组的输出功率 P_e 设定发动机的转矩输出指令为

$$L_e = P_e / P_{emax}$$

根据上述控制逻辑，编制发动机—发电机组的输出指令子程序的控制算法如图 3-55 所示。

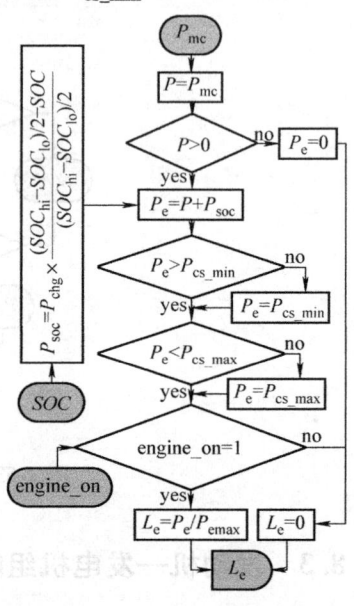

图 3-55　发动机—发电机组输出指令子程序框图

3.9　混联混合动力总成的控制算法

混联结构的混合动力总成可以由转速耦合装置或者是双驱动电机的混联结构组成，本节主要以典型的行星轮结构的混联系统（THS）为例，对其控制算法进行研究。

3.9.1　转速耦合分析

发动机与行星轮机构的行星轮架相连，发电机与太阳轮相连，齿圈与驱动电机并联之后与主减速器相连（图3-56）。这里THS系统实现了把发动机的动力分为两路输出，一路通过发电机与逆变器输出到蓄电池或直接驱动驱动电机。另一路通过传动系统直接驱动车轮。

上述混合动力电驱动独特的属性在于其发动机转矩和转速可以完全解耦，消除了车轮转速和转矩对发动机转速和转矩的限制，从而使发动机能够更大可能地运行在最佳燃油经济性区域，为整车燃油经济性的提高创造条件。

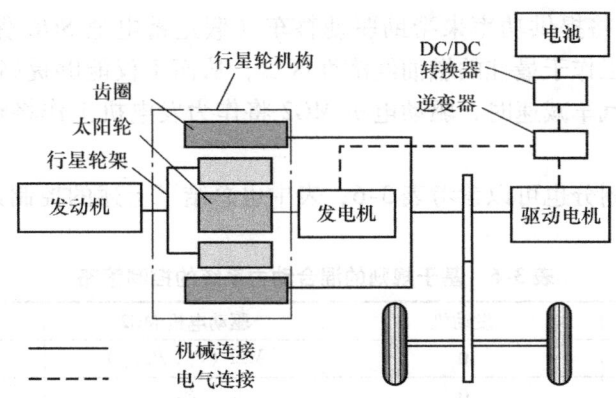

图 3-56　Prius 汽车动力总成系统结构图

3.9.2　整车控制模式控制程序

根据驾驶人命令（加速踏板或制动踏板信号）计算出车辆的总功率需求，再根据所得到的功率值判断整车所处的驱动模式。对应于不同的工作模式，再根据需求总功率向动力源控制器模块发出对应于当前动力源对应于转速的转矩要求，使发动机一直工作在"最优曲线"上。其中，整车的工作模式主要包括四种：

1）发动机单独驱动模式。当整车以一定的速度在高速循环工况行驶时，发电机处于转速为零（堵转）状态，在整个运行工况中，无蓄电池能量的介入，这将减少因能量的二次转换而带来的能量损失。

2）纯电动模式。在低功率需求的运行工况中，例如低速循环工况，并且蓄电池 SOC 高于期望 SOC 值，而这种纯电动模式用于避免发动机运行于低效率区域。

3）联合驱动模式。通常在城市循环工况中，通过发电机和驱动电机补偿发动机的转速和转矩，可使发动机工作于期望的转速、转矩范围内，从而达到提高整车燃油经济性的目的。

4）再生制动模式。当整车处于制动工况时，驱动电机将运行于再生制动状态，将整车的部分动能转化为电能而得以回收并储存到蓄电池中。

上述的四种驱动模式的具体判定规则，可以参考图 3-57 所示，车辆所需的驱动力可以由驱动电机 MG2 提供或者发动机提供。当整车需求功率很小时，车速 V 很低，但蓄电池 $SOC > SOC_{hi}$ 时候，驱动电机 MG2 可以单独工作驱动整车，即纯电动工作模式。当整车需求功率很高或蓄电池 $SOC < SOC_{lo}$ 的时候，发动机此时将提供功率，发电机/驱动电机 MG1 将起动发动机。在发动机的最佳的工作范围内，发动机功率将被分成两部分，一部分通过行星轮系统到达车轮驱动整车，其余的部分功率通过行星轮系统驱动发电机/驱动电机 MG1（发电状态）发电给蓄电池充电或者直接给驱动电机 MG2 提供功率。随着整车需求功率的增加超过了发动机最佳工作范围，

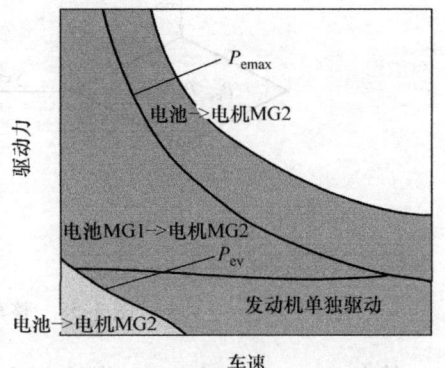

图 3-57　混合动力系统的功率分配

这时，驱动电机 MG2 将提供功率来帮助驱动整车（假定蓄电池 SOC 保持在期望值附近），得以确保发动机始终工作于最佳的燃油经济性区域，从而不仅能够提高整车的燃油经济性，也能够降低排放。当汽车减速时，驱动电机 MG2 将作为发电机工作将整车的动能转化成电能储存到蓄电池中。

四种工作模式的划分也可以参考表 3-6，表中也总结了上述的控制策略，控制算法流程如图 3-58 所示。

表 3-6　基于规则的混合动力系统的控制策略

条件	发动机	驱动电机 MG2	驱动电机 MG1
$P_d < 0$（制动）	0	Max（P_d, P_{mmax}）	0
$P_d < P_{ev}$	0	P_d	0
$P_{ev} < P_d < P_{emax}$ 或充电	P_d（$+P_{ch}$）	P_g	$P_e - P_r$
$P_d > P_{emax}$	P_{emax}	$P_g + P_{batt}$	$P_e - P_r$

其中，P_d 为整车的功率需求（或驾驶人的功率需求）；P_{mmax} 为驱动电机 MG2 的最大发电功率；P_{ev} 为纯电动驱动功率界限值；P_{ch} 为蓄电池的充电功率；P_g 为发电机 MG1 的发电功率；P_r 为发动机只由机械传动系统传递到车轮的功率；P_e 为发动机的输出功率；P_{emax} 为发动机的最大输出功率；P_{batt} 为蓄电池的输出功率。

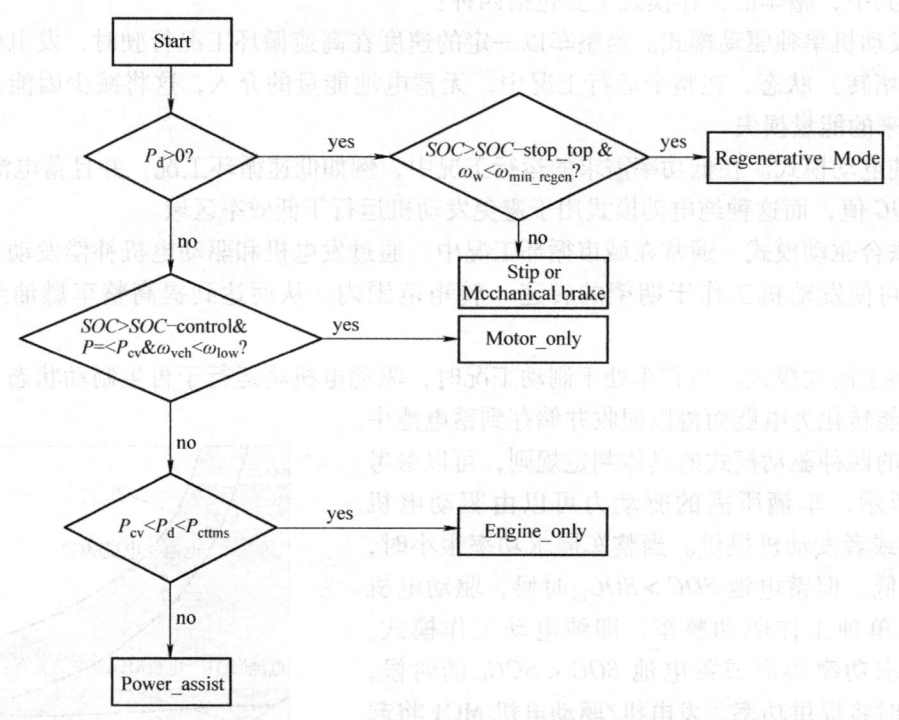

图 3-58　整车驱动模式判断控制算法流程图

其中，ω_{veh} 为车速；ω_{low} 为纯电动的最高车速；ω_{min_regen} 为再生制动的最低速度；Regenerative_Mode 为再生制动驱动模式；Motor_only 为纯电动驱动模式；Engine_only 为发动机单独驱动模式；Power_assist 为驱动电机助力驱动模式。

对于动力源和蓄电池的控制器模块，发动机控制器模块将根据顶层控制模块发出的功率需求和工作模式信号，判断并修正后向发动机发出发动机负荷率信号；驱动电机 MG1 的控制器模块根据当前转速和目标转速，应用 PID 控制方法得到驱动电机的目标输出转矩命令；驱动电机 MG2 的控制器模块根据驱动电机 MG1 的目标输出功率、顶层控制模块的功率需求、充电功率、驱动模式信号和驱动电机当前转速，来计算驱动电机的目标输出转矩命令；蓄电池控制器模块根据充电功率的上限值和当前 SOC 计算蓄电池的充电功率值。

3.10 控制策略的优化算法

3.10.1 瞬时优化控制策略

鉴于基于规则的逻辑门限控制策略的局限性，研究人员提出了瞬时优化控制策略，其核心思想是在车辆行驶的每个瞬时时刻，计算所有满足驾驶人需求的发动机和驱动电机输出转矩组合所对应的燃油消耗量和消耗的电量，将该瞬时的燃油消耗表示为发动机燃油消耗和消耗电量的等效燃油消耗，调整驱动电机输出转矩，获得该瞬时燃油消耗的最小值。最后，将该最小值所对应的发动机和驱动电机输出转矩组合作为动力总成的工作点。

混合动力电动汽车燃油经济性瞬时优化控制策略可以表示为

$$J = \sum \text{Min}\{[m_f(T_{mc}(t)) + m_{fbat}(T_{mc}(t))]\Delta t\} \quad (3\text{-}42)$$

式中，m_f 为发动机燃油消耗量（L/s）；m_{fbat} 为电机耗电量的等效燃油消耗量（L/s）；$T_{mc}(t)$ 为发动机和驱动电机输出的耦合转矩（N·m）；Δt 为瞬时时间（s）。

此外，瞬时优化控制策略可以考虑燃油经济性和排放的综合性能，它通过设定一组权重值来表示对尾气中各污染物成分的关注程度，用户可以根据自己的需要设定各项的权值，从而在燃油消耗和污染物各成分之间获得综合最优性能。

综合考虑燃油经济性和排放性能瞬时优化控制策略可以表示为

$$J = \sum \text{Min}\{(W_1 Q(t) + W_2 NO_X(t) + W_3 CO(t) + W_4 HC(t) + W_5 PM(t))\Delta t\}$$

$$(3\text{-}43)$$

式中，$W_1 \sim W_5$ 为权重系数；$Q(t)$ 为燃油消耗量（L/s）；$NO_X(t)$ 为 NO_X 排放量（g/s）；$CO(t)$ 为 CO 排放量（g/s）；$HC(t)$ 为 HC 排放量（g/s）；$PM(t)$ 为颗粒物排放量（g/s）。

其缺点是需要进行大量的浮点运算，实时性较差；控制效果过分依赖各部件性能特性参数的精确性，受蓄电池老化、发动机动态特性等的影响，在实际车辆的实时控制中难以实现。

3.10.2 智能控制策略

智能控制理论的基本出发点是模仿人的智能，根据被控系统的定性信息和定量信息形成推理决策，以实现对难以建模的非线性复杂系统的控制，因此非常适合于混合动力电动汽车动力总成的控制。目前基于智能控制理论的混合动力电动汽车控制策略主要有三种：模糊逻辑控制策略、神经网络控制策略和遗传算法控制策略。

模糊逻辑控制策略是本质上属于基于规则的控制策略，它将经典数理逻辑与模糊数学相结合，模拟人思维的推理和决策方式的智能控制方式。其基本特征是利用人的经验、知识和推理技术及控制系统提供的状态信息,而不需要建立被控系统的精确数学模型。

神经网络是以对信息的分布式存储和并行处理为基础,在许多方面更接近人对信息的处理方法,有很强的逼近非线性函数的能力,它具有自组织、自学习的功能,但它采用的是黑箱式学习模式,因此当学习完成后,神经网络所获得的输入/输出关系无法以容易被人接受的方式表达出来。

遗传算法是建立在自然选择和自然遗传学机理基础上的迭代自适应概率性搜索算法。它能够同时搜索空间的许多点,且能充分搜索,因而能够快速全局收敛。遗传算法的优化问题是对优化参数的集合进行编码,而不是对参数本身,其遗传操作均在字符串上进行。只需评价所采用的适应函数,而不需要其他形式信息,这些都使得遗传算法对问题适应能力强。

3.10.3 全局最优控制策略

由优化理论可知,瞬时最小值之和并不等于和的最小值,因此瞬时优化控制策略并不能产生全局最优的性能。全局优化控制策略能够实现真正意义上的最优化。

目前,全局最优控制策略采用的理论包括变分法、Bellman 动态规划(Dynamic Programming, DP)理论和多目标数学规划。

由于全局最优控制策略需要预先知道整个行驶工况,才能获得混合动力电动汽车在该行驶工况下的全局最优性能,这在实际车辆的实时控制中很难得到应用。下面以动态规划理论为例对混合动力汽车的全局控制策略进行说明。

在行驶工况已知的前提下,将行驶工况划分为 N 个采样点,在一定约束条件下,从第 N 个采样点开始至第 1 个采样点结束,计算每个采样点的最优解,取所有 N 个点的最小值,从而得到整个行驶工况的最优控制。

动态规划方法的性能指标为每一瞬时燃油消耗量 Q(kg)累计的最小值

$$J = \min \sum_{t=0}^{N-1} Q(t) \tag{3-44}$$

综上,由于汽车混合动力化所带来的动力总成结构形式多样化、行驶工况巨大差异、匹配理论体系的不完善,以及能量管理控制策略理论研究与实际应用的脱节,都对获得最佳的混合动力电动汽车的性能带来巨大的困难。

第 4 章 Chapter 4

电动汽车动力蓄电池

电动汽车的电能来源于动力蓄电池,电能的储存方式和来源不尽相同,暂把储存电能的装置统称为蓄电池。目前电能来源较多,原理各异,结构也不尽相同,由此,不同蓄电池的价格和性能也不一样。蓄电池的选择将对电动汽车的性能产生直接影响。实际设计中,需要针对车辆的不同需求,选择合适的蓄电池。目前各种蓄电池的发展不一,而影响蓄电池的关键因素是能量密度和使用寿命,另外,价格也是需要考虑的重要因素。

4.1 动力蓄电池概述

电动汽车动力储能装置包括所有动力蓄电池、超级电容、飞轮蓄电池和燃料电池等以及上述各类蓄电池的组合。

电动汽车发展的关键技术是提高其动力蓄电池性能。这项技术既是目前普及电动汽车的瓶颈,也是电动汽车能否与传统内燃机汽车竞争的重要因素之一。近几年来,世界各国对电动汽车十分重视,投入了大量的人力物力,并取得了许多进展。但要大规模普及、推广和应用,在性价比上还有待进一步提高。

4.1.1 化学蓄电池的基本组成

化学蓄电池一般由电极(正极和负极)、电解质、隔膜和外壳(容器)四部分组成。

其中电极是蓄电池的核心部分,一般由活性物质和导电骨架组成。活性物质是指能够通过化学反应释放出电能的物质,要求其电化学活性高、在电解液中的化学稳定性高且电子导电性好。活性物质是决定化学蓄电池基本特性的重要部分。导电骨架主要起传导电子和支撑活性物质的作用。当蓄电池通过外部电路(负载)放电时,蓄电池的正极从外电路获得电子,而负极则向外电路输出电子;对于蓄电池内部来说恰好相反。

电解质在蓄电池内部阴、阳极之间担负传递电荷(带电离子)的作用。电解质通常为液体或固体。液体电解质通常称为电解液,一般是酸、碱、盐的水溶液;固体电解质一般为盐类,由固体电解质组成的蓄电池成为干蓄电池。对电解液的要求是电导率高、溶液欧姆电压较小。对于固体电解质,要求具有离子导电性,而不具有电子导电性。电解质必须化学性质稳定,使其在储存期间电解质与活性物质界面间的电化学反应速率小,这样蓄电池自放电时容量损失就小。

为了避免蓄电池内阴、阳极之间的距离较近而发生内部短路产生严重的自放电现象,需要在其阴、阳极之间加放绝缘的隔膜,隔膜的形状通常为薄膜、板材或胶状物等。对隔膜的要求是化学性质稳定,有一定的机械强度,对电解质离子运动的阻力小,是电的良好绝缘体，并能阻挡从电极脱落的活性物质微粒和枝晶的生长。

蓄电池的外壳是盛放和保护蓄电池电极、电解质、隔膜的容器。一般要求外壳具有足够的机械强度和化学稳定性、耐振动、耐冲击、耐腐蚀。

4.1.2 蓄电池的基本常识

1. 蓄电池的组合

动力蓄电池作为动力源，一般要求有较高的电压和电流，因此需要将若干个单体蓄电池通过串联、并联与复联的方式组合成蓄电池组使用。蓄电池组合中对单体蓄电池性能有严格要求，在同一蓄电池组中必须选择同一系列、同一规格、性能尽可能一致的单体蓄电池。

2. 蓄电池的放电

蓄电池的放电是将蓄电池内储存的化学能以电能方式释放出来的过程，即蓄电池向外电路输送电流。动力蓄电池的放电参数主要有放电深度、放电率和连续放电时间。放电深度是指蓄电池当前的放电状态，用实际放电容量与额定容量的百分比来表示。放电率是指放电时的速率，常用时率或倍率表示。时率是指一定的放电电流放完额定容量所需的小时数；倍率是指规定时间内放出其额定容量时所输出电流的数值与额定值的倍数。连续放电时间是指动力蓄电池开始不间断地放电至终止电压时所能进行的时间。放电的方式又分为工况放电、倍率放电、深度放电、恒流放电以及恒功率放电。

3. 蓄电池的充电

蓄电池的充电是将外部电源输入动力蓄电池的直流电能转换为化学能储存起来的过程。动力蓄电池的充电参数主要有充电特性、完全充电和充电率。充电特性是指充电时动力蓄电池的电流、电压与时间之间的关系。完全充电是动力蓄电池内部所有可利用的活性物质都已转变成完全荷电的状态。充电率是指充电时的速率，也用时率和倍率表示。时率是指一定电流下，充到额定容量的小时数；倍率是指在规定时间内，充到额定容量所需的电流数值与额定值的倍数。动力蓄电池的荷电状态是指动力蓄电池当前容量与全荷电容量的百分比。充电方式又分为恒压充电、恒流充电、涓流充电和浮充电。

4. 蓄电池的极化

极化是蓄电池由静止状态（电流 $I=0$）转入工作状态（$I>0$）产生的蓄电池电压、电极电位的变化现象。电压与电流的乘积等于功率，再乘以蓄电池运行时间即输出电能。极化现象反映了由静止状态转入工作状态能量损失的大小，极化损失越小越好。极化现象也可理解为对平衡现象的偏离。热力学平衡过程与可逆现象紧密相连。可逆过程和平衡过程的变化率是很小的，但实际过程必须有一定的速率，有时还要求有很高的速率，如电动汽车驱动时要求有大电流放电，即要求反应速率很大，这样必然产生偏离平衡值的现象，即极化现象。常见的极化现象有阳极极化、阴极极化、欧姆极化（电阻极化）、浓差极化和电化学极化等。阳、阴极极化是指蓄电池进入工作状态后阳、阴极电位出现偏离平衡值的现象。蓄电池的电阻有电解质的电阻、电极材料的电阻，甚至还有由于反应产物的附着（如氢氧化物沉淀在电极上）造成的电阻等。浓差极化是电化学反应进行时，作用物浓度的变化造成电极电位对平衡值的偏差。任何极化过程均包括一个或几个反应质点接受电子或失去电子的过程，由这一过程引起的极化称之为电化学极化。

5. 记忆效应

记忆效应是指蓄电池在没有完全放电之前就重新充电，蓄电池会储存这一放电平台并在下次循环中将其作为放电的终点，尽管蓄电池本身的容量可以使蓄电池放电到更低的平台上，但在以后的放电过程中，蓄电池将只记得这一低容量。同样在每一次使用中，任何一次不完全放电都将加深这一效应，使蓄电池容量逐渐降低，这主要表现在镍镉蓄电池中。对于其他动力蓄电池，该效应较小或不存在。

4.1.3 蓄电池的种类

蓄电池的种类有很多，划分的方法也有多种，本章主要介绍车用动力蓄电池。按蓄电池的原理划分，主要可分为生物蓄电池、物理蓄电池和化学蓄电池三大类。生物蓄电池是利用生物（如生物酶、微生物或叶绿素）分解反应过程中表现出来的带电现象所进行的能量转换，有酶蓄电池、微生物蓄电池和生物太阳蓄电池等。它主要有体积小、无污染、寿命长、可在常温常压下使用等优点。随着全球能源危机的提出，目前对生物蓄电池的研究日趋深入。物理蓄电池是指利用物理原理制成的蓄电池，其特点是能在一些条件下实现直接能量转换，主要有太阳能蓄电池、飞轮蓄电池、核能蓄电池和温差蓄电池。太阳能蓄电池是利用光电效应，将光能转化为电能，然后输出直流电存储到动力蓄电池中。飞轮蓄电池是将电能转化为飞轮的旋转动能，飞轮以高速旋转来储存动能，而后再利用驱动电机将动能转变成电能输出。核能蓄电池是依靠核子发生裂变或聚变工作的。温差蓄电池是一种直接将热能转换成电能的蓄电池。化学蓄电池是将化学反应产生的能量直接转换成电能的装置，也称化学电源。此外还有超级电容器，它是一种介于传统电解质电容器和电化学蓄电池之间的新型动力蓄电池。

化学蓄电池是生活中使用最多的蓄电池。化学蓄电池通常按电解液种类、正负极材料和其功能有以下三种分类方式。

1. 按蓄电池的电解液种类分类

按蓄电池的电解液种类可分为碱性蓄电池、酸性蓄电池、中性蓄电池及有机电解液蓄电池四类。碱性蓄电池的电解质主要以氢氧化钾水溶液为主，如碱性锌锰蓄电池、镍镉蓄电池、镍氢蓄电池等；酸性蓄电池主要以硫酸溶液为介质，如铅酸蓄电池；中性蓄电池以盐溶液为介质，如锌锰干蓄电池；有机电解液蓄电池是以有机溶液为介质的蓄电池，如锂离子蓄电池等。

2. 按蓄电池的正负极材料分类

按蓄电池的正负极材料常分为锌系列蓄电池、镍系列蓄电池、铅系列蓄电池、锂系列蓄电池、二氧化锰系列蓄电池及空气系列蓄电池等。锌系列蓄电池有锌锰蓄电池、锌银蓄电池等；镍系列蓄电池有镍镉蓄电池、镍氢蓄电池等；铅系列蓄电池有铅酸蓄电池等；锂系列蓄电池有锂离子蓄电池、锂锰蓄电池、聚合物锂离子蓄电池、磷酸铁锂离子蓄电池等；二氧化锰系列蓄电池有锌锰蓄电池、碱锰蓄电池等；空气蓄电池系列有锌空气蓄电池、铝空气蓄电池等。

3. 按蓄电池功能分类

按蓄电池功能分类是指根据工作性质或储存方式不同进行分类的分类法，主要分为一次蓄电池、二次蓄电池、燃料电池和储备蓄电池四类。一次蓄电池又称为原蓄电池，即不能再充电的蓄电池。如果原蓄电池中的电解质不流动则称为干蓄电池，如锌锰干蓄电池、锌汞干蓄电池、锌银干蓄电池等。二次蓄电池即可充电蓄电池，习惯上称为动力蓄电池。它是目前电动汽车上用得最多的动力蓄电池，主要有铅酸动力蓄电池、锂离子蓄电池、镍氢蓄电池以及磷酸铁锂离子蓄电池等；燃料电池又称"连续蓄电池"，即将活性物质连续注入蓄电池，使其连续放电的蓄电池。储备蓄电池又称"激活蓄电池"，这类蓄电池的正负极活性物质在储存期不直接接触，在使用前注入电解液或用其他方法将蓄电池激活，如锌银蓄电池、镁银蓄电池。

4.1.4 蓄电池的性能指标

1. 蓄电池的容量

蓄电池的容量是指完全充电的动力蓄电池在规定条件下所释放的总电量，常用字母 C 表示，其单位为安培时（A·h）。与其相关的还有动力蓄电池储存性能，即表示动力蓄电池长期搁置后容量变化的特性。蓄电池容量通常有以下几种：理论容量、可用容量、额定容量、剩余容量。

2. 蓄电池的能量

蓄电池的能量是指在一定标准所规定的放电条件下，蓄电池对外做功所输出的电能，其单位为瓦时（W·h）或千瓦时（kW·h）。蓄电池的能量通常有如下几种：总能量、充电能量、放电能量。

在此需要特别强调容量与能量的区别：前者表示蓄电池输出的电量，后者表示其做功的能力。能量可以用容量乘以放电平均电压获得。电气设备用电流控制时，则用容量衡量；当电压显得重要时，则多用能量衡量。分析比较电动汽车能量利用效率时即用能量。

3. 能量密度与功率密度

它们分别指从动力蓄电池的单位质量（或单位体积）所获取的电能与输出功率，也分别称为比能量与比功率。有如下四种表示法：

1) 质量能量密度，也称质量比能量，单位为 W·h/kg。
2) 体积能量密度，也称体积比能量，单位为 W·h/L。
3) 质量功率密度，也称质量比功率，单位为 W/kg。
4) 体积功率密度，也称体积比功率，单位为 W/L。

能量密度与功率密度的区别在于：动力蓄电池的功率一定程度地决定了汽车的加速性、爬坡性和最高车速，而动力蓄电池的能量密度决定了汽车一次充电后的续驶里程。动力蓄电池的重量也一定程度地影响了汽车的驱动力，而蓄电池的体积决定了汽车各部件在汽车底盘的布局空间。因此电动汽车希望比能量和比功率都能较大。但一般来说，动力蓄电池的功率密度增加时，能量密度要下降。其原因是动力蓄电池内产生高电流的化学反应限制了能量密度，为了产生高电流，需要大量的集电器；为了让出空间，就得缩小储存电能量的电极材料的体积。

4. 蓄电池的开路电压

动力蓄电池处于开路状态下电极两端的电位差称为开路电压，一般用高内阻材料的电压表或万用表测量。蓄电池的开路电压主要取决于构成蓄电池的材料特性，如正、负极材料以及电解液的性质。对于同一系列的蓄电池，如果材料来源不同，晶型结构不同，制成蓄电池的开路电压也会有差异，这一点在蓄电池的组合时需要特别注意，即要选择性能尽可能一致的单体蓄电池为同一组。开路电压是蓄电池体系的一种特征数据，随着蓄电池存放时间的延长，其开路电压会有所下降，这是蓄电池自放电引起的，但下降幅度不大。如果蓄电池的开路电压下降很快，则说明蓄电池内部可能存在慢性短路或蓄电池性能衰退。

5. 蓄电池的内阻

蓄电池放电时的内阻包括欧姆内阻和极化电阻。欧姆内阻是蓄电池中各组成部分的电子导电阻力、离子导电阻力以及接触电阻之和，与电极结构和装配工艺有关。极化电阻是电极反应形成的，与电极反映本质及材料有关。蓄电池内阻越小，蓄电池工作输出电流时蓄电池内部的压降就越小，蓄电池就能输出较高的工作电压和较大的电流，输出能量和容量也就越大。

6. 蓄电池的工作电压、放电终止电压和放电曲线

蓄电池工作电压是指蓄电池放电时，蓄电池两极之间的电位差，也叫放电电压或端电压。工作电压应等于其开路电压减去蓄电池内阻的压降，与放电制度有关。放电制度是指蓄电池放电时所规定的各种条件，主要包括放电方式（指连续或间断）、放电电阻、放电电流、放电时间、放电终止电压及放电环境温度等。

放电终止电压是指蓄电池放电时，电压下降到不宜再继续放电的最低工作电压。根据不同的蓄电池类型及放电条件，对蓄电池容量和寿命的要求也不同，因此所规定的蓄电池放电终止电压也不同。一般在低温或大电流放电时，终止电压要求低，因为此时电极极化大，活性物质不能得到充分利用，蓄电池电压下降较快。而在小电流放电时，终止电压就规定较高，因为小电流放电电极极化小，且活性物质能得到充分利用。

放电曲线表示在一定放电条件下，连续放电时蓄电池的工作电压随时间变化的关系曲线。图4-1所示表示某蓄电池在不同放电率下的放电曲线。从中可以清楚地看出放电时其工作电压随时间的变化过程，通过放电曲线也可以计算出放电时其工作电压随时间的变化过程，通过放电曲线也可以计算出放电时间和放电量。放电时率小者，其电压下降速度快，终止电压低，放电时间也短。反之放电时率大者，其工作电压下降慢，往往也能输出较多能量。工作电压的变化速度也被称为放电曲线的平稳度。

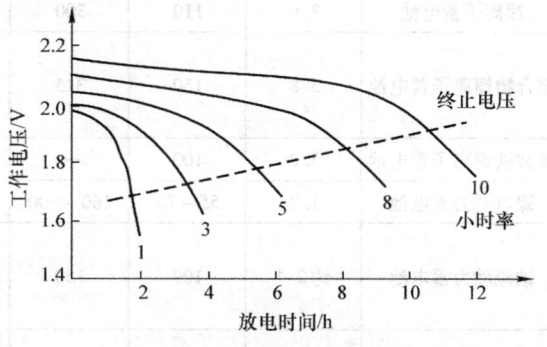

图4-1 蓄电池的放电曲线

7. 蓄电池的寿命

蓄电池的寿命是指蓄电池使用时间或充电循环次数所表示的蓄电池耐用性。循环充电蓄电池经历一次充电和放电的过程，称为一个周期或一个循环。在一定的充放电制度下，蓄电池容量下降到某一规定值时，蓄电池所能经受的循环次数，称为蓄电池的循环寿命。影响动力蓄电池循环寿命的主要因素包括：在充放电过程中，电极活性表面积减小；电极上活性物质脱落或转移；电极材料发生腐蚀；蓄电池内部短路；隔膜损坏和活性物质晶型改变，活性降低。在不断的充放电循环中，蓄电池的化学活性物质会逐渐老化变质，活性衰减，化学功能减弱，使得蓄电池的充放电效率逐渐降低，最后蓄电池丧失功能而报废。动力蓄电池的循

环周期与其充电和放电的形式、使用环境和放电深度有关，放电深度"浅"时，有利于延长蓄电池的寿命。动力蓄电池在电动汽车上的使用环境、蓄电池组中各个蓄电池的均衡性以及安装方式等都会影响蓄电池的使用寿命。

8. 蓄电池的温度特性

环境温度是影响蓄电池性能的重要因素。蓄电池对环境温度及温度升高的情况都比较敏感。大部分都要求在较狭窄的温度范围内工作，才能保持较高的性能，否则就会损坏。因此，动力蓄电池在电动汽车上的安装使用，必须注意其环境温度和温度变化的调节控制。

4.1.5 各种车用蓄电池性能的比较

电动汽车动力电源的主要要求有比功率高（在大电流工况下可平稳放电，提高加速、爬坡性能）、比能量大（延长续驶里程）、循环寿命长、安全可靠、成本低、对使用环境温度要求低、能量转换效率高、对环境污染小等。

电动汽车的未来发展很大程度上取决于动力蓄电池的各项性能。为了便于选取，特将各类车用动力蓄电池的性能优缺点作集中比较，见表4-1。

表4-1 蓄电池性能比较

蓄电池类别	单体蓄电池电压/V	比能量/(W·h/kg)	比功率/(W/kg)	寿命/次	优点	缺点
铅酸动力蓄电池	2.0	35~40	50	400~10000	技术成熟、原料丰富、价格低、温度特性好	比能量和比功率较低
锂离子蓄电池	3.6	110	300	>1000	比能量大、寿命长	成本高
聚合物锂离子蓄电池	3.8	150	315	>300	比能量大、电压高、自放电小、超薄	成本高
磷酸铁锂离子蓄电池	3.2	100	—	2000	寿命长、安全性好	体积大
镍氢动力蓄电池	1.2	55~70	160~500	600	放电倍率高、免维护	自放电高、单体电压低
钠硫动力蓄电池	约2.4	109	150	1000	比能量高、转换效率高、寿命长	工作温度低
钠氯化镍蓄电池	约2.8	100	150	1000	优点同钠硫动力蓄电池，比钠硫动力蓄电池安全	工作温度较高
锌空气蓄电池	—	180~230	小	短	比能量大	比功率低
铝空气蓄电池	—	350	小	短	比能量大、成本低	比功率低
超级电容	—	小	1000	>10000	比能量大、寿命超长	比能量小
飞轮蓄电池	—	小	小	长	比功率大、寿命长	比能量小
燃料电池	—	—	—	—	寿命长、效率高、污染小、噪声低、可快速补充能源和连续工作	存在制氢、储氢的成本和安全问题

4.2 铅酸动力蓄电池

4.2.1 铅酸动力蓄电池的结构和原理

铅酸动力蓄电池的基本单元是单体蓄电池,每个单体蓄电池都是由正极板、负极板和装在正负极板之间的隔板组成的。正极板表面上附着一层褐色的二氧化铅,这层二氧化铅由结合氧化的铅细粒构成,在这些细粒之间能够自由地通过电解液。将正极材料磨成细粒的原因是,可以增大其与电解液的接触面积,这样可以增加反应的面积,从而减小动力蓄电池的内阻。负极板是海绵状的铅板,颜色为深灰色。电解液是质量分数为 27%~37% 的稀硫酸水溶液,将这两个电极板尽量靠近地平行放置,并保证二者不接触,然后在两个电极板之间加入用绝缘材料构成的隔板。这种隔板上密布着细小的孔,既可以保证电解液的通过,又可以阻隔两电极板之间的接触。隔板有合成树脂纤维隔板和玻璃纤维隔板两类。

当蓄电池两端加上负荷时,在蓄电池外部,电路中电子流动形成电流,而在蓄电池内部,化学能转换为电能,电以离子的形式从一个电极到另一个电极。正电极在放电时,是由外界电路接收电子形成还原反应;负电极释放电子到外界电路,形成氧化反应;电解液的作用是给正负电极之间流动的离子创造一个液体环境,或者说充当离子流动的介质作用。

化学反应方程式为

$$Pb + PbO_2 + 2H_2SO_4 \leftrightarrow 2PbSO_4 + 2H_2O$$

从方程式中可以看出,上述反应为可逆反应,铅酸动力蓄电池为可重复使用的蓄电池。放电后蓄电池内部的正极板和负极板的铅和二氧化铅都转变成了硫酸铅,因此这一充放电化学反应理论被称为双极硫酸盐理论。在反应过程中,电解液里面的硫酸溶液不仅起到了为传导离子提供电解质通道的作用,而且同时还参加了蓄电池的充放电反应。当蓄电池处于放电状态时,由于硫酸的不断消耗,同时蓄电池反应还不断地产生水,从而起到了稀释电解液、降低硫酸溶液浓度的作用。其充电过程与放电过程正好相反,正负两极板上的硫酸铅分别生成二氧化铅和海绵状的铅,同时不断产生硫酸,使得蓄电池中的电解液浓度升高。

铅酸动力蓄电池单体两端的额定电压为2V,而在实际应用中,往往要求动力蓄电池的两端电压比较高,或者蓄电池容量比较大。在这些情况下单个的单体蓄电池是不能满足要求的,要将多个蓄电池单体串联或并联,来满足高电压、大容量等要求。

4.2.2 铅酸动力蓄电池的充放电特性

铅酸动力蓄电池的充放电过程是一个十分复杂的电化学过程,具体表现在以下几个方面:

1) 多变量。影响蓄电池充放电的因素有很多,诸如蓄电池中电解液的浓度、正负极板的活性物质状态以及活跃程度、环境温度、蓄电池内部压力及带孔隔板的质量等,这些参数的不同直接导致充电过程的不同。

2) 非线性。铅酸动力蓄电池的充电过程最大可接受充电电流随时间成指数规律下降。

3) 离散性。随着放电状态、使用时间和放置时间长短的不同,相同类型的不同蓄电池所表现出来的充电曲线也不尽相同，因此不能按照同一种方式充电。

铅酸动力蓄电池的充电过程大致分为高效、混合和析气三个阶段。

1）高效阶段。这个阶段的主要反应就是两极的硫酸铅分别转换成了铅和二氧化铅，充电接受率高，接近100%。充电接受率就是指转化为化学能储备的电能与来自充电设备的电能的比值。这个阶段在温度和充电率都保证的情况下单体端电压达到2.39V时结束。

2）混合阶段。水解副反应和充电主反应同时进行，此时的充电接受率逐渐下降。当两个反应达到平衡时，蓄电池两端电压与稀硫酸溶液浓度不再上升时，表示蓄电池已经充满电。

3）析气阶段。此阶段内动力蓄电池已经被充满电，蓄电池中进行的反应只有水解副反应，再加上缓慢进行的自放电反应。此时会产生大量气体，主要是氢气和氧气。在密封式铅酸动力蓄电池中，这两种气体在密闭环境中压力会变高，还可以进一步反应生成水，这也是阀控式密封铅酸动力蓄电池不需要加水的原因。

4.2.3 铅酸动力蓄电池的种类及现状

1. 开口式铅酸动力蓄电池

这种蓄电池大多是在启动型动力蓄电池基础上进行局部改进而成的，国内外均已正式批量生产。国内研制的电动汽车用的12V/150A·h蓄电池，其C/5放电比能达到40W·h/kg。开口式铅酸动力蓄电池多用于短距离的电动车、巡逻车、游览车和居民小区内的小交通车等。

2. 阀控式密封铅酸动力蓄电池

阀控式密封铅酸动力蓄电池原用于USP系统，现已广泛应用于各种电动助力车，我国电动自行车约95%使用的是阀控式密封铅酸动力蓄电池。目前国内此类蓄电池的比能量、循环寿命、充电时间等几方面均有明显提升，按照行业标准检测蓄电池的循环寿命达到700次以上，100%DOD放电循环寿命达到300次以上。

3. 双极性密封铅酸动力蓄电池

该蓄电池的正负极是各自独立的，极板之间有隔膜（板），全部正极板并联焊接在一起组成蓄电池的正极，全部负极板并联焊在一起组成蓄电池的负极。双极性密封铅酸动力蓄电池的正负极位于同一片导电基板的两侧面，双极式极板和吸液式纤维隔板交叉叠在一起，然后跟燃料电池相似，采用压滤机式结构组成密封蓄电池。

该蓄电池适合在高电压低电流条件下工作。由于蓄电池结构紧凑，比能量很高。这种蓄电池的充电方式跟一般密封铅酸动力蓄电池相似，但其内阻小，可用大电流充电，这种蓄电池的循环寿命也很高。双极性密封铅酸动力蓄电池目前正在研发中，还没有达到商品化的阶段。

4. 水平式密封铅酸动力蓄电池

它跟普通铅酸动力蓄电池相比，不同之处有三点：正负极和隔板是采用卧式组合起来的，而其他动力蓄电池极板的组合均为立式结构；导电板栅是由将铅挤压在细的玻璃纤维四周形成的铅丝编制而成的；正极和负极铅膏分别涂在一片铅网的两端，中间留有一段未涂膏的板栅将两种铅膏分开，再用封包机将该双极板用超细纤维包起来。

这种蓄电池的内阻很小，既可大电流放电又适合快速充电，这一特点正满足了电动汽车对动力蓄电池的要求。

5. 卷式圆柱形蓄电池

将正负极板做成软性条状,中间和两侧均夹有纤维隔板,然后紧卷起来装入圆柱形蓄电池壳内,焊接好极柱,加盖密封,组成蓄电池。

卷式圆柱形蓄电池现在已经商品化,其主要优点如下:
1) 内阻低,输出电压较平稳。
2) 比功率高,适合高功率密度放电。
3) 循环寿命长。
4) 低温性能好。
5) 快速充电性能好。
6) 放电速度小。

4.2.4　铅酸动力蓄电池的应用

铅酸动力蓄电池已经经历了一个多世纪的发展,具有许多显著的优点:技术可靠,生产工艺成熟,成本低;单体蓄电池电压高,高于其他液体电解液蓄电池;适合电动汽车使用的良好的大电流输出特性;良好的低温和高温性能,较高的能量效率(75%~85%)以及多种多样的型号和尺寸。目前,性能得到改进的多种类型的铅酸动力蓄电池正不断地应用到电动汽车上,铅酸动力蓄电池仍是电动汽车最具吸引力的动力蓄电池选择方案。

但铅酸动力蓄电池也有一些明显的缺点,如铅酸动力蓄电池的(质量)比能量和(体积比)能量密度都比较低(分别为35W·h/kg和70W·h/L),自放电率较高(25℃环境每天降低1%),循环寿命相对较低(<1000次),硫酸腐蚀电极不便于长期存储等。以上缺点还需要进一步完善和改进,而铅酸动力蓄电池更需要在容量、密封、板栅合金、极板以及装配方面加以改进。

4.3　二次锂离子蓄电池

锂离子蓄电池是用金属锂作负极活性物质的蓄电池总称,它包括锂原蓄电池和可充电的二次锂离子蓄电池。锂的标准电极电位可达到3.045V,因此以锂为负极组成的蓄电池具有比能量大、电压高、放电电压平稳、工作温度范围宽以及寿命长等优点。可以说锂离子蓄电池是目前车用动力蓄电池中最具有发展潜力的动力蓄电池。在我国,对发展锂离子蓄电池有着得天独厚的资源优势,我国锂的储量约占世界总储量的一半,如我国的一些盐湖,储存了大量的锂,通过蒸干等方法就能得到碳酸锂,再经提纯后就可以做锂离子蓄电池的原料。

二次锂离子蓄电池有多种分类方法。按温度可分为高温二次锂离子蓄电池和常温二次锂离子蓄电池。按所用电解质状态可分为液体二次锂离子蓄电池、凝胶二次锂离子蓄电池和固态二次锂离子蓄电池。按电极材料可分为磷酸铁锂二次锂离子蓄电池、锂离子蓄电池、聚合物锂离子蓄电池等,这也是目前最具发展前途的动力蓄电池。

4.3.1　锂离子蓄电池

锂离子蓄电池是由锂原蓄电池改进发展而来的。锂原蓄电池的正极材料是二氧化锰或亚硫酸氯,负极是锂,蓄电池组装完成后无需充电即有电压。这种蓄电池虽然也可以充电,但循环性能不好,在放电循环过程中,容易形成锂枝晶,造成蓄电池内部短路,因此锂原蓄电池是不允许充电使用的。以碳材料为负极的锂离子蓄电池则可进行可逆反应,该反应不再是一般蓄电池中的氧化还原反应,而是锂离子在充放电过程中可逆地在化合物晶格中嵌入和脱出反应。

1. 锂离子蓄电池的工作原理

以正极为钴酸锂、负极为碳化锂的锂离子蓄电池为例,在充放电过程中锂离子可逆地在化合物晶格中嵌入和脱出反应的示意图如图4-2所示。在蓄电池充电时,Li^+的一部分会从正极中脱出,经过电解质嵌如负极碳的层间,形成层间化合物。蓄电池放电时,则进行与此相反的可逆过程,即Li^+从负极脱出,经过电解质再嵌回正极。锂离子在两电极之间来回嵌入和脱出的过程就是锂离子蓄电池充放电的工作原理。充放电过程中正、负极的脱嵌反应方程式为

$$正极: \quad LiCoO_2 = CoO_2 + Li^+ + e^-$$

$$负极: \quad 6C + Li^+ + e^- = C_6Li$$

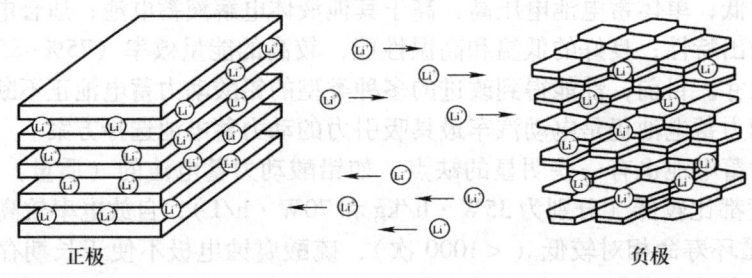

图4-2 锂离子反应示意图

2. 锂离子蓄电池的特点

锂离子蓄电池具有以下优点:

1)能量密度高。目前能达到的实际比能量为$100 \sim 125 W \cdot h/kg$和$240 \sim 300 W \cdot h/cm^3$,随着技术的不断进步,锂离子蓄电池比能量能够达到$150 W \cdot h/kg$和$300 \sim 400 W \cdot h/cm^3$。

2)输出电压高。单体锂离子蓄电池的电压为3.6V,是镍-镉(Ni-Cd)或镍-金属氧化物(Ni-MH)蓄电池的3倍。

3)循环寿命长。锂离子蓄电池循环寿命可达1000次以上,若使用小电流放电则更高。

4)安全性能好。由于使用了优良的负极材料,克服了蓄电池充电过程中锂枝晶的生长问题,使得锂离子蓄电池的安全性大大提高,不存在诸如Ni-Cd或Ni-MH蓄电池的"记忆效应"。

5)自放电小。室温下充满电的锂离子蓄电池储存1个月后的自放电率为10%左右。

6)环保性能好。生产和使用过程中均无污染,称为绿色蓄电池。

7)充电效率高。充电效率可接近100%。

8)可实现快速充电。

9)工作温度范围宽。目前为$-25 \sim 40$℃,将来可达$-40 \sim 70$℃。

锂离子蓄电池存在的主要不足之处如下：

1) 成本高。因钴（Co）材料的资源少，导致正极材料钴酸锂（LiCoO$_2$）的价格高，电解质体系的提纯较难。

2) 需有特殊的保护电路。需设置对蓄电池过充电和过放电的保护线路控制。蓄电池过充电将破坏正极结构而影响性能和寿命，同时过充电也使电解液分解，内部压力过高而导致漏液等问题，故必须在4.1~4.2V的电压下充电；蓄电池过放电会导致活性物质的恢复困难，也需要有保护线路控制。

4.3.2 磷酸铁锂离子蓄电池

磷酸铁锂离子蓄电池是指用磷酸铁锂（LiFePO$_4$）作为正极材料的锂离子蓄电池。LiFePO$_4$ 与传统的 LiCoO$_2$、LiNiO$_2$、LiMnO$_2$ 和 LiMn$_2$O$_4$ 等正极材料相比，制备的原料来源广泛、价格低廉、对环境友好，用作正极材料时具有良好的电化学性能，充放电平台十分平稳，充放电过程结构稳定，并且该材料还具有无毒、无污染、安全性能好、可在高温环境下使用等优点，被认为是动力锂离子蓄电池的理想正极材料，被当前蓄电池界与汽车业竞相开发研究，并成为了人们关注的热点。锂离子蓄电池的几种典型正极材料的特性比较见表4-2。

表4-2 电池性能比较

特性名称	钴酸锂（LiCoO$_2$）	镍酸锂（LiNiO$_2$）	锰酸锂（LiMnO$_2$）	磷酸铁锂（LiFePO$_4$）
密度/(g·cm^3)	2.8~3.0	2.0~2.3	2.2~2.4	1.0~1.4
比表面积/(m^2/g)	0.4~0.6	0.2~0.4	0.4~0.8	12~20
克容量/(mA·h/g)	135~140	155~165	100~115	130~140
电压平台/V	3.6	3.5	3.7	3.2
原料成本	很高	高	低	很低
安全性	差	较好	良好	很好
应用	小蓄电池	小蓄电池/小型动力蓄电池	动力蓄电池	动力蓄电池/超大容量电源

1. 磷酸铁锂离子蓄电池的结构与工作原理

磷酸铁锂离子蓄电池的内部结构如图4-3所示，左边是橄榄石结构的 LiFePO$_4$ 作为蓄电池的正极，由铝箔与蓄电池正极连接；中间是聚合物的隔膜，它把正极与负极隔开，锂离子可以通过隔膜而电子不能通过；右边是由碳（石墨）组成的蓄电池负极，由铜箔与蓄电池的负极相连。蓄电池的上下端之间是电解质，用金属外壳密闭封装。充电时，正极中的锂离子通过聚合物隔膜向负极迁移；放电时，负极中的锂离子通过隔膜向正极迁移。

2. 磷酸铁锂离子蓄电池的性能特点

磷酸铁锂离子蓄电池的标称电压为3.2V，终止充电电压为3.6V，终止放电电压为2.0V。磷酸铁锂离子蓄电池的优点主要如下：

1) 成本低。由于磷酸铁锂的资源磷酸、铁、锂都很丰富，材料易得，随着制造工艺等技术的进一步成熟，其价格有望大幅下降。

2) 寿命长。最高循环寿命可达2000次，经500次循环后其放电容量仍大于95%。

3) 安全性好。无论蓄电池内部或外部有何损伤，蓄电池都不会燃烧或爆炸。这一优点对电动汽车行业尤为重要。

4) 环保性好。磷酸铁锂离子蓄电池的所有原料都无毒，生产与使用对环境无污染。

5) 温度特性好。适于常温下使用，耐高温，蓄电池温度升至160℃时，蓄电池的结构仍安全、完好。

6) 充放电特性好。可大电流充放电，1.5C充电1h即可使蓄电池充满，短时放电电流可达2C~10C，瞬间（约10s）脉冲放电可达20C。充放电无记忆效应，并在一定的亏电存放条件下，仍能保持较好的蓄电池性能。

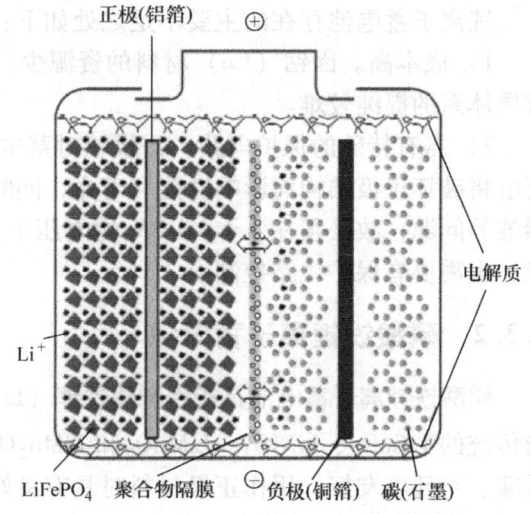

图4-3 磷酸铁锂离子蓄电池的内部结构

磷酸铁锂离子蓄电池的主要缺点是振实密度较低，一般只能达到1.3~1.5g/cm³。所谓振实密度是指在规定条件下容器中的粉末经证实后所测得的单位容积质量。低的振实密度使得比表面积很大，蓄电池体积也较大。

4.3.3 聚合物锂离子蓄电池

聚合物锂离子蓄电池也称高分子锂离子蓄电池，它属于第二代可充电锂离子蓄电池。聚合物锂离子蓄电池与其他锂离子蓄电池的主要区别在于电解质的不同，锂离子动力蓄电池使用的是液体电解质，而聚合物锂离子蓄电池则以固体聚合物电解质来代替，这种聚合物可以是"干态"的，也可以是"胶态"的，目前大部分采用聚合物胶体电解质。聚合物锂离子蓄电池可分三类：

1) 固体聚合物电解质锂离子蓄电池。电解质为聚合物与盐的混合物，这种蓄电池在常温下的离子电导率低，适于高温使用。

2) 凝胶聚合物电解质锂离子蓄电池。在固体聚合物电解质中加入增塑剂等添加剂，从而提高离子电导率，蓄电池可在常温下使用。

3) 聚合物正极材料的锂离子蓄电池。采用导电聚合物作为正极材料，其比能量可以是现有锂离子蓄电池的3倍，它是目前较有发展前途的锂离子蓄电池。

1. 聚合物锂离子蓄电池的工作原理

聚合物锂离子蓄电池的正、负极活性物质与液态锂离子蓄电池类似，其负极可采用高分子导电材料、聚乙炔、聚苯胺或聚对苯酚等，正极多为$LiCoO_2$、$LiMnO_2$、$LiNiO_2$和$LiMn_2O_4$等。如电解质为$LiPF_6$的有机碳酸酯混合物聚合物锂离子蓄电池，正极用$LiMn_2O_4$，负极为人造石墨，其蓄电池总化学反应方程式为

$$Li_{x-y}Mn_2O_4 + yLiC_6 = L_xMn_2O_4 + yC_6$$

2. 聚合物锂离子蓄电池的性能特点

聚合物锂离子单体蓄电池的工作性能指标：工作电压为3.8V，质量比能量为150W·h/kg，体积比能量为246 W·h/L，比功率为315W/kg，循环寿命大于300次，自放电小于0.1%/月，工作温度为-25~60℃，充电速度1h达到80%容量，3h达到100%容量。

与液态锂离子蓄电池相比，聚合物锂离子蓄电池具有安全性能好、小型化程度高、超薄化、轻量化、适用温度范围宽、自放电小、能量密度高及成本低等明显优势，是一种比较理想的动力蓄电池。特别是安全性能好，聚合物锂离子蓄电池由于不存在漏液问题，在结构上采用了铝塑软包装。而液态锂离子蓄电池需要用金属外壳，容易爆炸，聚合物锂离子蓄电池最多只会气鼓。并且其保护线路的设计也相应简化，从而可节约其成本。聚合物锂离子蓄电池外形可根据需要定制，厚度可以做得很薄，使得其应用领域相当广泛。另外，由于聚合物锂离子蓄电池的电解质是柔性固体聚合物，金属锂箔密封在蓄电池中，使得在较高温度环境下仍然能正常工作。

　　需要注意的是当多个聚合物锂离子蓄电池串联成蓄电池组使用时，要防止过充电和过放电。另外聚合物锂离子蓄电池的快速充电性能还有待于进一步提高。

4.4 镍氢动力蓄电池

4.4.1 镍氢动力蓄电池的分类与特点

　　镍氢动力蓄电池是20世纪90年代发展起来的一种新型蓄电池。它的正极活性物质主要是镍，负极活性物质主要是储氢合金，镍氢蓄电池是一种碱性动力蓄电池。

　　镍氢蓄电池可分为高压镍氢蓄电池和低压镍氢蓄电池两大类。按照外形可分方形镍氢蓄电池和圆形镍氢蓄电池。

　　高压镍氢蓄电池单体蓄电池采用镍（Ni）为正极，氢（H_2）为负极，因此高压镍氢蓄电池也称为$Ni-H_2$蓄电池。$Ni-H_2$蓄电池的氢电极与镍电极之间夹有一层吸饱氢氧化钾（KOH）电解质溶液（20℃密度为$1.30g/cm^3$）的石棉膜。氢电极是用活性炭作为载体的聚四氟乙烯（PTFE）黏结式多孔气体扩散电极，它由含铂催化剂的催化层、拉伸镍网导电层、多孔聚四氟乙烯防水层组成。镍电极可以用压制的$Ni(OH)_2$电极，也可用烧结的$Ni(OH)_2$电极。高压镍-氢（$Ni-H_2$）蓄电池具有比能量高、寿命长、耐过充放电以及可以通过氢压来指示蓄电池荷电状态等优点。其主要缺点是：容器需要耐高氢压，一般充电后氢压达到3～5MPa，这就需要用较重的耐压容器，降低了蓄电池的体积比能量及质量比能量；自放电较大；不能漏气，否则蓄电池容量减小，并且容易发生爆炸事故；成本高。因此目前研制的高压镍氢蓄电池主要是应用于空间技术。

　　低压镍氢蓄电池又被分为两种：一种是在镍氢蓄电池中放入具有可逆吸放氢的储氢合金，以降低氢压；另一种低压镍氢蓄电池以储氢合金（MH）为负极，氢氧化镍（$Ni(OH)_2$）为正极，氢氧化钾（KOH）溶液为电解质。这种镍-金属氢化物（Ni-MH）蓄电池（简称镍氢蓄电池）与镍镉蓄电池比较，二者的结构相同，只是所使用的负极不同，镍镉蓄电池使用海绵状的镉为负极，而Ni-MH蓄电池使用储氢合金为负极材料。Ni-MH蓄电池有许多独特的优点：能量密度高；可快速充电；低温性能好；可密封，耐过放电能力强；无毒，无环境污染，不使用贵金属；无记忆效应。镍-金属氢化物（Ni-MH）蓄电池被称为环保绿色蓄电池。

4.4.2 镍氢动力蓄电池的工作原理

　　镍氢动力蓄电池由镍氢化合物正电极、储氢合金负电极以及碱性电解液组成。充电时正

极、负极的电化学反应为

$$Ni(OH)_2 - e + OH^- \rightarrow NiOOH + H_2O$$
$$2MH + 2e \rightarrow 2M + H_2$$

放电时正极、负极的电化学反应为

$$NiOOH + H_2O + e \rightarrow Ni(OH)_2 + OH^-$$
$$2M^- + H_2 \rightarrow 2MH + 2e$$

当镍氢动力蓄电池以标准电流放电时,平均工作电压为 1.2V。当蓄电池以 8C 率放电时,端电压降至 1.1V 时,则认为放电完毕。

4.4.3　镍氢动力蓄电池的结构

镍氢动力蓄电池主要由正极、负极、电解液、极板、隔膜等组成。

镍氢动力蓄电池正极是活性物质氢氧化镍,负极是储氢合金,一般用氢氧化钾做电解质,在正负极之间有隔膜,共同组成镍氢单体蓄电池。在金属铂的催化作用下,完成充电和放电可逆反应。

镍氢动力蓄电池的极板有发泡体和烧结体两种,发泡体极板的镍氢蓄电池在出厂前必须进行预充电,且放电电压不能低于 0.9V,其工作电压不很稳定,特别是在存放一段时间后,会有近 20% 的电荷流失,老化现象比较严重,为避免发泡镍氢蓄电池老化所造成的内阻增高,镍氢蓄电池在出厂前必须进行预充电。经过改进的烧结体极板的镍氢蓄电池,其烧结体极板本身就是活性物质,不需要进行活性处理,也不需要进行预充电,与发泡镍氢蓄电池相比,烧结镍氢蓄电池具有电压稳定、低温放电性能好、不易老化和寿命长等优点。

4.4.4　镍氢动力蓄电池的性能特征

与铅酸动力蓄电池相比,镍氢蓄电池除具有比能量高、质量轻、体积小等优点外,还具有如下特点:

1) 比功率高。目前商业化的镍氢蓄电池能做到 1350W/kg。

2) 循环寿命长。目前应用在电动汽车上的镍氢动力蓄电池,80% 放电深度循环可达 1000 次以上,100% DOD 循环寿命也在 500 次以上,远高于铅酸动力蓄电池。镍氢蓄电池在混合动力汽车中可使用五年以上。

3) 无污染。镍氢蓄电池不含铅、镉等对人体有害的金属,在生产和使用中均对环境无污染,为绿色环保动力蓄电池。

4) 使用温度范围宽。正常使用温度范围为 -30~55℃,储存温度范围为 -40~70℃,适合用作动力蓄电池。

5) 安全可靠。短路、挤压、针刺、跌落、加热、耐振动等安全性、可靠性试验均无燃烧、爆炸现象。

镍氢蓄电池的缺点主要有如下几点:

1) 成本高。其价格为相同容量铅酸动力蓄电池的 5~8 倍。

2) 自放电损耗大。

3) 电压低。单体蓄电池电压只有 1.2V,低于其他蓄电池。

4) 蓄电池组热管理要求比较高。

近些年随着电动汽车的发展，Ni-MH蓄电池也受到了普遍的关注，随着镍氢动力蓄电池技术的不断发展，其能量密度、功率密度、循环寿命和快速充电能力还会大幅度提高，价格也将进一步降低。

4.5 钠硫动力蓄电池

钠硫动力蓄电池也是被看好的车用动力蓄电池，美国福特公司的电动汽车使用的就是钠硫动力蓄电池，也曾被美国先进蓄电池联合体（USABC）列为重点研究开发的高能蓄电池之一。

4.5.1 钠硫动力蓄电池的结构原理

钠硫动力蓄电池的结构如图4-4所示。采用熔融状的硫（也可添加石墨）作为正极活性物质，金属钠作为负极活性物质，以三氧化二铝和氧化钠形成陶瓷固态电解质。钠硫动力蓄电池工作时，需保持350~380℃的高温使硫熔融，才能使金属钠形成活性物质Na^+，并发生电化学反应释放出电子。蓄电池放电后其生成产物为多硫化钠（Na_2S_x）。

其化学反应方程式如下

$$2Na + xS = Na_2S_x$$

若蓄电池的温度降低而使得硫凝固时，蓄电池的电化学反应将立即停止。钠硫蓄电池的单体蓄电池用小型钢筒制造，在每个单体蓄电池中装有15g金属钠，其余为硫和电解质。

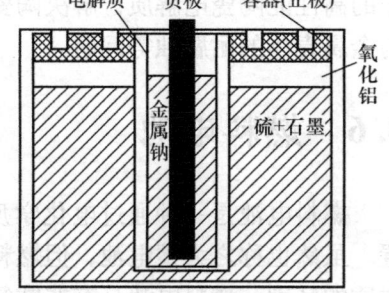

图4-4　钠硫动力蓄电池的结构

4.5.2 钠硫动力蓄电池的性能特点

1. 钠硫动力蓄电池的性能指标

此处以美国福特汽车公司电动汽车使用的MK4型和MK5型钠硫动力蓄电池为例，说明钠硫动力蓄电池的各项性能指标，具体见表4-3。

表4-3　钠硫动力蓄电池的各项性能指标

技术指标	MK4	MK5
质量比能量（3小时率）/(W·h/kg)	80	118
体积比能量（3小时率）/(W·h/L)	124	153
质量比功率（80%DOD/30s）/(W/kg)	101	243
体积比功率（80%DOD/30s）/(W/kg)	156	315

2. 钠硫动力蓄电池的高温工作特点

钠硫动力蓄电池在工作时，硫必须处在熔融状态，才能确保钠硫蓄电池发生化学反应。因此在新的钠硫动力蓄电池充电前，要采用电加热的方法对蓄电池加热到300~350℃，使硫完全融化后再充电，其充电过程十分复杂。钠硫动力蓄电池使用时，化学反应所产生的热量使温升超过300℃，这使得钠硫动力蓄电池可以正常工作。钠硫动力蓄电池在暂时停用时，也需要用电加热的方法使硫保持熔融状态，这给钠硫动力蓄电池的使用带来了很大的不便。钠硫动力蓄电池中的液态硫温度需保持在 300～350℃，而当液态硫温度达到沸腾温度（440℃）时，钠硫动力蓄电池的压力会突然升高，这十分危险。因此必须采用一套温度控制系统来保证其温度低于沸腾温度，其中还需采取一套通风装置来降温。一旦钠硫动力蓄电池中的液态硫溢出时，所产生的 Na_2S 受到碰撞时会引起燃烧。为了确保钠硫动力蓄电池的安全，要求蓄电池具有十分坚固的壳体。

4.5.3 钠硫动力蓄电池的优缺点

钠硫动力蓄电池的主要优点有比能量高（理论上可达 640W·h/kg）、转换效率高（接近 100%）、循环寿命长、无污染、原材料资源丰富等。钠硫动力蓄电池的不足之处是由于使用温度高，存在高温腐蚀、性能不稳定、安全性差等缺点。

目前钠硫动力蓄电池需解决的技术难点主要有如下几个方面：在高温工作状态下需要有一套稳定可靠的温度调节控制管理系统；制造具有足够强度、可靠性好、成本低、能传导离子的高性能陶瓷电解质；解决陶瓷隔膜的老化、与硫接触材料的稳定性；动力蓄电池的密封与金属壳体的耐腐蚀等问题。

4.6 燃料电池

燃料电池是一种通过电化学反应的方式将燃料和氧化剂的化学能直接转化为电能的装置。虽然也称之为蓄电池，但燃料电池无论是原理、结构还是管理方式都与其他蓄电池有着本质的区别。燃料电池具有非常复杂的系统，其活性物质储存在蓄电池外的容器中。燃料电池放电时，电极本身是不发生变化的，只要供给燃料和氧化剂，燃料电池就可以像传统的柴油机、汽油机一样连续工作，而常规动力蓄电池必须充电后才能使用。

早在 1839 年，英国人 William Grove 就首次提出了氢和氧反应发电的原理，建立了氢氧燃料电池的概念。20 世纪 60 年代，美国的空间飞行器开始将氢氧燃料电池作为辅助电源。进入 21 世纪后，由于一次能源的匮乏和环境保护的突出要求，人们开始转向开发利用新的清洁再生能源。燃料电池由于具有能量转换效率高、对环境污染小等优点，因而受到世界各国的普遍重视。

4.6.1 燃料电池的基本原理

燃料电池实质上是电化学反应发生器，其原理非常简单。燃料电池的反应机理是将燃料中的化学能不经燃烧而直接转化为电能。氢氧燃料电池实际上就是一个电解水的逆过程，通过氢氧的化学反应生成水并释放电能。氢气和氧气分别是燃料电池在电化学反应过程中的燃料和氧化剂。

简单的化学方程式为

$$2H_2 + O_2 \rightarrow 2H_2O$$

图 4-5 是燃料电池基本原理简图。其反应过程如下：

1）氢气通过管道或导气板到达阳极。
2）在阳极催化剂的作用下，一个氢分子分解为两个氢离子，并释放出两个电子，阳极反应为

$$H_2 \rightarrow 2H^+ + 2e^-$$

3) 在蓄电池的另一端，氧气（或空气）通过管道或导气板到达阴极，电解质到达阴极，电子通过外电路也到达阴极。

4) 在阴极催化剂的作用下，氧和氢离子与电子发生反应生成水，阴极反应为

$$O_2 + 4H^+ + 4e^- \rightarrow 2H_2O$$

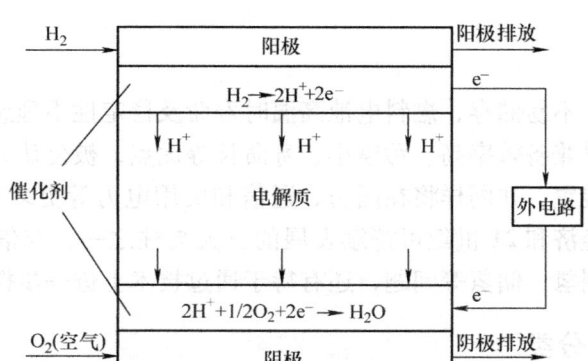

图 4-5　燃料电池基本原理图

与此同时，电子在外电路形成电流，通过适当连接可以向负载输出电能。

从上面燃料电池的工作原理可以看出，燃料电池与普通蓄电池有相同之处，都是通过电化学反应将化学能转换成电能。但两者是有本质区别的，蓄电池是一个封闭系统，封装后它与外界只有能量交换而没有物质交换。当蓄电池内部的化学物质耗尽或反应条件发生变化时，系统就无法继续输出能量。而燃料电池则不同，参与反应的化学物质，如氢和氧，是由燃料电池外部的单独供气系统供给的，只要保证物质供应的连续性，就可以保证能量输出的连续性。从这个意义上来讲，燃料电池相当于一个小型主动运行的发电厂，它高效、无污染地将储存在燃料和氧化剂中的化学能转化为电能，这正是燃料电池与普通蓄电池最大的区别。

4.6.2　燃料电池的特点

1. 能量转换效率高

燃料电池是将储存在燃料和氧化剂中的化学能通过电极反应直接转化为电能，其反应过程不涉及燃烧和热机做功，因此能量转换效率不受"卡诺循环"的限制，理论上燃料电池的化学能转换效率可达100%，实际能量转换效率也已高达60%~80%，是普通内燃机热效率的2~3倍。

2. 良好的环境兼容性

燃料电池是真正意义上的高效清洁能源。燃料电池不仅排放的水量少，而且非常干净，不存在水污染问题。由于没有运动的机械部件，其噪声也很小。

3. 使用寿命长

只要燃料和催化剂能从外部源源不断地供给，燃料电池即可持续不断地发出电能，其使用寿命远高于其他蓄电池。

4. 能源补充快

燃料电池所需的燃料主要是氢，充气或更换氢气瓶一般只需几分钟，比纯电动汽车的动力蓄电池充电时间或更换蓄电池的时间要短得多。

5. 制氢原料多

氢燃料可以从甲烷、天然气、石油气以及其他能分解出氢的烃类化合物获得，来源广泛。

6. 存在的问题

氢燃料不易获取、不易储存，燃料电池高温时寿命及稳定性不理想，蓄电池成本高昂。

由于燃料电池同时兼备效率高、污染小、寿命长等优点，被公认为是今后替代传统内燃机的最理想汽车动力装置，并同样将在国防、通信和民用电力等更多领域发挥其重要作用。燃料电池已被列入新经济和21世纪可持续发展的三大支柱之一，与信息技术、生物技术并驾齐驱。但目前存在制氢、储氢等问题，还有待于通过技术上进一步探索提高来解决。

4.6.3 燃料电池的分类

燃料电池通常可按其工作温度、燃料种类、电解质类型来进行分类。

按照工作温度划分，燃料电池可分为高、中、低温三类。工作温度从常温至100℃，称为低温燃料电池，这类蓄电池包括固体聚合物电解质燃料电池等；工作温度介于100～300℃的为中温燃料电池，如磷酸型燃料电池；工作温度在500℃以上的为高温燃料电池，这种类型的蓄电池包括熔融碳酸盐蓄电池和固体氧化物燃料电池。

按照燃料的种类划分，燃料电池可分为直接式、间接式和再生燃料电池三类。直接式燃料电池，即燃料直接使用氢气；间接式燃料电池，其燃料不是直接使用氢气，而是通过某种方法把甲烷、甲醇或其他烃类化合物转变成氢或富含氢的混合气后再供给燃料电池；再生燃料电池，把燃料电池生成的水经适当方法分解成氢和氧，再重新输送给燃料电池进行发电。

燃料电池还可按其电解质类型进行分类，这是目前最常用的燃料电池分类方式。可分为质子交换膜燃料电池、碱性燃料电池、磷酸燃料电池、固体氧化物燃料电池和熔融碳酸盐燃料电池五大类。按电解质划分的各类燃料电池的特性见表4-4。

表4-4 按电解质类型划分的燃料电池的特性

蓄电池种类	质子交膜燃料电池	碱性燃料电池	磷酸燃料电池	固体氧化物燃料电池	熔融碳酸盐燃料电池
充电时间/h	10s～几分钟	4～12	4～10	12～36	3～4
充放电次数	500000	400～600	400～500	>500	1000
工作电流	极高	高	高	高	中
记忆效应	无	轻微	有	有	很轻微
每月自放电率	高	3%	25%（中）	20%（中）	5%～10%
质量能量密度/[(kW·h)/kg]	4～10	30	50	60～80	100～200
功率密度/(W/kg)	>10000	<10000	>1000	<1000	>1000

(续)

蓄电池种类	质子交换膜燃料电池	碱性燃料电池	磷酸燃料电池	固体氧化物燃料电池	熔融碳酸盐燃料电池
安全性	优	一般	良	良	差
环境	零污染	有污染	基本无污染	基本无污染	基本无污染
优点	空气作为氧化剂，固体电解质，室温工作，启动快	启动快，常温常压下工作	成本相对较低	可用空气作为氧化剂，可用天然气或甲烷作为燃料	可用空气作为氧化剂，可用天然气或甲烷作为燃料
缺点	对CO敏感，反应物需要加湿	需纯氧，成本高	对CO敏感，启动慢	工作温度较高	工作温度较高
应用情况	汽车	航天	工业用200kW蓄电池	100kW试验电厂	280kW～2MW试验电厂

4.6.4 常见燃料电池

1. 质子交换膜燃料电池（Proton Exchange Membrance Fuel Cell，PEMFC）

1) PEMFC 工作原理。图 4-6 所示为质子交换膜燃料电池的原理图。H_2 和 O_2 通过双极板上的导气通道分别达到蓄电池的阳极和阴极，之后通过电极上的扩散层、催化层到达质子交换膜，在膜的阳极一侧，氢气在阳极催化剂的作用下解离为 H^+ 和 e^-，H^+ 以水合质子 H^+（xH_2O）的形式在质子交换膜中转移，最后到达阴极，实现质子导电。H^+ 的这种转移导致阳极出现带负电的电子积累，从而变成一个带负电的端子（即负极）。与此同时，阴极的 O_2 在催化剂作用下与阳极过来的 H^+ 结合，使得阴极变成带正电的端子（即正极），其结果就是在阳极的

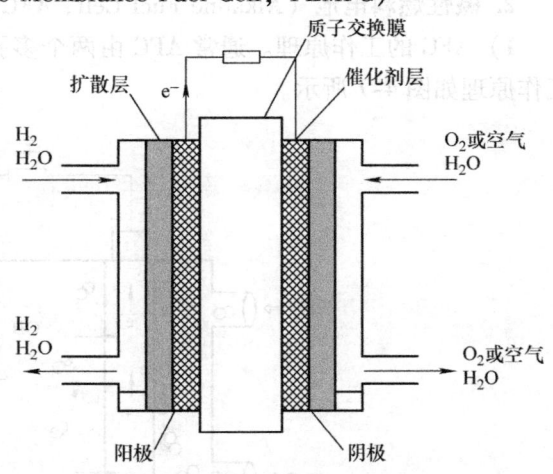

图 4-6 质子交换膜燃料电池工作原理

带负电终端和阴极的带正电终端之间产生了一个电压。如果此时通过外部电路将两极相连，电子就会通过回路从阳极流向阴极，从而产生电能。

2) PEMFC 的特点。PEMFC 具有效率高、结构紧凑、质量小、比功率大、不受 CO_2 的影响、燃料来源比较广泛等优点。PEMFC 的最大优势在于工作温度，其最佳工作温度是 80～90℃，在室温下也可以正常工作，所以特别适合用作动力蓄电池。PEMFC 最有希望替代内燃机而成为汽车动力源。

3) 质子交换膜。质子交换膜是此燃料电池的核心部件，要满足如下基本要求：较长的使用寿命；较低的制造成本；较高的质子电导率和电子绝缘性；在 100℃ 以上仍有较高的含水量和电导率，以便提高燃料电池的工作温度；热稳定性和化学稳定性（耐酸碱和抗氧化性）高；良好的力学性能，具有足够的强度和柔韧性等。

质子交换膜以后的发展方向主要包括：将材料的改性与膜形态的改性相结合，在增加质

子传导性的同时,提高膜的稳定性;改变膜的质子传导机理,提高膜在高温下的质子传导性能,开发高温质子交换膜燃料电池;开发新材料、改进装备工艺,大幅降低质子交换膜的成本,从而进一步降低质子交换膜燃料电池的成本。

开发导电性能优良、价格经济、高温性能好、甲醇渗透率低的新型质子交换膜是质子交换膜燃料电池研究的重点。

4) PEMFC的应用。根据PEMFC的使用特点,其应用可分为固定型和移动型两大类,前者主要为燃料电池发电厂用或家用,后者主要为车用和便携式电子器具使用。

PEMFC在发电厂的应用还面临技术不完善和发电成本高等问题,与其他发电方式无法竞争,无法用于大容量发电厂发电,目前多用于饭店、宾馆、医院或工厂等小容量场所,作为备用电源。

移动型PEMFC主要用作笔记本计算机等便携式电子器件的电源和军用便携式电源,应用比较广泛。PEMFC也比较适合作为车用动力蓄电池,近几年以PEMFC为动力源的电动汽车的发展势头已经超过了动力蓄电池电动汽车,美国、欧洲和日本等的传统汽车制造厂商都加紧开发PEMFC技术。

2. 碱性燃料电池(Alkaline Fuel Cell,AFC)

1) AFC的工作原理。通常AFC由两个多孔电极以及多孔电极之间的碱性电解质组成,工作原理如图4-7所示。

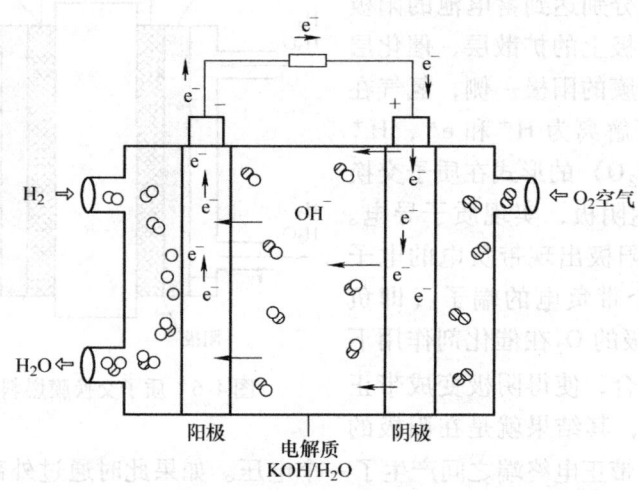

图4-7 碱性燃料电池工作原理

具体过程:在阳极催化剂的作用下,氢气与碱中的OH^-在阳极发生电化学反应,生成水,解离出电子,反应的标准电极电势为0.828V;电子通过外电路到达阴极,在阴极催化剂的作用下,与阴极的氧气和水反应生成OH^-,反应的标准电极电势为0.401V,生成的OH^-通过饱浸碱液的多孔石棉膜迁移到氢电极,蓄电池的标准电势为1.229V。

反应方程式如下:

阳极:$H_2 + 2OH^- \rightarrow 2H_2O$ $\varphi_0 = -0.828V$

阴极:$1/2O_2 + H_2O + 2e^- \rightarrow 2OH^-$ $\varphi_0 = 0.401V$

总反应:$H_2 + 1/2O_2 \rightarrow H_2O$ $E_0 = 1.229V$

从上述方程式可以看出,阳极侧产生水,而阴极侧氧气还原消耗水,需要等速地从阳极侧排出反应生成的水,从而维持电解液浓度的恒定。KOH 和 NaOH 溶液以其成本低、易溶解、腐蚀性低的特点成为 AFC 首选的电解质。

2) AFC 的特点。AFC 工作温度低,可以用价格低的耐碱塑料制作蓄电池本体;可以用镍作催化剂,而不需要用高价的铂。缺点是蓄电池对燃料中的 CO_2 敏感,电解液与 CO_2 接触会生成碳酸根离子,从而影响输出功率;另外 AFC 需要冷却装置维护其较低的工作温度。

3) AFC 的应用。碱性燃料电池是最早研究成功并得以应用的燃料电池。20 世纪 60 年代,AFC 用于阿波罗号航天飞机,这是 AFC 首次出现在实际应用中。目前 AFC 是技术最成熟的燃料电池之一。

3. 磷酸燃料电池(Phosphoric Acid Fuel Cell,PAFC)

1) PAFC 的原理。PAFC 是以磷酸为电解质,由两块涂有催化剂的多孔碳素板电极和经浓磷酸浸泡的碳化硅系电解质保持板组合而成。通过具有隔离与集流双功能的双极性板,将单蓄电池串联成蓄电池组。燃料气中的氢气在正极表面反应生成氢离子并释放出电子,而氢离子通过电解质层迁移至负极,其电极反应与 PEMFC 一样。其与 PEMFC 及 AFC 不同之处是它不需要纯氢作燃料。

2) PAFC 的特性。PAFC 最大的特点是其电解质为酸性,克服了 AFC 中的 CO_2 造成的电解质变质问题,这样 PAFC 就可以使用煤燃料改质而得到的含有 CO_2 的改质气体。此外由于可以采用加压水冷的冷却方式,PAFC 的冷却系统就可以做得比较小,其排出的热量还可以作为空调的暖风,具有综合的效率。

PAFC 的缺点也比较明显,主要是成本高。PAFC 的催化剂是贵金属 Pt,若燃料气中 CO 含量过高,则催化剂容易毒化而失去催化活性,这也是阻碍其普及的主要原因。

3) PAFC 的应用。PAFC 是目前使用最多的燃料电池之一。采用 PAFC 的 50~250kW 的独立发电设备可用于医院、旅馆等,作为分散的发电站。

4. 固体氧化物燃料电池(Solid Oxide Fuel Cell,SOFC)

1) SOFC 的原理。SOFC 是在 1000℃ 高温区工作的固体电解质蓄电池。蓄电池燃料是 HC 或 CO,电解质为一些金属氧化物的混合物烧结成的陶瓷体。其工作原理如图 4-8 所示,O_2 在阴极被还原形成 O^{2-};O^{2-} 穿过固体电解质材料到达阳极,和阳极上的燃料反应,释放电子,并形成和燃烧过程一样的产物;电子经过外电路做功,最后回到阴极。

2) SOFC 的特点。SOFC 的效率非常高,热电联供时可达 80% 以上。SOFC 的操作温度也非常高,通常为 700~1000℃。此高温对连接材料、密封材料的性能提出了更高的要求,使得 SOFC 的价格居高不下,如何降低 SOFC 的操作温度现已成为科研人员关注的技术之一。

3) SOFC 的应用。总体来讲,SOFC 结构简单,效率也比其他燃料电池高很多。另一方面,SOFC 对电解质、电极、连接材料的要求近乎苛刻,这在一定程度上影响了 SOFC 的应用。目前 SOFC 多用于独立工作的场所或偏远地区小型电厂。

5. 熔融碳酸盐燃料电池(Molten Carbonate Fuel Cell,MCFC)

MCFC 是一种高温燃料电池,较高的操作温度使其能够直接将天然气作为燃料,而不需要对燃料进行预处理,并能使用来自工业过程的低热值气体。MCFC 在 20 世纪 60 年代被开发出来,现在在制备方法、性能和寿命等方面都有了很大改进。

1) MCFC 的原理。MCFC 使用熔融碳酸盐混合物作为电解质,常用的熔融碳酸盐混合

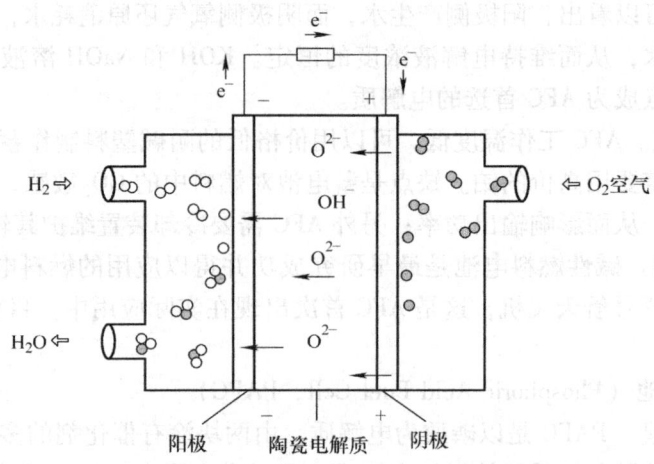

图 4-8 固体氧化物燃料电池工作原理

物有两种：CO_3Li_2 与 CO_3K_2 的混合物和 CO_3K_2 与 CO_3Na_2 的混合物。在 600~700℃ 的温度下，这些碳酸盐的混合物成为高传导性的熔融盐，电解质中的 CO_3^{2-} 离子能够自由流动，在电场的作用下，从蓄电池的阴极流向阳极，提供离子传导。在阳极，氢气与从电解质隔膜迁移过来的 CO_3^{2-} 发生反应，生成 CO_2 和 H_2O，并释放电子；而阳极产生的电子则通过外电路到达阴极，与 O_2 和 CO_2 相结合，生成 CO_3^{2-}。

2）MCFC 的特性。MCFC 主要有如下优点：可以使用石化燃料；不需要使用贵金属作催化剂；产生的多余热量可以再利用；蓄电池反应过程中不需要使用水介质，避免了负载的水管理系统。但 MCFC 对温度要求过于敏感：超过 700℃ 高温环境中，熔融盐对电极的腐蚀将非常明显，从而可能会引发电解质泄漏；低于 600℃ 时阴极极化现象将会加重。

3）MCFC 的应用。目前美国和日本均在 MW 实验电厂中对 MCFC 进行示范运行，对蓄电池的寿命、性能和系统可靠性做进一步研究。MCFC 不适合用作电动汽车动力源。

4.7 蓄电池性能的检测方法

蓄电池是电动汽车的动力源或辅助动力源，在电动汽车设计制造或使用时，需要了解蓄电池的多种性能以便评价和选用。相关标准检验的性能指标主要为 3h 放电率的额定容量、大电流放电效率、低温放电性能、过放电性能、安全性、荷电保持能力、循环耐久能力、耐振动和储存性能等。对二次蓄电池来说，因为蓄电池的机理不同，其检测所用的设备和方式有一定区别，为此应该掌握对不同种蓄电池的检测，使用不同的检测设备和仪器。

4.7.1 蓄电池充放电性能测试

充电过程中的主要参数有充电接受能力及充电的最高电压。蓄电池充电测试的基本电路由电源、电流电压检测设备、控制设备及记录设备等组成。也可以使用蓄电池的性能测试仪，进行自动检测，如图 4-9 所示。

所谓充电效率是指在充电时充入蓄电池的电能与所消耗总电能的百分比。充电电流大小、充电方法、充电时的温度直接影响充电效率。一般来说，充电初期效率高，充电效率接近100%，充电后期由于电极极化的因素，充电效率低，电极上伴随着大量的气体析出。

充电的最高电压是充电过程的另一个重要指标。充电电压低，说明蓄电池在充电时的极化小，充电效率高，使用寿命长。

蓄电池的耐过充能力是说明蓄电池在处于极端充电的条件下，也有较好的使用性能。例如Ni–MH蓄

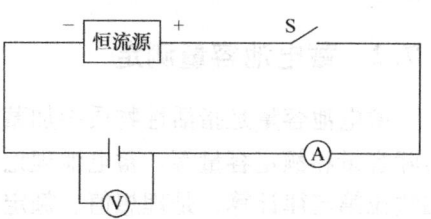

图4-9 蓄电池的性能测试仪

电池，要求在1C充电率下，蓄电池充电90min应无泄漏，充电6h内不发生爆裂。

放电制度主要是指放电时间、电流、环境温度及终止电压等。蓄电池的放电方式主要有恒流放电或恒阻放电，还有恒压放电、定电压放电、连续放电和间歇放电等。最常用的是恒流放电法和恒阻放电法。

1. 恒流放电法

恒流放电系统由恒流源、电流及电压检测记录装置组成。恒流源可以由电子稳流电路组成或用恒压源与电阻构成。

放电过程可以采用人工记录、自动记录或通过数据采集用计算机来自动记录，也可以采用专门设备，如BS—9300、DK—2010等蓄电池性能测试仪。常用放电电流、放电曲线和放电时间率来表示蓄电池的放电性能。放电电流的大小直接影响蓄电池的放电性能。因此，在标注蓄电池的放电性能时，应标明放电电流的大小。蓄电池的工作电压是衡量蓄电池放电性能的一个重要指标。放电曲线反映了整个放电过程中工作电压的变化过程。工作电压是个变化量，常以中点电压表示，如Ni–MH蓄电池1C放电时，中点电压即指放电30min后所测蓄电池电压。放电时间率是指蓄电池放电至电压值的放电时间占总放电时间的比值。如Ni–Cd蓄电池以1C放电至1.0V的放电时间为60min，其标称电压为1.2V，蓄电池放电至1.2V的时间为48min，那么计算放电至1.2V的时间与总放电时间的比率为80%（即48/60），习惯上把放电时间率称为蓄电池的电压特性。良好的电压特性可以保证蓄电池输出功率高，并可以使用电设备长时间处于工作电压范围内（电压稳定），有利于实际应用中蓄电池容量的发挥。

2. 恒阻放电法

恒阻放电是指放电过程中保持负荷电阻为一定值，放电至终止电压的放电方法，用放电过程中电压随时间的变化表示放电特性，检测电路如图4-10所示。

恒阻放电有连续放电、间歇放电和交替放电三种方式。每隔一定时间测量一次蓄电池电压，直至电压第一次低于规定终止电压时为止。放电时间按蓄电池开始放电至电压降至终止电压时的累计时间计算。若最后两次测得的电压值，一次高于终止电压，另一次低于终止电

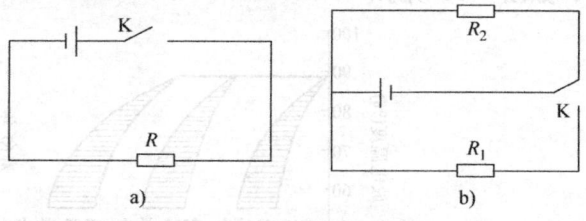

图4-10 检测电路

压时，则放电时间可用线性插值法取得。也可以采用连续记录仪或数据采集卡，用计算机自动采集数据，以获得非常准确的放电时间和自动绘制出的放电曲线图。

4.7.2 蓄电池容量测定

蓄电池容量是指活性物质参加蓄电池成流反应时所有的电量。其容量可分为理论容量、实际容量和额定容量等。蓄电池理论容量是指蓄电池活性物质全部参加成流反应时的电量,用法拉第定律计算,是理想值。额定容量是指设计和制造蓄电池时,规定或保证蓄电池在一定放电条件下应该放出的最低限度的电量,又称标称容量。实际容量是指在一定放电条件下,蓄电池放出的实际电量。因放电条件不同,实际容量也会不同。因此,实际容量取决于容量较小的那个电极,一般在实际生产活动中使负极容量过剩(即负极面积大),限定整个蓄电池容量的是正极电容量。

蓄电池容量的测定方法与蓄电池放电性能测定方法基本相同,有恒流放电法、恒阻放电法、恒压放电法、定电压放电法、定电流放电法、连续放电法和间歇放电法等。恒流放电法的基本表达式为

$$C = It \tag{4-1}$$

需要特别强调的是放电容量与放电电流有密切关系,与放电温度、充电制度、搁置时间都有较大关系。如在相同的充电制度下,蓄电池的自放电性能对蓄电池容量有影响。搁置10min与搁置1h再测试蓄电池容量,其结果也会有差别。

恒阻放电法中,放电电流不是定值。放电开始时电流较大,然后逐渐减小。放电电阻越大,放电电流越小,放电曲线越平缓,电容量也越大。容量基本表达式为

$$C = Ut/R \tag{4-2}$$

式中,U 为平均放电电压,即蓄电池刚放电时的初始工作电压与终止电压的平均值;R 为放电电阻;t 为放电时间。

4.7.3 蓄电池循环次数测试

在一定的充放电制度下,蓄电池容量降至某一定值之前,蓄电池所能承受的循环次数,称为循环寿命,这是动力蓄电池的又一主要性能指标。我国电动道路车辆用动力蓄电池标准规定,锂离子动力蓄电池循环寿命不得小于300次,铅酸动力蓄电池循环寿命不得小于400次。其实影响动力蓄电池循环寿命的因素很多,如电极材料、电解液、隔离膜及制造工艺和使用中的环境温度等。过高或过低的充电电压、放电深度等,将大大缩短蓄电池的使用寿命,如图4-11所示。

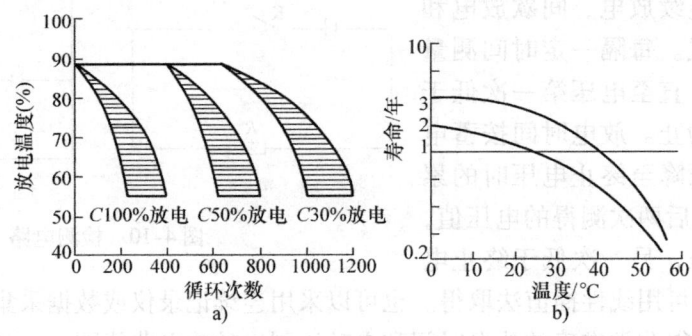

图4-11 循环次数及温度对使用寿命影响

对于不同类型的蓄电池循环寿命的测试规定是不同的。可以按相关国家或行业标准进行。也可以采用快速检测方法，如以 Ni–MH 蓄电池为例，一单体 Ni–MH 蓄电池，标称容量为 1200mA，进行快速循环寿命测试的循环条件为 1200mA 充电 75min，充电结束条件为电压降 10mV，搁置 10min 后，再以 1200mA 充电至 1.0V，搁置 10min，这样反复循环，直至容量衰减至其标称容量的 80% 为止，同时记录其中值电压第 30min 的放电值，测试结果如图 4-12 所示。

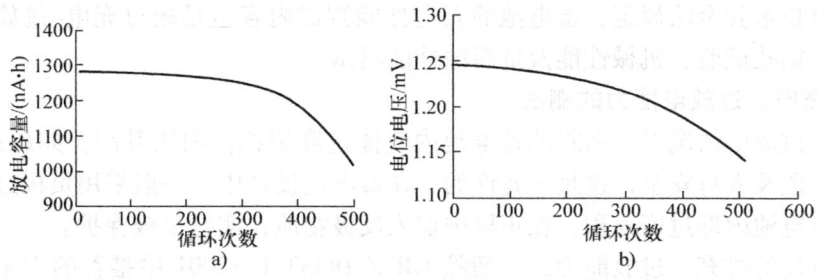

图 4-12　测试结果

4.7.4　蓄电池内阻测定

电流通过蓄电池时所受到的阻力称为蓄电池内阻。同类蓄电池，一般说来，内阻小则蓄电池的电压特性好，蓄电池内阻是电极的电化学反应时所表现的极化电阻和欧姆电阻的总和。欧姆电阻是电极材料、电解液、隔离膜电阻几个部分零件的接触电阻之和。

蓄电池内阻大小随蓄电池类型不同而不同。如 Ni–MH 蓄电池内阻一般为 15~50Ω，铅酸蓄电池的内阻为 10Ω，Ni–Cd 蓄电池为 30~100mΩ。蓄电池内阻与普通电阻组件不同，它是有源组件，必须用方波电流法、交流电桥法、交流阻抗法、直流伏安法、短路电流法或脉冲电流法等特殊方法测量。实际上，在工程检测中多用专门内阻仪检测，常见的内阻检测仪原理一般采用交流法。它把蓄电池等效于一个有源电阻，给被测蓄电池通以恒定交流电流（一般为 1000Hz、50mA），然后对其进行电压采样、整流滤波等一系列处理，从而测得较精确的内阻。

4.7.5　自放电及储存性能测试

在静止开路状态时，电能容量下降的现象称为自放电。蓄电池的储存性能是指蓄电池开路时，在一定温度、湿度条件下，储存时能量下降率的大小。不同类型的动力蓄电池其自放电程度也不同。如空气蓄电池的自放电很小，Ni–MH 蓄电池的自放电较大，Ni–Cd 蓄电池、锂离子蓄电池相对较小。在储存过程中，容量下降主要由于化学电源两个电极之间的自放电引起的，自放电产生的原因有电极的腐蚀、活性物质的溶解、电极上发生的歧化反应（同一物质的分子中同一价态的同一元素间发生的氧化还原反应）、活性物质的钝化、蓄电池组成材料的分解变质等。

自放电速率用单位时间内容量降低的百分数表示，即

$$R_Z = \frac{C_0 - C_n}{C_0 T} \times 100\% \tag{4-3}$$

式中，R_z 为自放电速率；C_0 为储存前容量；C_n 为储存 T 时间后的容量；T 为储存时间。

在实际使用中常用保持率 R_b 来表示，计算公式为

$$R_b = C_0/C_n \times 100\% \tag{4-4}$$

蓄电池保持率也称蓄电池容量剩余百分比、荷电保持能力等。

4.7.6 安全性测试

根据国家技术安全法规定，蓄电池的安全性能测试内容包括耐过充电/过放电能力、短路、耐高温、钻孔试验、机械性能及抗腐蚀性能测试。

1. 耐过充电、过放电能力的测试

过充电、过放电情况下，密封的蓄电池内气体过度累积，内压升高，如超过设计极限，会发生爆裂，危及人身安全，这是不允许的。在蓄电池设计中，一般采用负极过量的方式来避免气体在蓄电池内部过度累积，在正极中加入反极物质，实行反极保护。

测试蓄电池的过充、过放能力，一般按 GB/Z 18333.1—2001 中推荐的方法进行。如连续充电试验。即在 (20 ± 5)℃ 条件下，采用恒压充电，控制起始电流小于或等于 I_1（A）电流，当某一蓄电池最早到达充电终止电压（最高达 4.2V）时，蓄电池组应能自动停止充电，连续操作 5 次，充电保护装置均应动作。再如采用过放电和过充电动力蓄电池法。第一步在 (20 ± 5)℃ 条件下，先以 I_3（A）电流放电，当某一蓄电池达到放电终止电压（2.52V）时，就使用生产厂提供的或推荐的专用充电器，在 (20 ± 5)℃ 条件下充电到充电终止电压（4.2V）。第二步在 (20 ± 5)℃ 条件下，以 I_3（A）电流放电，直至某个蓄电池电压为零，然后蓄电池在 (20 ± 5)℃ 条件下，用 I_3（A）电流充电直至某个蓄电池电压达到 0.5V。标准规定经过以上两种试验后蓄电池不能出现漏液、放气、爆炸、起火和产生明显形变等异常现象。

2. 短路测试

在短路测试时，电路可能会出现喷、泄等情况。通常应有较好的防护措施。常见的测试条件如下：将蓄电池充足电，在室温下将蓄电池两极短接 1h，允许有泄漏发生，但蓄电池不能起火或爆炸。

3. 耐高温测试

蓄电池禁止投入火中，并对蓄电池规定有适当的储存或使用温度条件。一般耐高温测试温度分为高温、低温两个阶段。高温区测试即投入火中进行测试，低温区温度为 100～200℃。低温区有两种方法：一是将要测试的蓄电池充满电后投入沸水中（100℃），保持 2h，蓄电池应无爆炸泄漏；二是将充满电的蓄电池放入 150℃ 的恒温箱中保持 10min，蓄电池应无爆炸泄漏。

4. 钻孔试验

在受到外界尖锐物体的冲击时，蓄电池可能会被刺破外壳，若刺入物是金属，则正负极会短路，带来一定的危险。应进行钻孔试验，钻头应为导电性的，测试条件：钻头为 $\varphi 1.0$mm，径向钻穿，允许蓄电池有漏液发热，但不允许爆炸。因为此试验属破坏性试验，要有安全措施和设备，确保安全。

5. 机械性能试验

常用的机械性能试验有碰撞试验和振动试验。按 GB/Z 18333.1 - 2001 规定进行。在

(20±5)℃条件下,将蓄电池从1.0m高度上跌落到木板上,一个方向进行两次跌落试验。观察蓄电池是否有电解液泄出、爆炸,并不产生明显的形变缺陷。

国标中对电动道路车辆动力蓄电池规定的耐振动性能试验分三步进行:

1)用生产厂家提供的专用充电器,按规定的充电方法将蓄电池充满电。

2)将充满电的蓄电池安装在振动试验台上,使蓄电池以I_3(A)电流放电。

3)使动力蓄电池以30~35Hz频率上下方向振动,振动的动力蓄电池最大加速度为30m/s²,时间为2h,并观察蓄电池放电电压是否有异常变化及蓄电池是否有泄漏等情况。

6. 抗腐蚀性能测试

抗腐蚀测试一般为电化学测试法,即盐雾试验法。测试时,将蓄电池暴露于测试箱内,并向测试箱中喷入经雾化的试验溶液,细雾在自重作用下均匀地沉降在试样的表面,试验溶液为5%的食盐溶液,其中总固体含量不超过20μg/g,pH为6.5~7.2。试验时盐雾箱内温度应保持恒定。蓄电池在盐雾箱内的时间为48h,试验后,蓄电池容量应有明显的降低,外壳金属部分不应有多处锈迹,不得有锈孔和明显点蚀,不准有泄漏、爆炸。

4.7.7 超级电容器性能检测方法

超级电容器性能检测方法有多种,本节重点介绍容量、内阻、自放电检测方法。

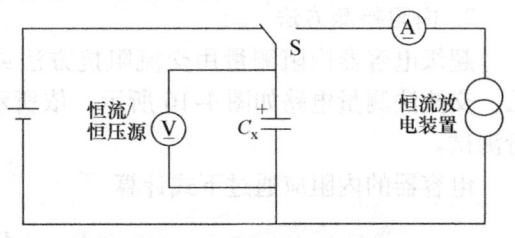

图4-13 恒流放电测量电路图

1. 容量检测方法

容量检测可以采用恒流放电和恒电阻放电两种方法。

1)恒流放电法。恒流放电测量电路如图4-13所示。

测量方法依以下步骤进行。

① 恒流/恒压源的直流电压设定为额定电压。

② 设定表4-5中规定的恒电流放电装置的恒定电流值。

表4-5 恒定电流值

分类	分类1	分类2	分类3	分类4
应用	后备记忆	能量存储	功率	瞬时功率
充电时间/min	30	30	30	30
I/mA	1C	0.4C	4C	40C
U_1/V	充电电压的80%值(0.8×U_R)			
U_2/V	充电电压的40%值(0.4×U_R)			

③ 将开关S切换到直流电源,除非分立标准中另有规定,在恒流/恒压源达到额定电压后恒压充电30min。

④ 在充电结束后,将开关S变换到恒流放电装置,以恒定电流进行放电。

⑤ 测量电容器两端电压充U_1到U_2的时间t_1和t_2,如图4-14所示。

根据下列等式计算电容量值。

$$C = \frac{I \times (t_2 - t_1)}{U_1 - U_2} \tag{4-5}$$

式中,C为容量(F);I为放电电流(A);U_1为测量初始电压(V);U_2为测量终止电压

（V）；t_1 为放电初始到电压达到 U_1 的时间（s）；t_2 为放电初始到电压达到 U_2 的时间（s）。

2）恒电阻放电法。恒电阻放电测量电路如图 4-15 所示，根据图中所示测量电路进行测量。

进行测量前，将电容器两端短路 30min 以上进行充分放电；当施加直流电压 U_R 时，测量时间常数 τ，通过下列等式计算电容量值。

$$C = \frac{\tau}{R} \tag{4-6}$$

式中，τ 为充电至 $0.632U_R$ 的时间（s）；R 为串联电阻（Ω）。

测量中应当选择 R 值使 τ 为 60~120s，以便于精确计算。

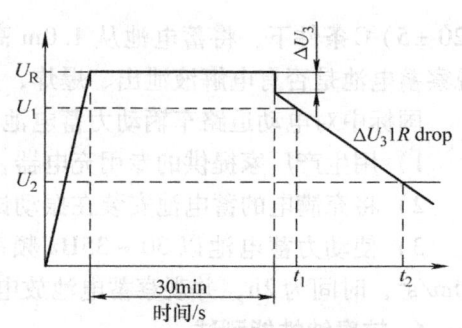

图 4-14 测量电容器

2. 内阻检测方法

超级电容器内阻测量用交流阻抗方法或直流电阻方法。交流法测量电路如图 4-16 所示，依所示测量电路进行测试。

电容器的内阻应通过下式计算

$$R_a = \frac{U}{R} \tag{4-7}$$

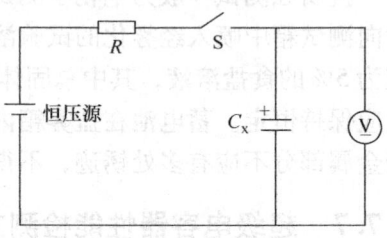

图 4-15 恒电阻放电测量电路

式中，R_a 为交流内阻（Ω）；U 为交流电压有效值（V）；I 为交流电流有效值（A）。

测量电压的频率应为 1kHz；交流电流应为 1~10mA。

直流阻抗方法是采用恒流放电方法测量，采用额定电压。用电压记录仪测量电容器端电压，如图 4-16 所示，将开关切换至直流源，当直流恒压源达到额定电压后施加电压充电 30min。在充电结束后，切换开关至恒流放电装置，以规定的恒定电流进行放电。用电压记录仪记录电容器端电压随时间变化。由电压记录仪得到的电压与时间成直线部分绘制辅助线，从辅助线与放电电压交点开始读取电压降 ΔU_3，如图 4-17 所示，根据下式计算内阻 R_d。

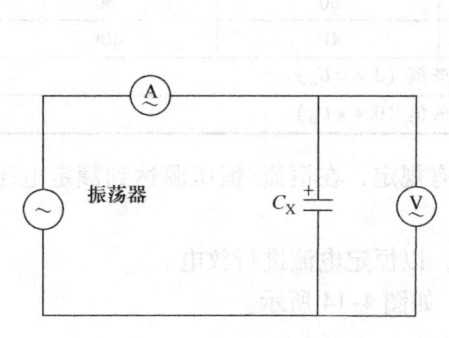

图 4-16 交流法测量电路

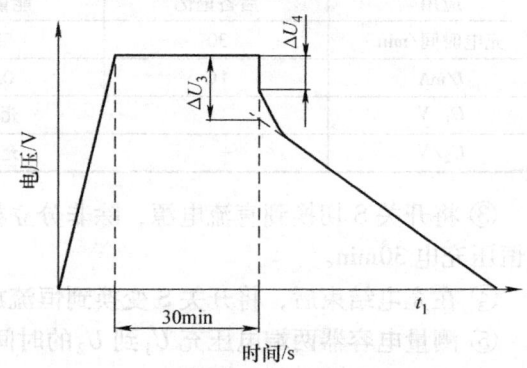

图 4-17 电容器端电压随时间变化曲线

$$R_d = \frac{\Delta U_3}{I} \tag{4-8}$$

式中，R_d 为直流内阻（Ω）；ΔU_3 为电压降（V）；I 为放电电流（A）。

电压降不表示从放电开始点的连续降落电压 ΔU_4，而是从曲线的直线部分作辅助线延长至与放电开始点交叉得到的 ΔU_3。

3. 自放电检测

超级电容器也存在自放电现象，按照图 4-18 所示进行检测。测量开始前，电容器应进行充分放电。放电过程持续 1~24h。在电容器两端直接施加电压 95% 的最大 30min 充电时间。将电容器两端从电压源断开。电容器应置于标准条件下 16h 或 24h。直流电压表的内阻应大于 1MΩ。

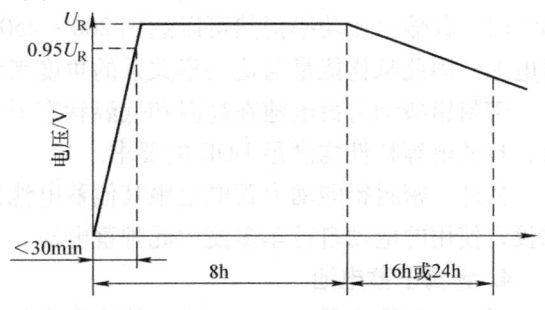

图 4-18 超级电容器自放电检测曲线

4.8 蓄电池的技术水平和发展方向

出于节能和减排的目的，工业发达国家都非常重视开发零排放电动汽车或混合动力电动汽车。虽然电动汽车技术取得了长足进步，但目前电动汽车的综合性能仍没有达到燃油车的水平，当前困扰世界各国电动汽车发展的关键因素主要是动力蓄电池。

4.8.1 当前几种动力蓄电池的技术水平

1. 镉镍动力蓄电池

该蓄电池高功率输出特性很好，早已试用于混合动力电动汽车和货车上。SAFT 汽车蓄电池当荷电状态 SOC 为 100% 时，在 15s 内输入功率密度达到 500W/kg；即使 SOC 为 50% 时也可以达到 350W/kg；此外，其低温放电特性和循环寿命都很好，均可以满足 DOE 提出的要求。它在荷电状态为 30%~70% 范围内的充电接受能力也非常好。

但另一方面，镉镍蓄电池的高温循环寿命较差，它在放电过程以及充电末期是放热的，在 52℃ 以上时很难工作。该型蓄电池具有"记忆效应"，需要经常进行调整。

从蓄电池的性能和使用成本来看，镉镍蓄电池可以作为混合动力电动汽车的辅助动力源。但因该蓄电池使用的镉是剧毒物质，现今一些国家已禁止使用镉镍蓄电池。

2. 金属氢化物—镍蓄电池

该蓄电池具有较高的功率密度，约为 500~1000W/kg，甚至在 SOC 为 50% 时也具有很好的充电接受能力。但这种蓄电池在高功率输出时比能量下降得很快，即在允许的 SOC 变化范围内难以满足 300~400V 的要求。

另外，它与镉镍蓄电池一样，在 52℃ 以上的高温时，其循环寿命和充电接受能力都有明显下降，因为它在充电过程中也是放热的。

总的看来，这种蓄电池能适用于混合动力电动汽车中的辅助动力源，此时蓄电池的输出较热机小得多，但对于纯电动推进或在混合动力电动推进系统中蓄电池输出与热机相当时，这种蓄电池是接近于 DOE 电动汽车发展要求的。

3. 密封铅酸动力蓄电池

这种蓄电池的比能量不高，只有 35~50W·h/kg；比功率为 200~500W/kg，也不算突出,但是它们之间的平衡关系却是位居各动力蓄电池之首。例如它的荷电状态从100%降到50%时,其输出比功率仍然可以达到200~250W/kg,远优于镉镍蓄电池和金属氢化物—镍蓄电池。因此从比能量与比功率关系的角度来看,这种蓄电池满足了DOE的下限要求。

密封铅酸动力蓄电池在高温和低温状态下的输出功率、比能量、充电接受能力、循环寿命、自放电等特性均满足DOE的要求。

另外,密封铅酸动力蓄电池跟其他蓄电池比起来,它具有得天独厚的价格优势,目前我国投入使用的电动自行车多使用此种蓄电池。

4. 锂离子蓄电池

近十几年锂离子蓄电池在国内外均发展很快,在手机、笔记本电脑等电气设备中得到了广泛应用。锂离子蓄电池循环寿命高、充电能力很好,其130W·h/kg的比能量也远优于其他动力蓄电池,其自放电小,因而可以在高荷电状态下工作。以上优势使得锂离子蓄电池在电动汽车领域应用也逐渐广泛。

锂离子蓄电池在使用过程中的最大困难,是必须严格控制充放电电压和安全性,单蓄电池充电电压必须低于4.2V,否则将会有爆炸危险,因而成组蓄电池的均匀性要求特别严格。目前锂离子蓄电池的价格还很高,若要批量投入市场,必须大幅度降低蓄电池成本。

5. 锂聚合物蓄电池

它是在锂离子蓄电池的基础上发展起来的新型蓄电池,由于采用滚压式电极制造工艺,蓄电池可以做得很薄,降低了蓄电池内阻,高速率放电性能与锂离子蓄电池基本一致。为了提高它的输出特性,要求在高温下进行工作。

锂聚合物蓄电池之所以引起电动汽车业界的重视,在于它有很高的比能量,日本汤浅公司生产的800mA·h容量的手机蓄电池,其比能量达到180W·h/kg。

这种动力蓄电池开发的时间较短,工艺也不成熟,用作动力蓄电池而必须考核的一些性能指标数据尚且不足。但从目前的分析来看,其电气性能与锂离子蓄电池相当。

6. 超级电容

超级电容准确地说应称为电化学双电层电容,它是一种比传统电容更优秀、档次更高的电容器。事实上这种新型储能器件的出现,使得电容器的极限容量上升了3~4个数量级,达到了10^3 F/g以上的大容量。

超级电容类似于充电蓄电池,但同时又保持了传统电容器释放能量速度极快的特点,因此比一般的充电蓄电池具有更高的比功率和更长的循环寿命,其比功率可达1kW/kg,循环寿命在1万次以上。超级电容器在充放电的整个过程中,没有任何化学反应和机械运动,因此具有对环境无污染、无噪声、结构简单、质量轻、体积小、充放电效率高、工作温度范围宽等优点。超级电容作为电力储能装置,它的最大不足是比能量很小,因此它在电动汽车上主要作为辅助能源。

7. 燃料电池

燃料电池实质上是电化学反应发生器。燃料电池的反应机理是将燃料中的化学能不经燃烧而直接转化为电能。如氢氧燃料电池实际上就是一个电解水的逆过程,通过氢氧的化学反应生成水并释放电能,氢气和氧气分别是燃料电池在电化学反应过程中的燃料和氧化剂。燃料电池具有使用寿命长、能量转换效率高、环保性能好、能源补充快、原料来源广等特点,被公认为是今后替代传统内燃机的最理想汽车动力装置。

4.8.2 动力蓄电池的发展动向

铅酸动力蓄电池的技术最为成熟，各项指标均已达到要求，价格已被广大市场接受，因此应用较广；但其比能量较低，因而适用于普及型电动汽车（电动自行车）或混合动力电动汽车。当前各国均着力于改变铅酸动力蓄电池的结构，以提高其比能量。

锂离子蓄电池的比能量较高，在电动汽车上占有的体积和重量当然也较小，用于该蓄电池的车辆续驶里程会更长，但锂离子蓄电池的价格远高于用户普遍能接受的水平，只能用于少数高档电动汽车。另外在大幅度降低成本的同时，应确保使用过程中的安全性。

金属氢化物—镍蓄电池可以认为处于上述两种蓄电池之间，比较适合中档次的电动汽车或混合型电动汽车。因为这种蓄电池的比能量不高，0.3C 放电时只有 40W·h/kg，故应用不如上述蓄电池广，日本 Panasonic EV Energy 公司、美国 Ovonic Battery 公司、法国 SAFT 公司等几家公司对这种蓄电池有较多的研究。

随着科学技术的发展，各种蓄电池都在不断进步，不能说某一种蓄电池是最好的或是最差的。但可以肯定的是，市场是决定一种蓄电池能否广泛应用和如何应用的唯一标准，只有做到物美价廉、物尽其用，才会受到人们的欢迎。

第 5 章 Chapter 5

电动汽车驱动电机

驱动电机是车辆的核心装置，是将电能转换为机械能的装置。驱动电机与发动机有着本质的区别，在结构安排和布置上很灵活，而且目前国内外的驱动电机的结构多种多样，性能不一，工作原理也不尽相同，因此它的选择也非常灵活。本章重点介绍驱动电机的构造、性能以及各类驱动电机的特性与优缺点。由于驱动电机结构和产量等有很大差别，性价比也比较不均衡，不同的电动汽车对驱动电机的要求也不一样，如何选择合适的驱动电机将对车辆的整体性能和成本有很大影响。

5.1 概述

在新能源汽车中，一般情况下是驱动电机取代发动机并在驱动电机控制器的控制下，将电能转换为机械能来驱动汽车行驶。其中，在纯电动汽车、太阳能电动汽车和燃料电池电动汽车中，驱动电机作为唯一驱动装置；在串联式混合动力汽车中，驱动电机作为主要动力装置；在并联式混合动力汽车中，驱动电机作为辅助动力装置。新能源汽车与普通燃油汽车最重要的区别就在于驱动电机控制系统。

新能源汽车的驱动电机控制系统主要由电气系统和机械系统组成。其中，电气系统由驱动电机、功率转换器和电子控制器三个子系统构成，机械系统则由机械传动装置和车轮等构成。在电气系统和机械系统的连接过程中，机械系统是可选的，有些新能源汽车的驱动电机是装在轮毂上直接驱动车轮运动的。

5.1.1 电动汽车驱动电机驱动系统的种类和特点

1. 纯电动汽车的驱动电机驱动系统

单驱动电机驱动的纯电动汽车中使用的驱动电机，不需要太大的变速范围，可有效使用较小容量的永磁电机；加之有差速减速器，故可采用无离合器和传动装置的传动系统。虽然没有离合器和传动装置的能量损失，但是还存在着差速器的能量损失。此外，从回收制动能量的角度出发，由于可以实现从车轮到驱动电机的回收（驱动轮以外的动能通过制动转化为热能），有利于全轮驱动。由于没有传动装置，运转更加容易，但这样也需要低速大转矩、速度变化区域大的驱动电机，同时驱动电机和逆变器的容量也要变大。去除了差速器的系统称为无差速系统，这种驱动电机是把传统电机的定子变成可动的结构，可以反向回转。

双驱动电机驱动方式分为前后驱动电机（即两个驱动电机对前后轮分别驱动）和双轮毂式驱动电机两类，双轮毂驱动电机及其逆变器的制造成本较高。四轮毂式驱动电机把电机组装在车轮轮毂中，机构更加紧凑。轮毂式驱动电机的大型化较难，但是总功率依靠四台驱动电机分担，每台驱动电机的容量可以变得小一些。此外，由于没有动力传动装置，效率可以稍有改善。

2. 混合动力电动汽车的驱动电机驱动系统

混合动力电动汽车可分为依靠驱动电机行驶的串联式混合动力电动汽车、发动机辅助行驶的并联式混合动力电动汽车以及兼具两者性能的串并联（混联式）混合动力电动汽车。

串联式混合动力电动汽车解决了纯电动汽车续驶里程短这个难题，行驶中或者停车时由发动机向动力蓄电池充电，发动机与车轮在结构上没有机械连接，因此驱动系统的结构具有更大的自由度。图5-1及图5-2所示分别为将发动机作为能源的串联式混合动力电动汽车的能量流动和以燃料电池为能源的串联式混合动力电动汽车的能量流动方式。

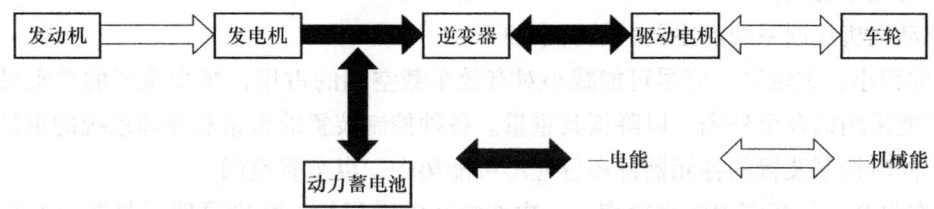

图5-1 以发动机为能源的串联式混合动力电动汽车的能量流动方式

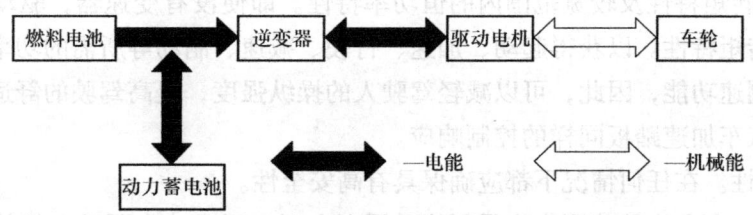

图5-2 以燃料电池为能源的串联式混合动力电动汽车的能量流动方式

并联式混合动力电动汽车驱动系统中装载的驱动电机/发电机，根据制动或驱动需求，发动机随着运转状况改变转速和输出功率。制动时，驱动电机/发电机处在发电模式，动力蓄电池回收电力；起动、加速时，作为驱动电机提供驱动转矩。其特点是发动机内的飞轮组合了驱动电机和发电机，可以在现行车辆驱动系统中原封不动地使用，电气部分更加简单，电气系统出现故障的情况下，可单独采用发动机运转。串联式混合动力电动汽车的发动机虽然在最佳转速和最佳输出功率下运行时效率较高，但需要驱动容量很大的电机时，还要有可供给电能的发电机。这些情况下就需要配备许多较重的电气设备，蓄电池容量也要增大，因此重量也增加了。并联式混合动力电动汽车的驱动电机与动力蓄电池虽然满足容量较小的条件，但是大部分依靠发动机行驶，发动机不能工作在最佳状态，故整体效率较低。

串并联（混联式）混合驱动方式与同样具有发电机和驱动电机的串联式混合动力电动汽车不同，它的发动机与车轮通过机械结构连接到一起。尽管驱动电机的设计容量较小，但是在小功率时可作为纯电动汽车运转，能实现多种驱动方式。对于内燃机汽车来说，在路况恶劣需要频繁起动和停止的行驶条件下，可回收制动使之相对节省一些燃油。除此之外混合动力电动汽车的优点还有，如减少了较重的动力蓄电池等大容量、短时间的能量存储量，不充电也能使汽车在仅有燃料补给的情况下持续行驶。

5.1.2 电动汽车对驱动电机的性能要求

电动汽车由驱动电机驱动,驱动电机是电动汽车的关键部件,驱动电机性能的好坏直接影响电动汽车驱动系统性能。要使电动汽车具有良好的使用性能,驱动电机应具有较宽的调速范围、较高的转速和足够大的起动转矩,还要具有体积小、质量轻、效率高的特点。新能源汽车用驱动电机在需要充分满足作为汽车的运行功能的同时,还应满足行驶时的舒适性、适应性和一次充电的续驶里程长等性能。新能源汽车用驱动电机要求具有比普通工业用电机更为严格的技术规范。

其驱动电机控制系统的主要性能要求如下。

1) 体积小、重量轻。应尽可能减小对有效车载空间的占用,减少系统的总重量。驱动电机尽可能采用铝合金外壳,以降低其重量。各种控制装置的重量和冷却系统的重量也要尽可能轻,同时控制装置的各元器件布置应尽可能集中,以节省空间。

2) 在整个运行范围内的高效率。一次充电续驶里程长,特别是路况复杂以及行驶方式频繁改变时,低负荷运行时也应该具有较高的效率。

3) 低速大转矩特性及较宽范围内的恒功率特性。即使没有变速器,驱动电机本身也应满足所需要的转矩特性。以获得起动、加速、行驶、减速、制动等所需的功率及转矩。驱动电机具有自动调速功能,因此,可以减轻驾驶人的操纵强度,提高驾驶的舒适度,并且能够达到与内燃机汽车加速踏板同样的控制响应。

4) 高可靠性。在任何情况下都应确保具有高安全性。

5) 高电压。在允许的范围内应尽可能采用高电压,可以减小驱动电机的尺寸和导线等装备的尺寸,特别是可以降低逆变器的成本。

6) 电气系统安全性高。各种动力蓄电池组和驱动电机的工作电压可达到300V以上,电气系统和控制系统都必须符合相关车辆电气控制的安全性能标准和规定。

另外,电动汽车用驱动电机还要求耐高温且耐潮湿性强,运行时噪声低,能够在较恶劣的环境下长时间工作,要求具有电极结构简单适合大批量生产及驱动电机使用维修方便等特点。

5.1.3 电动汽车用驱动电机的分类

驱动电机的用途广泛,功率的覆盖面非常大,种类也很多。而新能源汽车所采用的驱动电机种类较少,功率覆盖面也很窄,根据新能源汽车用驱动电机的性能特点,常用符合要求的驱动电机基本类型如图5-3所示。

从图5-3中可以看出,新能源汽车经常采用的驱动电机包括直流电机、交流异步电机、永磁电机和开关磁阻电机。最早应用于电动汽车的是直流电机,这种驱动电机的优点是控制性能好、成本低。随着电子技术、机械制造技术和自动控制技术的发展,交流异步电机、永磁电机和开关磁阻电机表现出比直流电机更加优越的性能,这些电机正在逐步取代直流电机。表5-1是四类电动汽车用驱动电机的性能比较。

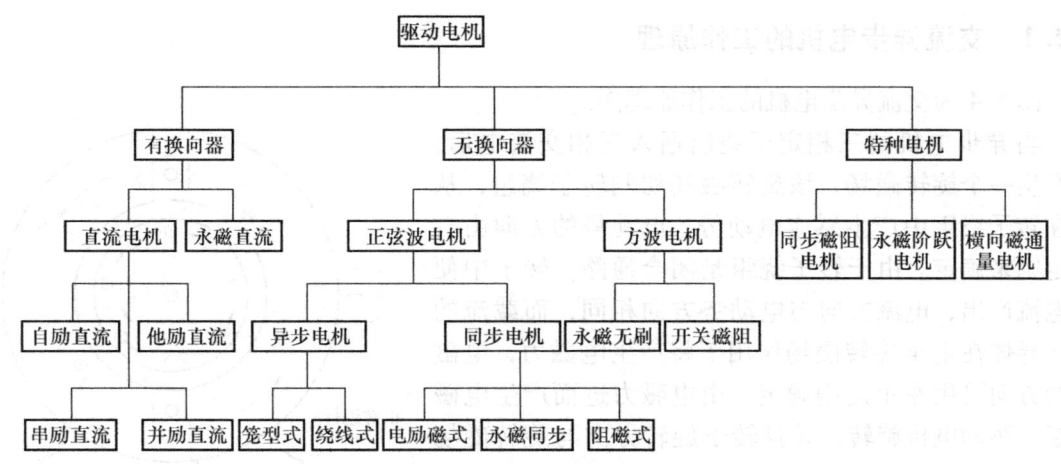

图 5-3 新能源汽车用驱动电机的基本类型

表 5-1 四类电动汽车用电机的性能比较

	直流电机	交流异步电机	永磁电机	开关磁阻电机
功率密度	低	中	高	较高
过载能力（%）	200	300~500	300	300~500
峰值效率（%）	85~89	91~95	95~97	90
功率因数（%）	—	82~85	90~93	60~65
负荷效率（%）	80~87	90~92	85~97	78~86
恒功率区	—	1:5	1:2.25	1:3
最高转速范围/(r/min)	4000~6000	12000~20000	4000~10000	>15000
可靠性	一般	好	优	好
结构坚固性	差	好	一般	优
电机外形尺寸	大	中	小	小
电机重量	重	中	好	好
控制操作性能	低	高	高	一般

5.2 交流异步电机

交流电机可分为同步电机和异步电机两大类，交流异步电机又称感应电机，是由气隙旋转磁场与转子绕组感应电流相互作用产生电子转矩，从而实现电能转换为机械能的一种交流电机。异步电机是各类电机中应用最广、需求量最大的一种。

异步电机的种类很多，常按转子结构和定子绕组相数进行分类。按转子结构来分，可分为笼型异步电机和绕线异步电机；按照定子绕组相数来分，则有单相异步电机、两相异步电机和三相异步电机。

在新能源汽车中笼型异步电机应用较为广泛，其结构简单、制造成本低、结构坚固，而且维修方便。

5.2.1 交流异步电机的工作原理

图 5-4 为交流异步电机的工作原理图。

当异步电机的三相定子绕组通入三相交流电后,将产生一个旋转磁场,该旋转磁场切割转子绕组,从而在转子绕组中产生感应电动势,电动势的方向由右手定则来确定。由于转子绕组是闭合通路,转子中便有电流产出,电流方向与电动势方向相同,而载流的转子导体在定子旋转磁场作用下将产生电磁力,电磁力的方向可用左手定则确定。由电磁力进而产生电磁转矩,驱动电机旋转,并且转子旋转方向与旋转磁场方向相同。

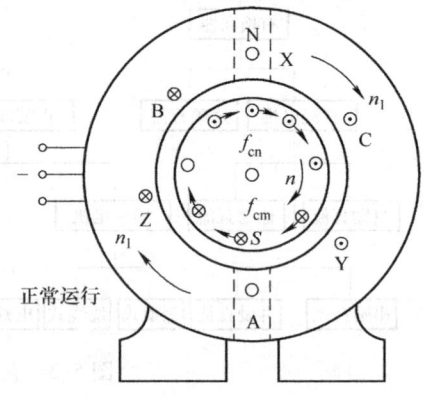

图 5-4 交流异步电机工作原理图

异步电机的转子转速不等于定子旋转磁场的同步转速,这是异步电机的主要特点。如果转子轴上带有机械负载,则负载被电磁转矩拖动而旋转。当负载发生变化时,转子转速也随之发生变化,使转子导体中的电动势、电流和电磁转矩发生相应变化,以适应负载需要。因此,异步电机的转速是随负载变化而变化的。

异步电机的转子转速与定子磁场的同步转速之间存在转速差,它的大小决定着转子电动势及其频率的大小,直接影响异步电机的工作状态。通常将转速差与同步转速的比值用转差率表示

$$s = \frac{n_1 - n}{n} \tag{5-1}$$

式中,s 为转差率;n_1 为定子旋转磁场的同步转速;n 为转子转速。

转差率是异步电机运行时的一个重要的物理量。异步电机运行时,转差率 s 取值范围为 $0 < s < 1$。在额定负载条件下运行时,一般额定转差率 $s = 0.01 \sim 0.06$。

5.2.2 交流异步电机的结构

异步电机主要由定子和转子两大部分组成,定子和转子之间存在气隙,此外,还有端盖、轴承、机座和风扇等部件。

1. 定子

异步电机的定子由定子铁心、定子绕组和机座构成。

1) 定子铁心。定子铁心是交流异步电机磁路的一部分,并在其上放置定子绕组。定子铁心一般由 0.35~0.5mm 厚的表面具有绝缘层的硅钢片冲制、叠压而成,在铁心的内圆冲有均匀分布的槽,用以嵌放定子绕组。定子铁心槽型有半闭口型槽、半开口型槽和开口型槽三种。

2) 定子绕组。定子绕组是交流异步电机的电路部分,通入三相交流电,产生旋转磁场。定子绕组由三个在空间互隔 120°、对称排列的结构完全相同的绕组连接而成,这些绕组的各个线圈按一定规律分别嵌放在定子各槽内。

3) 机座。机座主要用于固定定子铁心与前后端盖,用以支撑转子并起防护、散热等作

用。机座常为铸铁件,大型异步电机则用钢板焊接而成,微型异步电机多采用铸铝件。封闭式电机的机座外面有散热肋以增加散热面积,防护式电机的机座两端盖开有通风孔,使电机内外的空气可直接对流,以利于散热。

2. 转子

异步电机的转子由转子铁心、转子绕组和转轴组成。

1)转子铁心。转子铁心也是异步电机磁路的一部分,并在铁心槽内放置转子绕组。转子铁心所用材料与定子一样,由0.5mm厚的硅钢片冲制、叠压而成,硅钢片外圆冲有均匀分布的孔,用来安置转子绕组。通常用定子铁心冲落后的硅钢片内圆来冲制转子铁心。一般小型异步电机的转子铁心直接压装在转轴上,大、中型异步电机(转子直径在300~400mm)的转子铁心则借助于转子支架压在转轴上。

2)转子绕组。转子绕组是转子的电路部分,它的作用是切割定子旋转磁场产生感应电动势及电流,并形成电磁转矩而使异步电机旋转。转子绕组分为笼型转子和绕线转子两类。

3)转轴。转轴用于固定和支撑转子铁心,并输出机械功率。转轴一般使用中碳钢制成。

4)气隙。异步电机定子与转子之间有一个小间隙,称为电机气隙。气隙的大小对异步电机的运行性能有很大影响。中小型异步电机的气隙一般为0.2~2mm;功率越大、转速越高,则气隙尺寸越大。

5.2.3 交流异步电机的性能特点

电动汽车用交流异步电机具有以下特点:

1)小型轻量化。
2)易实现转速超过10000r/min的高速旋转。
3)高速低转矩时运转效率高。
4)低速时有高转矩,以及有宽泛的速度控制范围。
5)高可靠性(坚固)。
6)制造成本低。
7)控制装置的简单化。

异步电机成本低且可靠性高,逆变器即使损坏而产生短路时也不会产生反向电动势,无出现急制动的可能性。因此,异步电机广泛应用于大型高速的电动汽车中。三相笼型异步电机的功率容量覆盖面很广,从零点几瓦到几千瓦。它可以采用空气冷却或液体冷却方式,冷却自由度高,对环境的适应性好,并且能够实现再生制动。与同样功率的直流电机相比,异步电机效率较高,且重量约减轻一半。

一般情况下,作为电动汽车专用的驱动电机,安装条件受限,而且要求小型轻量化,因而驱动电机在10000r/min以上的高速运转时,大多采用一级齿轮减速器实现减速。此外,因为振动等恶劣工作环境,低速状态下需要高转矩,并且要求在较宽的速度范围内具有恒输出功率特性,所以电动汽车用异步电机与一般工业用的驱动电机不同,在设计上采用了各种新方法。

出于对工作环境的考虑,驱动电机大多采用全封闭式结构,为使框架、托座等结构轻量化,采用压铸铝的方式制造,也有采用将定子铁心裸露在外表面的无框架的结构;为了实现小型轻量化，大多采用了水冷却定子框架的水冷式驱动电机。高速运转时由于频率升高而引起了铁损的增大，因此希望减少驱动电机的极数，一般采用2极或4极的情况较多。但是因为2极时线圈端部的长度变长，所以采用4极的场合较多。此外，为了减少铁损，普遍采用了有良好磁性的电磁钢板。

5.2.4 交流异步电机的控制方法

异步电机是一个多变量（多输入、多输出）系统，其中变量电压（电流）、频率、磁通、转速之间又相互影响，因此它又是强耦合的多变量系统。如何对这样一个非线性、多变量、强耦合的复杂系统进行有效控制，成为异步电机的研究重点。

目前对异步电机的调速控制主要有矢量控制、直接转矩控制、转速控制、变频恒压控制、自适应控制、效率优化控制等。本节详细介绍处于主流地位的前两种控制方式。

1. 矢量控制

矢量控制也称磁场定向控制，该控制方式实现了交流电机磁通和转矩的解耦控制，使交流传动系统的动态特性有了显著的改善，在提高电动汽车驱动器的动态性能方面，相对于变频调速控制，磁场定向控制得到了较多关注。因系统具有非线性、多变量、强耦合的变参数特性，很难直接通过外加信号准确控制电磁转矩。矢量控制实现的基本原理是通过测量和控制异步电机定子电流矢量，根据磁场定向原理分别对异步电机的励磁电流和转矩电流进行控制，从而达到控制异步电机转矩的目的。

矢量控制具体原理是将异步电机的定子电流矢量分解为产生磁场的电流分量（励磁电流）和产生转矩的电流分量（转矩电流）分别加以控制，并同时控制两分量间的幅值和相位，即控制定子电流矢量，因此称这种控制方式为矢量控制方式。矢量控制又有基于转差率控制的矢量控制方式、无速度传感器矢量控制方式和有速度传感器的矢量控制方式等。矢量控制是一种控制异步电机的有效方法，与直流电机类似，让异步电机也可得到高速转矩响应。

随着矢量控制技术的发展，出现了许多矢量控制方法，这些方法基本上可分为两类，即直接磁场定向控制和间接磁场定向控制。直接磁场定向控制需要直接测量转子磁场，增加了执行的复杂性和低速时测量的不可靠性。因此，直接磁场定向控制很少用于电动汽车的驱动。与直接磁场定向控制不同，间接磁场定向控制通过计算确定转子磁场，而不是直接测量，这种方法相对于直接磁场定向控制更易于实现。因此，间接磁场定向控制在高性能的电动汽车驱动系统中具有很好的应用前景。

2. 直接转矩控制

直接转矩控制以转矩为中心来进行磁链、转矩的综合控制。和矢量控制不同，直接转矩控制不采用解耦的方式，从而在算法上不存在旋转坐标变换，简单地通过检测交流异步电机定子电压和电流，借助瞬时空间矢量理论计算交流异步电机的磁链和转矩，并根据与给定值比较所得差值，实现磁链和转矩的直接控制。如图5-5所示为一种直接转矩控制异步电机的系统框图。

由于直接转矩控制省掉了矢量变换方式的坐标变换与计算和为解耦而简化了异步电机数学模型，没有通常的PWM脉宽调制信号发生器，因此它的控制结构简单，控制信号处理的物理概念明确，系统的转矩响应迅速且无超调，是一种具有高静、高动态性能的交流调速控

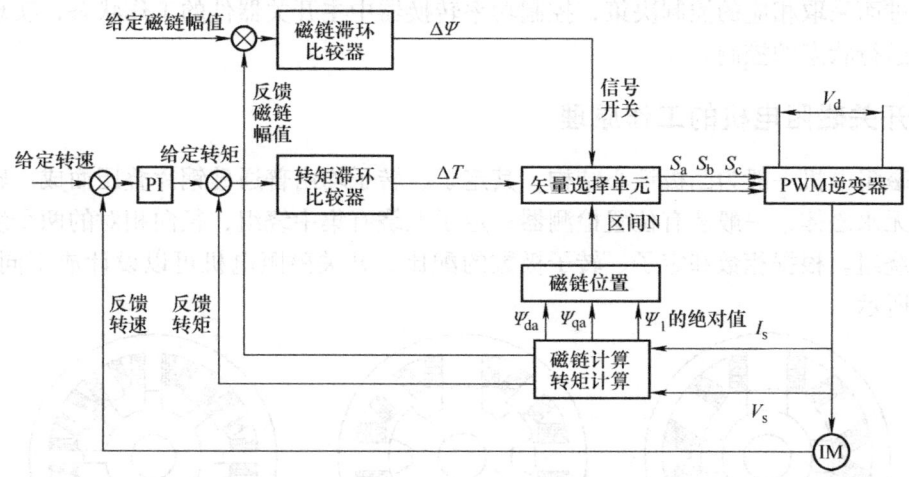

图 5-5　直接转矩控制异步电机系统框图

制方式。直接转矩控制磁通估算所用的是定子磁链，只要知道了定子电阻就可以把它观测出来，因此直接转矩控制解决了矢量控制技术中控制性能易受参数变化影响的问题。

直接转矩控制方法对逆变器开关频率提高的限制较大，定子电阻对电机低速性能也有较大影响，如在低速区，定子电阻的变化引起的定子电流和磁链的畸变，以及转矩脉动、死区效应和开关频率等问题。

从理论上看，直接转矩控制有矢量控制所不及的转子参数鲁棒性和结构上的简单性。然而在技术实现上，直接转矩控制往往很难体现出优越性，调速范围不及矢量控制宽，其根源主要在于其低速转矩特性差、稳态转矩脉动的存在及带负载能力的下降，这些问题制约了直接转矩控制进入实用化的进程。

5.3　开关磁阻电机

开关磁阻电机驱动系统是高性能机电一体化系统，主要由开关磁阻电机、功率转换器、传感器和控制器四部分组成，如图 5-6 所示。其中开关磁阻电机为系统主要组成部分，实现电能向机械能的转化。功率转换器是连接电源和电机的开关器件，用以提供开关电机所需电能，功率转换器的结构形式一般与供电电压、电机相数以及主开关器件种类有关。传感器主要用来反馈位置及电流信号，并传送给控制器。控制器是系统的中枢，起决策和指挥作用，主要是针对传感器提供的转子位置、速度和电流反馈信息以及外部输入的指令，实时加以分

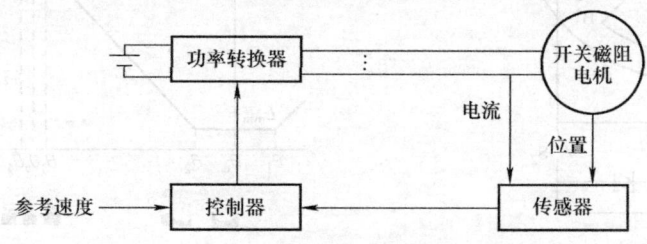

图 5-6　开关磁阻电机驱动系统基本构成

析处理，进而采取相应的控制决策，控制功率转换器中主开关器件的工作状态，实现对开关磁阻电机运行状态的控制。

5.3.1 开关磁阻电机的工作原理

开关磁阻电机一般为凸极铁心结构，其定子、转子均由普通硅钢片叠压而成。转子上既无绕组也无永磁体，一般装有位置检测器；定子上绕有集中绕组，径向相对的两个绕组串联构成一相绕组。根据相数和定子、转子极数的配比，开关磁阻电机可以设计成不同的结构，如图5-7所示。

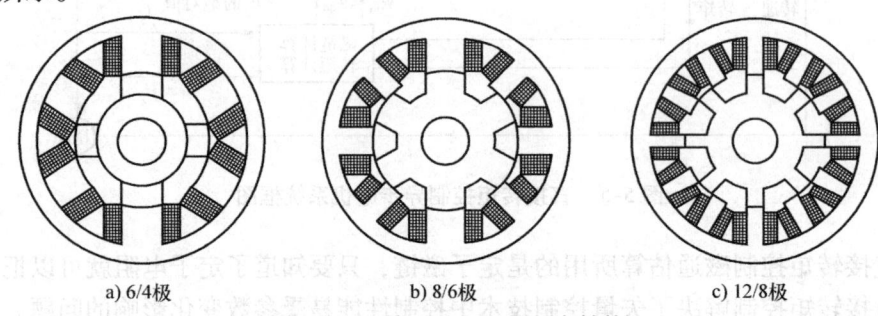

a) 6/4极　　　　　　　b) 8/6极　　　　　　　c) 12/8极

图5-7　开关磁阻电机的基本结构

图5-8为四相8/6极开关磁阻电机，图中仅画出其中一相绕组（A相）的连接情况。由于定子、转子均为凸极结构，每相绕组的电感L随转子的位置改变而改变，如图5-9所示。当定子、转子极正对时，电感达到最大值；当定子、转子极完全错开时，电感达到最小值。开关磁阻电机的运行遵循磁阻最小原理，如图5-8所示，当B相绕组施加电流时，由于磁通总是选择磁阻最小的路径闭合，为减少磁路的磁阻，转子将顺时针旋转，直到转子极2与定子极B的轴线重合，此时磁阻最小（电感最大）；当切断绕组B的电流，给绕组A施加电流，磁阻转矩使得转子极1与定子极A相对。由于转矩方向一般指向最近的一对定子、转子极相对的位置，根据转子位置传感器反馈的位置信号，定子绕组按B→A→D→C的顺序导通，转子便会沿顺时针方向连续旋转。

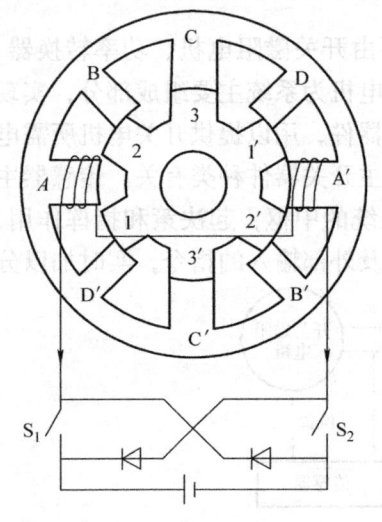

图5-8　四相8/6极开关磁阻电机

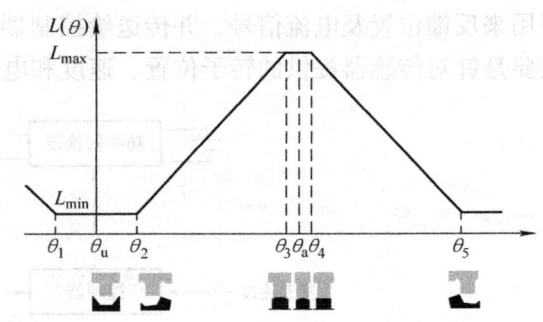

图5-9　定子、转子位置与每相绕组电感曲线

5.3.2 开关磁阻电机的结构

开关磁阻电机由双凸极的定子和转子组成,其定子、转子的凸极均由普通的硅钢片叠压而成。定子极上绕有集中绕组,把沿径向相对的两个绕组串联成一个两级磁极,称为"一相";转子既无绕组又无永磁体,仅由硅钢片叠成。

开关磁阻电机有多种不同的相数结构,如单相、二相、四相及多相等,且定子和转子的极数有多种不同的搭配。定子和转子极数组合见表5-2。

表5-2 开关磁阻电机定子和转子极数搭配

相数	3	4	5	6	7	8	9
定子极数	6	8	10	12	14	16	18
转子极数	4	6	8	10	12	14	16
步进角/°	30	15	9	9	4.25	3.21	2.5

5.3.3 开关磁阻电机的性能特点

开关磁阻电机作为一种新型调速的驱动电机,有如下优点:

1) 调速范围宽、控制灵活,易于实现各种特殊要求的转矩—速度特性。开关磁阻电机起动转矩大、低速性能好,无异步电机在起动时所出现的冲击电流现象。在恒转矩区,该种电机转速较低,反电动势小,因此需采用对电流进行斩波限幅电流斩波控制方式,也可采用调节相绕组外加电压有效值的电压PWM控制方式。在恒功率区,通过调节主开关的开通角和关断角取得恒功率的特性,即角度位置控制方式。

2) 制造和维护方便。

3) 运转效率高。由于开关磁阻电机控制灵活,易在很宽转速范围内实现高效节能控制。

4) 可四象限运行,具有较强的再生制动能力。

5) 结构简单、成本低、制造工艺简单。其转子无绕组,可在极高速状态下工作;定子为集中绕组、嵌放容易、端部短而牢固、工作可靠,适用于各种恶劣、高温甚至强振动环境。

6) 转矩方向与电流方向无关,从而减少功率转换器的开关器件数,降低成本。同时功率转换器组件的减少,也不会出现直通故障,且可靠性高。控制方便,可四象限运行,容易实现正转、反转和起动、制动等特定的调节控制。

7) 损耗小。损耗主要产生在定子,易于冷却。转子不存在励磁及转差损耗,由于功率变换元器件少,相应的损耗也小。

8) 可控参数多、调速性能好。可控参数有主开关开通角、主开关关断角、相电流幅值和直流电源电压。

9) 适于频繁起动、停止以及正反转运行。开关磁阻电机的不足主要包括:虽然结构简单,但其设计和控制较复杂;由于开关磁阻电机磁极端部的严重磁饱和以及磁与沟槽的边缘效应,使得开关磁阻电机设计和控制要求非常精细;开关磁阻电机噪声较大。

5.3.4 开关磁阻电机驱动系统及其控制方法

开关磁阻电机驱动系统（Switched Reluctance Driver，SRD）主要由开关磁阻电机、功率转换器、控制器以及检测器四部分组成，如图 5-10 所示。

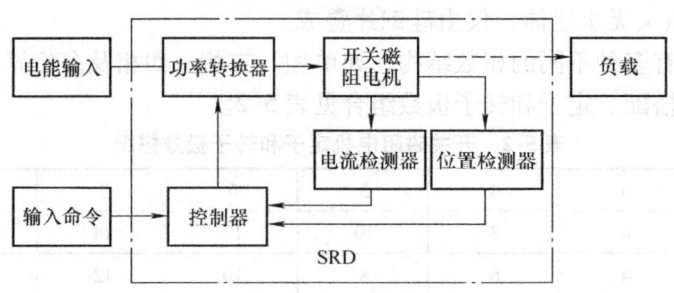

图 5-10 SRD 框图

开关磁阻电机在 SRD 中的作用是实现能量转换，其结构和工作原理不同于传统的交直流电机，图 5-11 所示是典型开关磁阻电机的实物图。它的定子、转子均由普通硅钢片叠压而成，电机转子上即没有绕组也没有永磁体，绕组集中绕在定子的各个极上，通常情况下径向相对两极的绕组是串联在一起构成一相的。

开关磁阻电机运行时，功率转换器是提供能量的，在整个 SRD 成本中，它占有很大的比重，因此，提高 SRD 的性价比的关键是合理选择以及设计功率转换器，如何选取主电路形式将对开关磁阻电机的设计产生直接的影响，因此需依据具体性能、使用场所等情况综合考虑，找出最佳组合方案。

控制器的作用是处理检测器提供的电机转子的位置、转速和电流等反馈信息，以及外部输入的一些指令，对开关磁阻电机的运行状态进行控制，可以说它是 SRD 的指挥中枢。其通常是由单片机和外围接口电路等组成。在 SRD 中，要求控制器具有下述性能：

1）电流斩波控制。
2）角度位置控制。
3）起动、制动、停车及四象限运行。
4）速度调节。

向控制器提供转子位置及速度等信号的是位置检测器，它能使控制器准确地决定绕组的导通以及关断时刻。一般情况下使用光电器件、霍尔组件或者是电磁线圈法来实现位置检测，无位置传感器的检测

图 5-11 四相 8/6 极开关磁阻电机实物图

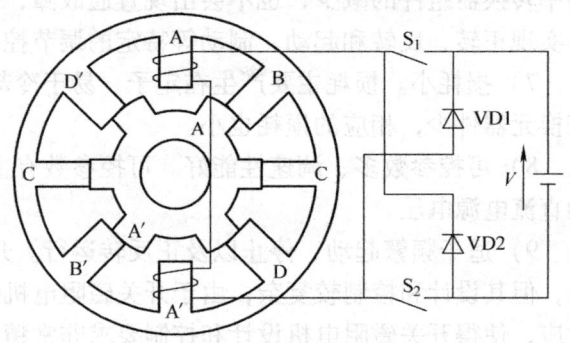

图 5-12 四相 8/6 极开关磁阻电机结构原理图

方法是 SRD 的发展方向，它能够降低系统的成本、提升系统的可靠性。

开关磁阻电机的转矩是磁阻性质，它的运转原理是"磁阻最小原理"，即磁通总是选择沿着磁阻最小的路径闭合，因为磁场的扭曲从而产生切向磁拉力，如图 5-12 所示。

具体过程如下：由图可见，当 A 相绕组的电流控制两个开关闭合时，A 相将会励磁，它所产生的磁场力图使转子旋转到转子极轴线与定子极轴线的重合位置，从而产生磁阻性质的电磁转矩。若通电顺序为 B – A – D – C，则转子将会沿顺时针方向转动。在 SR 电机实际运行中，通常也会将两相或两相以上绕组同时导通。当所有的相绕组顺序通电一次，电机转子就会转过一个转子极距。

通过理论基础研究探索，以及实验证明，SRD 具有许多特点：

1）电机整体结构简单、牢固，制造加工工艺便捷，成本少，可以在极高转速下运行；定子为集中绕组，嵌放比较容易，端部短而坚固，可靠性高，可以适用于各种较为糟糕的环境。

2）该系统中，电机易于冷却；转子上没有永磁体，可以有较高的温升。

3）因为转矩的方向与相电流的方向没有关系，所以可适当减少功率转换器开关器件数，从而更进一步降低系统成本。

4）它的功率转换器不容易出现故障，因此可靠性较高。

5）起动转矩大，低速运行性能优良，没有起动时的冲击电流的现象。

6）有较广的调速范围，操控灵活，可以实现各种转矩—速度特性。

7）电机能保持高效率运行。

8）它可以四象限运行，再生制动能力较强。

鉴于以上各种突出的优势，SRD 对于其他电机驱动系统已经成为有力的竞争者。由于开关磁阻电机的双凸极结构，它存在转矩脉动以及噪声的问题，这是它的主要缺点。近年来，相关研究表明：若选取合适的设计、制造和控制技术，SRD 的噪声完全可以达到高质量 PWM 型异步电机的水平。

开关磁阻电机的运行不是单纯的发电或者电动的过程，而是将两者有机结合在一起的控制过程，即它同时也包含了能量回馈的过程。这一控制系统的主要特点是，不同能量流动过程分时控制，采用相同的硬件设备实现，将发电和电动过程整合到一起，实现了能量的回馈。

开关磁阻电机控制系统的可控参数主要有开通角、关断角、相电流幅值以及相绕组的端电压，对这些参数进行单独或组合控制就会产生不同的控制方法，常用的控制方法有角度控制、电流斩波控制、电压控制三种。

1. 角度控制（APC）

APC 是电压保持不变，而对开通角和关断角进行控制，通过对它们的控制来改变电流波形以及电流波形与绕组电感波形的相对位置。在 APC 中，如果改变开通角，而它通常处于低电感区，则可以改变电流的波形宽度、改变电流波形的峰值和有效值大小以及改变电流波形与电感波形的相对位置，这样就会对输出转矩产生很大的影响。改变关断角一般不影响电流峰值，但可以影响电流波形宽度以及与电感曲线的相对位置，电流有效值也随之变化，因此关断角同样对驱动电机的转矩产生影响，只是其影响程度没有开通角那么大。具体实现过程中，一般情况下采用固定关断角、改变开通角的控制模式。与此同时，固定关断角的选取也很重要，需要保证绕组电感开始下降时，相绕组电流尽快衰减到零。对应于每个由转速与转矩确定的运行点，开通角与关断角会有多种组合，因此选择的过程中要考虑电磁功率、效率、转矩脉动及电流有效值等运行指标，来确定相应的最优控制的角度。在系统的控制中，要遵循一个原则，即在驱动电机制动运行时，应使得电流波形位于电感波形的下降段；而在驱动电机电动运行时，应使电流波形的主要部分位于电感波形的上升段。

角度控制的优点：转矩调节范围大；可允许多相同时通电，以增加输出转矩，且转矩脉动小；可实现效率最优控制或转矩最优控制。但角度控制法不适应于低速工况，一般在高速运行时应用。

2. 电流斩波控制（CCC）

在电流斩波控制方式中，一般使电机的开通角和关断角保持不变，而主要靠控制斩波电流限的大小来调节电流的峰值，从而起到调节电机转矩和转速的目的。实现方式有以下两种：

1）限制电流上下幅值的控制。即在一个控制周期内，给定电流最大值和最小值，使相电流与设定的上下限值进行比较，当大于设定最大值时则控制该相功率开关组件关断，而当相电流降低到设定最小值时，功率开关重新开通，如此反复，其斩波的波形如图5-13所示。这种方式因为一个周期内电感变化率不同，所以斩波频率疏密不均，在电感变化率大的区间，电流上升快，斩波频率一般很高，开关损耗大，优点是转矩脉动小。

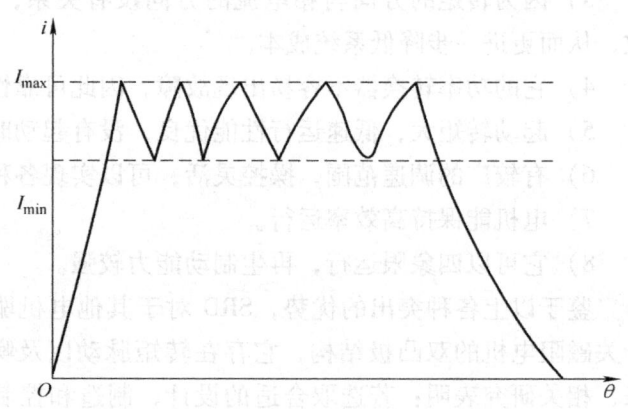

图5-13 设定电流上下限幅值的电流斩波

2）电流上限和关断时间控制。与上一种方法的区别是，当相电流大于电流斩波上限值时，就将功率开关组件关断一段固定的时间再开通。而重新导通的触发条件不是电流的下限而是定时，在每一个控制周期内，关断时间恒定，但电流下降多少取决于绕组电感量、电感变化率、转速等因素，因此电流下限并不一致。关断时间过长，相电流脉动大，易发生"过斩"；关断时间过短，斩波频率又会较高，功率开关组件开关损耗增大。应该根据电机运行的不同状况来选择关断时间。

电流斩波控制适用于低速和制动运行工况，可限制电流峰值的增长，并起到良好有效的调节作用，而且转矩也比较平稳，电机转矩脉动一般也比采用其他控制方式时要明显减小。

3. 电压控制（VC）

电压控制法与前两种控制方式不同，它不是实时地调整开通角和关断角，而是某相绕组导通阶段，在主开关的控制信号中加入PWM信号，通过调节占空比来调节绕组端电压的大小，从而改变相电流值。具体方法是在固定开通角和关断角的情况下，用 PWM 信号来调制主开关器件相控信号，通过调节此 PWM 信号的占空比，以调节加在主开关上驱动信号波形的占空比，从而改变相绕组上的平均电压，进而改变输出转矩。电压斩波控制是通过 PWM 的方式调节相绕组的平均电压值，间接调节和限制过大的绕组电流，适合于转速调节系统，抗负荷扰动的动态响应快。这种控制实现容易，且成本较低；缺点在于导通角度始终固定，功率组件开关频率高、开关损耗大，不能精确控制相电流。

实际上在开关磁阻电机双向控制系统中，采用的是后两种控制方法。具体的发电/电动状态控制策略如图 5-14 所示。

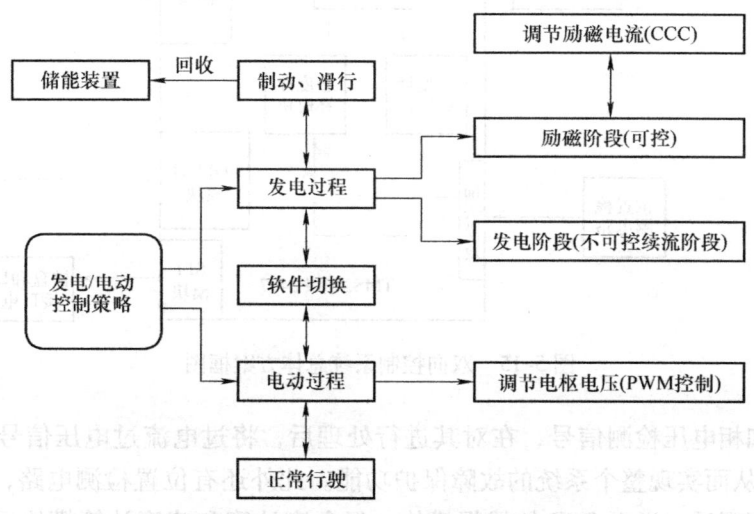

图 5-14　发电/电动状态控制策略框图

开关磁阻电机的动作过程可分为发电过程和电动过程，分别对应于电动汽车的制动、滑行过程以及正常行驶过程，而发电状态和电动状态是通过软件来实现切换的。将电动汽车制动、滑行时的能量回收到储能装置中，即能量的再生回馈。在整个发电回馈过程中，由于开关磁阻电机本体结构特殊，其定子绕组既是励磁绕组又是电枢绕组，故其励磁与续流（发电）过程必须采用周期性分时控制。其励磁过程是可控的，但续流（发电）过程不可控，因而采用电流斩波控制来调节励磁阶段励磁电流的大小，从而实现对发电过程的控制。而电动过程采用电压斩波控制，以调节电枢平均电压从而实现对转矩和转速的调节。

开关磁阻电机双向控制系统的主要目标是实现开关磁阻电机的双向运行，着重点在于发电/电动状态下的最优控制以及实现能量回馈，不但要让开关磁阻电机在电动状态下获得优越的调速性能，也要保证其发电状态下的能量回馈。其总体的控制方案如图 5-15 所示。

该系统主要由开关磁阻电机本体、主控制芯片、主功率电路、IGBT 驱动电路以及电流电压检测电路、位置检测电路等外围检测电路构成。具体功能的实现过程如下：三相不可控整流电路将 380V 的三相动力电整流为 537V 的直流电并通过 H 桥式主功率电路给电机供电，同时相电压和相电流检测电路负责对电机的母线电压以及相电流情况进行检测，将检测信号反馈至数字信号处理器（DSP）的 A/D 转换模块，进行 A/D 采样。同时，电流电压保护电

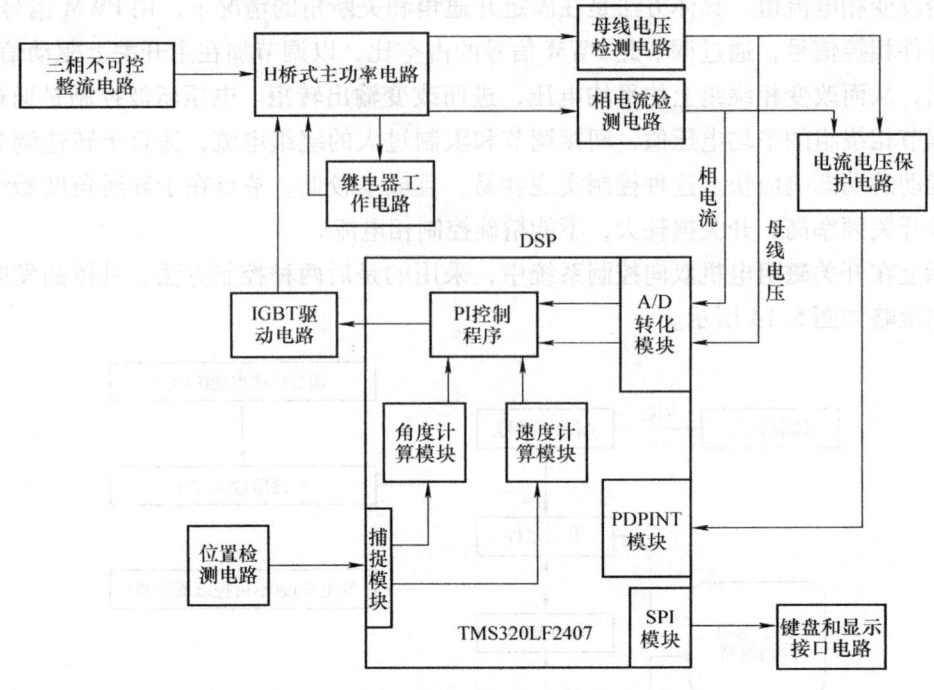

图 5-15 双向控制系统总体方案框图

路接收相电流和相电压检测信号,在对其进行处理后,将过电流过电压信号反馈至 DSP 的 PDPINT 模块,从而实现整个系统的故障保护功能。此外还有位置检测电路,将光电盘的两路输出信号经调理后,送至 DSP 的捕捉模块,经角度计算和速度计算模块后产生角度和速度控制信号。DSP 内部的 PI 控制模块对 A/D 转换后的电流电压信号以及角度、速度信号进行综合后计算,DSP 输出五路占空比可变的 PWM 波形至 IGBT 驱动电路,实现对主功率开关电路的通断控制。另外 DSP 的 SPI 模块负责驱动四个显示模块。各个模块相互联系、相互协作,共同完成整个控制系统的功能。

5.4 永磁同步电机

研制开发电动汽车的关键在两个方面:一是生产高能量密度的蓄电池,二是开发性能优良的驱动系统。在各类驱动电机中,永磁同步电机具有高效、高控制精度、高转矩密度、良好的转矩平稳性及低振动噪声等特点,通过合理设计永磁磁路结构能获得较高的弱磁性能,在电动汽车驱动方面具有很好的应用价值。其得到了国内外电动汽车界的高度重视,是最具竞争力的电动汽车驱动电机系统之一。

5.4.1 永磁电机的分类

现有的永磁电机可分为永磁直流电机、永磁同步电机、永磁无刷直流电机和永磁混合式电机四类。其中,后三类没有传统直流电机的电刷和换向器,故统称为永磁无刷电机。在电动汽车中,永磁同步电机应用广泛。

5.4.2 永磁同步电机的结构

三相永磁同步电机具有定子三相分布的绕组和永磁转子,在磁路结构和绕组分布上保证反电动势波形为正弦波,为了进行磁场定向控制,输入到定子的电压和电流也为正弦波。根据永磁体在转子上的位置的不同,永磁同步电机分为内置式永磁同步电机和外置式永磁同步电机。

1. 内置式永磁同步电机

内置式永磁同步电机按永磁体磁化方向可分为径向式、切向式和混合式三种,在有阻尼绕组情况下如图5-16所示。内置式永磁同步电机转子由于内部嵌入永磁体,导致转子机械结构上的凸极特性。

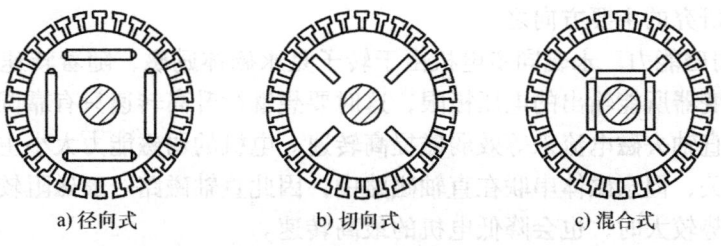

a) 径向式　　　　b) 切向式　　　　c) 混合式

图 5-16　内置式永磁同步电机转子结构示意图

2. 外置式永磁同步电机

外置式永磁同步电机根据永磁体是否嵌入转子铁心,可以分为面贴式和插入式两种电机,如图5-17所示。

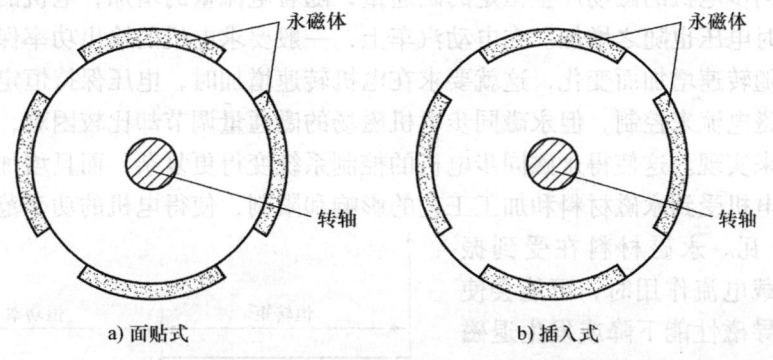

a) 面贴式　　　　　　　　　　b) 插入式

图 5-17　外置式永磁同步电机转子结构示意图

面贴式永磁同步电机的转子永磁体一般为瓦片形,通过合成黏胶粘贴于转子铁心表面。功率稍大的面贴式永磁同步电机中,永磁体与气隙之间可以通过无纬玻璃丝带加以捆绑保护,防止永磁体因转子高速转动而脱落。插入式永磁同步电机的永磁体嵌入转子铁心,两永磁体之间的铁心成为铁磁介质突出的部分。在面贴式永磁同步电机中,因为永磁体的相对磁导率接近真空磁导率($\mu=1.0$),等效气隙基本均匀,所以交、直轴电感基本相符,是一种隐极式同步电机。插入式永磁同步电机的交轴方向上的气隙比直轴的小,交轴的电感也比直轴大,是一种凸极式永磁同步电机。相对而言,永磁体的存在使得面贴式永磁同步电机定子和转子之间的有效气隙较大,因而定子的电感较小。

外置式永磁同步电机的结构比内置式简单，且具有制造容易、成本低廉的优点，因而工业上应用较多。其中面贴式永磁同步电机转子结构最为简单，与插入式相比，它提高了转子表面的平均磁密，可以得到更大的电子转矩。

5.4.3 永磁同步电机的性能特点

永磁同步电机的功率因数大、效率高、功率密度大，是一种比较理想的驱动电机。但正由于电磁结构中转子励磁不能随意改变，导致电机弱磁困难，调速特性不如直流电机。目前，永磁同步电机理论还不如直流电机和异步电机完善，还有许多问题需要进一步研究，主要有以下两方面。

1）电机效率。永磁同步电机的低速效率较低，如何通过设计降低低速损耗，减小低速额定电流是目前研究的主要方向之一。

2）电机的弱磁能力。永磁同步电机由于转子是永磁体励磁，随着转速的升高，电机电压会逐渐达到逆变器所能输出的电压极限，这时要想继续升高转速只有靠调节定子电流的大小和相位，增加直轴去磁电流来等效弱磁提高转速。电机的弱磁能力大小主要与直轴电抗和反电动势大小有关，但永磁体串联在直轴磁路中，因此直轴磁路一般磁阻较大，弱磁能力较小，电机反电动势较大时，也会降低电机的最高转速。

由于转子上无绕组、无铜耗、磁通量小，在低负荷时铁损很小，永磁同步电机具有较高的"功率/质量"比。比其他类型的电机有更高的频率、更大的输出转矩。转子电磁时间常数较小，电机的动态特性好，电机的极限转速和制动性能等都优于其他类型的电机。永磁同步电机的定子绕组是主要的发热源，其冷却系统相对比较简单。

由于永磁同步电机的磁场产生恒定的磁通量，随着电流量的增加，电机的转矩与电流成正比增加，同时电压也随之增加。在电动汽车上，一般要求电机的输出功率保持恒定，即电机输出功率不随转速增加而变化，这就要求在电机转速增加时，电压保持恒定。对一般电机可以用调节励磁电流来控制，但永磁同步电机磁场的磁通量调节却比较困难，因此需要采用磁场控制技术来实现。这使得永磁同步电机的控制系统变得更复杂，而且增加了成本。

永磁同步电机受到永磁材料和加工工艺的影响和限制，使得电机的功率范围较小，最大功率仅几十千瓦。永磁材料在受到振动、高温和过载电流作用时，可能会使得永磁材料的导磁性能下降或发生退磁现象。这会降低电机的性能，严重时还会损坏电机，在使用中必须严格控制其不发生过载。永磁同步电机在恒功率模式下，操纵较复杂，与三相异步电机一样需要一套复杂的控制系统，从而使得永磁同步电机的控制系统制造成本也很高。最新研制和开发的混合励磁永磁同步电机使得永磁同步电机的控制性能得到大的改进。

永磁同步电机的驱动特性如图5-18

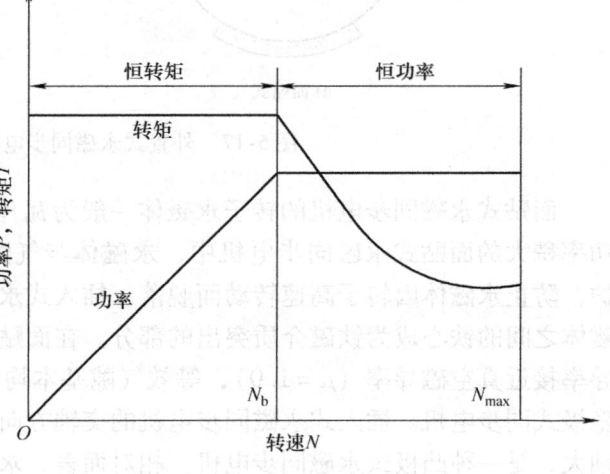

图5-18 永磁同步电机的驱动特性

所示。从图中可以看出永磁同步电机的恒转矩区比较长，一直延伸到电机最高转速的50%处左右，这对提高汽车的低速动力性能有很大帮助，电机最高转速较高，能达到10000r/min。永磁同步电机功率密度高、调速性能好、在宽转速范围内运行效率高（90%～95%），是理想的新能源汽车驱动电机之一。它的主要缺点是电机制造成本高、永磁材料会有退磁效应、抗腐蚀性差，而且永磁材料磁场不可变，要想增大电机的功率，其体积会很大。随着稀土永磁材料的开发和应用，永磁同步电机的性能有了很大的提高，是未来最有发展前景的驱动电机之一。

5.4.4 永磁同步电机的控制

永磁同步电机控制系统可以采用矢量控制（磁场定向控制）、直接转矩控制和恒压频比开环控制等控制方式。

1. 矢量控制

矢量控制的控制原理：以转子磁链旋转空间矢量为参考坐标，将定子电流分解为相互正交的两个分量，一个与磁链同方向，代表定子电流励磁分量，另一个与磁链方向正交，代表定子电流转矩分量，分别对其进行控制，获得与直流电机一样良好的动态特性。因其控制结构简单，控制软件容易实现，已被广泛应用到调速系统中。

永磁同步电机矢量控制策略与异步电机矢量控制策略有些不同。由于永磁同步电机转速和电源频率严格同步，其转子转速等于旋转磁场转速，转差恒等于零，没有转差功率，控制效果受转子参数影响小。因此，在永磁同步电机上更容易实现矢量控制。

由于永磁同步电机输出电磁转矩对应多个不同的交、直电流组合，不同组合对应着不同的系统效率、功率因数以及转矩输出能力，因此永磁同步电机有不同的电流控制策略。

1）$i_d=0$ 控制。目前，在永磁同步电机伺服系统中，$i_d=0$ 矢量控制是主要的控制方式。通过检测转子磁极空间位置 d 轴，控制逆变器功率开关器件导通与关断，使定子合成电流位于 q 轴，此时 d 轴定子电流分量为零，永磁同步电机电磁转矩正比于转矩电流，即正比于定子电流幅值，只需控制定子电流大小就可以很好地控制永磁同步电机的输出电磁转矩。

2）最大转矩/电流比控制。在电机输出相同的电磁转矩下，电机定子电流最小的控制策略称为最大转矩/电流比控制。最大转矩/电流比控制实质是求电流极值问题，可以通过建立辅助方程，采用牛顿迭代法求解。但是计算量较大，在实际应用中系统实时性无法满足，只有通过离线计算出不同电磁转矩对应的交、直电流，以表的形式存放于 DSP 中，实际运行时根据负载情况查表求得对应的 i_d、i_q 进行控制。

3）弱磁控制。永磁同步电机弱磁控制思想来自他励直流电机调磁控制。对于他励直流电机，当其定子端电压达到最高电压时，为使电机能运行于更高转速，采取降低电机励磁电流的方法，以平衡电压。在永磁同步电机电压达到逆变器所能输出的电压极限后，要想继续提高转速，也要采取弱磁增速的办法。永磁同步电机励磁磁动势由永磁体产生，无法像他励直流电机那样通过调节励磁电流实现弱磁。传统方法是通过调节定子电流 i_d 和 i_q，增加电子直轴去磁电流分量实现弱磁升速。为保证电机定子电流幅值不超过极限值，转矩电流分量 i_q 应随之减小，因此这种控制过程本质上就是在保持电机端电压不变情况下减小输出转矩的过程，永磁同步电机直轴定子反应比较微弱，因此需要较大的去磁电流才能起到去磁增速作用。在电机工作在额定电流情况下，去磁电流的增加有限，因此采用这种方法所得到的弱磁增速范围也是有限的。

矢量控制本身也存在一定的缺陷：

1）转子磁链的准确观测存在一定的难度，转子磁链的计算对电机的参数有较强的依赖性，因此对参数变化较为敏感。为了克服这一问题，出现了多种参数辨识方法，但这些方法进一步增加了系统的复杂性。

2）由于需要进行解耦运算，采用了矢量旋转变换，系统计算比较复杂。

2. 直接转矩控制

直接转矩控制系统的结构图如图5-19所示。实际系统中，开关信号是由转矩和定子磁链的给定值与反馈值的偏差经滞环比较得到的。而转矩和定子磁链的给定值是由电磁转矩和定子磁链估算模型计算得到的。

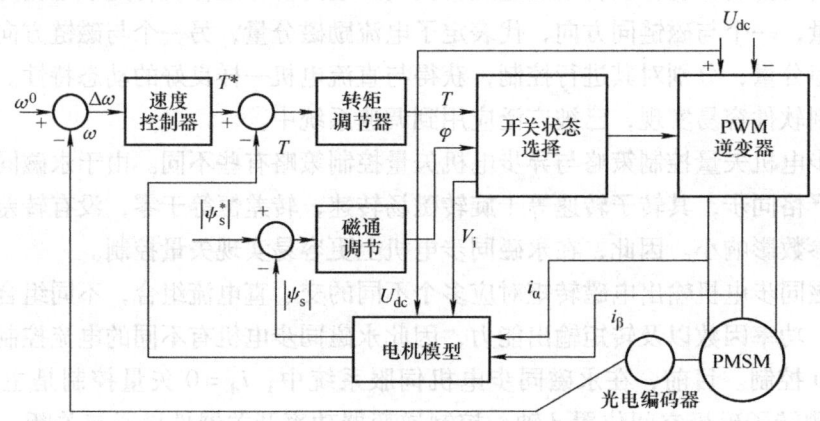

图5-19 直接转矩控制系统结构图

根据直接转矩控制系统结构，可以得到其控制过程：对于逆变器输出的三相电流 i_A、i_B、i_C 通过3/2变换得到 i_α、i_β；由逆变器的电压状态与逆变器的开关状态以及直流电压 U_{dc} 之间的关系，可以得到 u_α、u_β。由电机模型计算得到磁链在 $\alpha\beta$ 坐标系上的分量 ψ_α、ψ_β 再由 ψ_α、ψ_β、i_α、i_β 通过转矩计算，得到转矩 T，与速度控制器输出的转矩给定 T^* 进行比较，并将偏差输入转矩调节器。把 ψ_α、ψ_β 求平方和，得到的 ψ_s 与磁链给定 ψ_s^* 进行比较，并将偏差输入磁通调节器。根据转矩调节器和磁通调节的输出，进行开关矢量选择以确定逆变器各相的开关状态，从而实现对电机各相的导通控制。

直接转矩控制不需要传统矢量控制里复杂的旋转坐标变换和转子磁链定向，转矩取代电流成为受控对象，电压矢量则是控制系统里唯一的输入，直接控制转矩和磁链的增加或减小，但是转矩和磁链并不解耦，对电机模型进行简化处理时，没有PWM信号发生器，控制结构简单，受电机参数变化影响小，能够获得极佳的动态性能。

3. 恒压频比开环控制

恒压频比开环控制的控制变量为电机的外部变量，即电压和频率。控制系统将参考电压和频率输入实现控制策略的调整器中,最后由逆变器产生一个交变的正弦电压施加在电机的定子绕组上,使之运行在指定的电压和参考频率下。按照这种控制策略进行控制,使供电电压的基波幅值随着速度指令成比例线性增长,从而保持定子磁通的近似恒定。

恒压频比开环控制策略简单,易于实现,转速通过电源频率进行控制,不存在异步电机的转差和转差补偿问题。但同时,由于系统中不引入速度、位置等反馈信号,无法实时捕捉电机状态,致使无法精确控制电磁转矩。在突加负载或者速度指令时,容易发生失步现象;也没有快速的动态响应特性。因此,恒压频比开环控制是控制电机磁通而没有控制电机的转矩,控制性能差,通常只用于对调速性能要求一般的通用变频器上。

5.5 无刷直流电机

5.5.1 无刷直流电机的组成

无刷直流电机是一种典型的机电一体化产品,它是由电机本体、位置检测器、逆变器和控制器组成的自同步电机系统或自控式变频同步电机系统,如图5-20所示。位置检测器用来检测转子磁极的位置信号,控制器对转子位置信号进行逻辑处理并产生相应的开关信号,开关信号以一定的顺序触发逆变器中的功率开关器件,将电源功率以一定的逻辑关系分配给电机定子各相绕组,使电机产生持续不断的转矩。

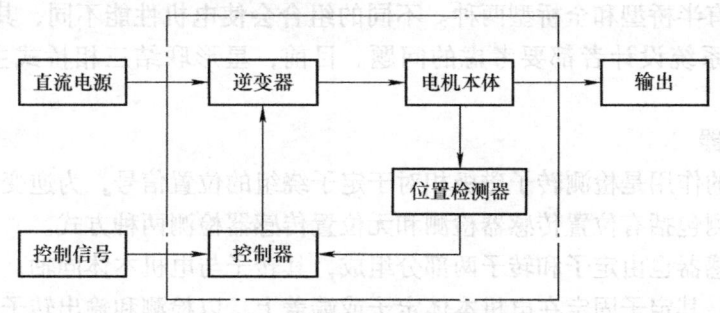

图 5-20 无刷直流电机系统的组成

1. 电机本体

无刷直流电机最初的设计思想来自普通的有刷直流电机,不同的是将直流电机的定子、转子位置进行了互换,其转子为永磁结构,产生气隙磁通;定子为电枢,有多相对称绕组。原直流电机的电刷和机械换相器被逆变器和转子位置检测器代替。因此无刷直流电机的本体实际上是一种永磁同步电机。因为无刷直流电机的电机本体为永磁电机,所以无刷直流电机也称为永磁无刷直流电机。

定子的结构与普通同步电机或感应电机相同,铁心中常嵌有三相对称绕组。绕组可以接成星形或三角形,并分别与逆变器中的各开关管相连。

目前,无刷直流电机中多采用钐钴(SmCo)和钕铁硼(NdFeB)等高矫顽力、高剩磁密度的稀土永磁材料,其常见的转子结构有三种形式:

1) 表面式磁极。在铁心外表面粘贴径向充磁的瓦片形稀土永磁体,有时也采用矩形小条拼装成瓦片形磁极，以降低电机的制造成本。

2) 嵌入式磁极。在铁心中嵌入矩形稀土永磁体，这种结构可以获得较大磁通，但需要作隔磁处理或采用不锈钢轴。

3) 环形磁极。在铁心外套上一个整体稀土永磁环，环形磁体径向充磁为多极，适用于体积和功率较小的永磁无刷直流电机，该种结构的转子制造工艺性较好。

除了普通的内转子无刷直流电机之外，在电动汽车驱动中还常常采用外转子结构，将无刷直流电机装在轮毂之内，直接驱动电动汽车。

2. 逆变器

逆变器将直流电转换成交流电向电机供电。与一般逆变器不同，它的输出频率不是独立调节的，而是受控于转子位置信号，是一个"自控式逆变器"。由于采用自控式逆变器，无刷直流电机输入电流的频率和电机转速始终保持同步，电机不会产生振荡和失步，这也是无刷直流电机的重要优点之一。

逆变器主电路有桥式和非桥式两种，而定子绕组既可以接成星形也可以接成三角形，因此定子绕组与逆变器主电路的连接可以有多种不同的组合。

目前，无刷直流电机的逆变器主开关一般采用 IGBT 或功率 MOSFET 等全控型器件，有些主电路已有集成的功率模块（PIC）和智能功率模块（IPM），选用这些模块可以提高系统的可靠性。

无刷直流电机定子绕组的相数可以有不同的选择，绕组的连接方式也有星形和三角形之分，而逆变器又有半桥型和全桥型两种。不同的组合会使电机性能不同，其成本也有差异，这是每一个应用系统设计者都要考虑的问题。目前，星形联结三相桥式主电路结构应用最多。

3. 位置检测器

位置检测器的作用是检测转子磁极相对于定子绕组的位置信号，为逆变器提供正确的换相信息。位置检测包括有位置传感器检测和无位置传感器检测两种方式。

转子位置传感器也由定子和转子两部分组成，其转子与电机本体同轴，以跟踪电机本体转子磁极的位置；其定子固定在电机本体定子或端盖上，以检测和输出转子位置信号。转子位置传感器的种类包括磁敏式、电磁式、光电式、接近开关式、正余弦旋转变压器式以及编码器等。

在无刷直流电机系统中安装机械式位置检测器解决了电机转子位置的检测问题，但是位置检测器的存在增加了系统的成本和体积，降低了系统可靠性，限制了无刷直流电机的应用范围，对电机的制造工艺也提出了更高的要求。因此，国内外对无刷直流电机的无转子位置检测器控制方式给予了高度重视。

无机械式位置检测器的转子位置检测是通过检测和计算与转子位置有关的物理量间接地获得转子位置信息，主要有反电势检测法、续流二极管工作状态检测法、定子三次谐波检测法和瞬时电压方程法等。

4. 控制器

控制器是无刷直流电机正常运行并实现各种调速伺服功能的指挥中心，它主要完成以下功能：

1) 对转子位置检测器输出的信号、PWM 调制信号、正反转和停车信号进行逻辑综合，为驱动电路提供各开关管的斩波信号和选通信号,实现电机的正反转及停车控制。

2)产生 PWM 调制信号,使电机的电压随给定速度信号而自动变化,实现电机开环调速。

3)对电机进行速度闭环调节和电流闭环调节,使系统具有较好的动态和静态性能。

4)实现短路、过电流、过电压和欠电压等故障保护功能。

控制器的主要形式有分立组件加少量集成电路构成的模拟控制系统、基于专用集成电路的控制系统、数模混合控制系统和全数字控制系统。

5.5.2 无刷直流电机的基本工作原理

以图 5-21 所示的无刷直流电机系统来说明无刷直流电机的工作原理,电机本体的电枢绕组为三相星形联结,位置检测器与电机本体同轴,控制电路对位置信号进行逻辑变换后产生驱动信号,驱动信号经驱动电路隔离放大后,控制逆变器的功率开关管,使电机的各相绕组按一定的顺序工作。

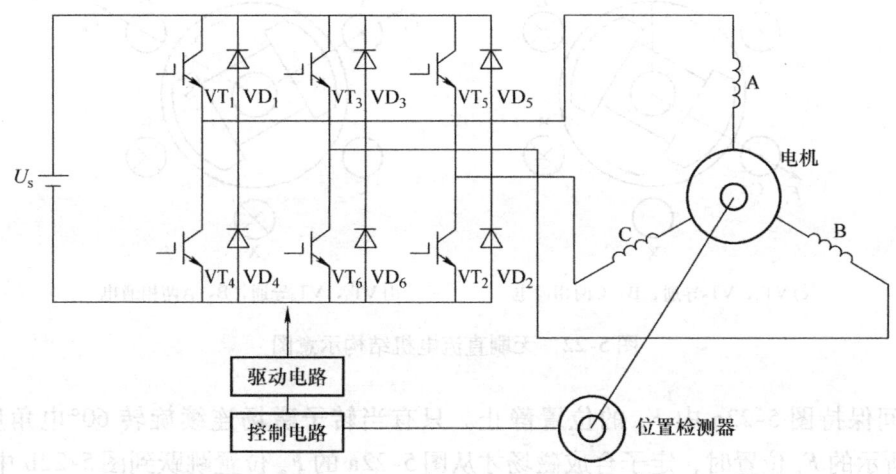

图 5-21 三相无刷直流电机系统

当转子旋转到图 5-22a 所示的位置时,转子位置检测器输出的信号经控制电路逻辑变换后驱动逆变器,使 VT_1、VT_6 导通,即 A、B 两相绕组通电,电流从电源的正极流出,经 VT_1 流入 A 相绕组,再从 B 相绕组流出,经过 VT_6 回到电源负极。定子绕组在空间产生的磁动势 F_a 如图 5-22a 所示,此时定子和转子的磁场相互作用,使电机的转子顺时针转运。

当转子在空间上转过 60°电角度时,即达到图 5-22b 所示位置时,转子位置检测器输出的信号经控制电路的逻辑变换后驱动逆变器,使 VT_1、VT_2 导通,A 和 C 两相绕组通电,电流从电源正极流出,经 VT_1 流入 A 相绕组,再从 C 相绕组流出,经 VT_2 流回到电源负极。电枢绕组在空间上产生磁动势 F_a 如图 5-22b 所示,此时定子与转子磁场相互作用,使电机的转子继续顺时针转动。

转子在空间每转过 60°电角度,逆变器相应地就会同样的进行一次变换,其功率开关导通的次序为 VT_1、VT_6—VT_1、VT_2—VT_3、VT_2—VT_3、VT_4—VT_5、VT_6—VT_1、VT_6。在此期间,转子始终受到顺时针方向的电磁转矩的作用,沿顺时针方向连续旋转。

在图 5-22a 到图 5-22b 的 60°电角度范围内,转子磁场沿顺时针连续旋转,而定子合成

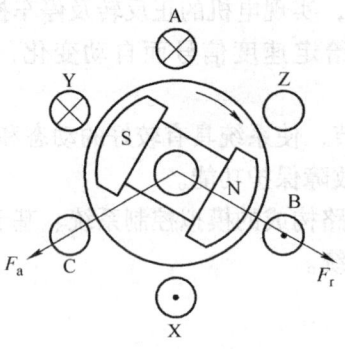

a) VT_1、VT_6导通，A、B两相通电

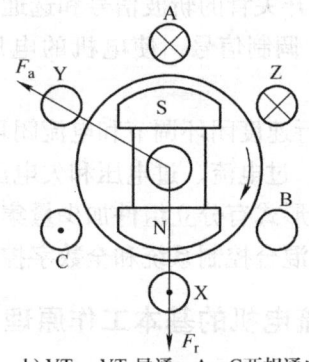

b) VT_1、VT_2导通，A、C两相通电

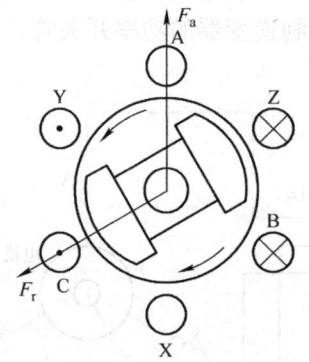

c) VT_3、VT_2导通，B、C两相通电

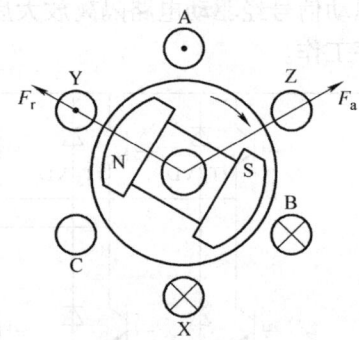

d) VT_3、VT_4导通，B、A两相通电

图 5-22 无刷直流电机结构示意图

磁场在空间保持图 5-22a 中 F_a 的位置静止。只有当转子磁场连续旋转 60°电角度，到达图 5-22b 所示的 F_r 位置时，定子合成磁场才从图 5-22a 的 F_a 位置跳跃到图 5-22b 中的 F_a 位置。可见，定子合成磁场在空间不是连续旋转的，而是一种跳跃式的旋转磁场，每个步进角是 60°电角度。

转子在空间每转过 60°电角度，定子绕组就进行一次换流，定子合成磁场的磁状态就发生一次跃变。可见，电机有六种磁状态，每一状态有两相导通，每相绕组的导通时间对应于转子旋转 120°电角度。我们把无刷直流电机的这种工作方式称为两相导通星形三相六状态，这是无刷直流电机最常用的一种工作方式。

因为定子合成磁势每隔 1/6 周期（60°电角度）跳跃前进一步，在此过程中，转子磁极上的永磁磁势却是随着转子连续旋转的，这两个磁势之间平均速度相等，保持"同步"，但是瞬时速度却是有差别的，二者之间的相对位置是时刻有变化的，所以它们相互作用下所产生的转矩除了平均转矩外，还有脉动分量。

5.5.3 无刷直流电机的性能特点

与感应电机相比，无刷直流电机具有更大的功率密度、更高的效率和更好的控制性能。主要表现在以下几个方面：

1）由于采用高性能永磁材料，无刷直流电机转子体积得以减小，可以具有较低的惯性、更快的响应速度、更高的转矩/惯性比。

2）由于没有转子损耗，也无需定子励磁电流分量，无刷直流电机具有较高的效率和功率密度。对于同等容量输出，感应电机需要更大功率的整流器和逆变器。

3）由于没有转子发热，无刷直流电机也无须考虑转子冷却问题。

4）尽管感应电机系统应用较为普遍和成熟，但由于其非线性本质，控制系统极为复杂。永磁同步电机把交流电机复杂的磁场定向控制转化为转子位置定向控制，而无刷直流电机则进一步将其简化成为离散六状态的转子位置控制，也无须坐标变换。

与永磁同步电机相比，无刷直流电机也具有明显的优势：

1）无刷直流电机采用方波电流供电，可以提供更高的转矩/重量比，相同条件下输出转矩大15%。在电机中产生梯形波的磁场分布和梯形波的感应电动势，要比产生正弦波的磁场分布和正弦变化的电动势简单，因此无刷直流电机结构简单、制造成本低。对于永磁同步电机，由于定子电流是转子位置的正弦函数，系统需要高分辨率的光电编码器或旋转变压器，构造复杂，价格昂贵。

2）产生方波电压和电流的变频器比产生正弦波电压和电流的变频器简单，控制也简单得多，因此无刷直流电机控制简单、控制器成本较低。

由于采用电力电子器件代替机械换向器，无刷直流电机克服了有刷直流电机的致命缺点。与有刷直流电机相比，无刷直流电机有以下特点：

1）可靠性高，寿命长。它的工作期限主要取决于轴承及其润滑系统。高性能的无刷直流电机工作寿命可达数十万小时。而有刷直流电机寿命一般较短，在高温环境下甚至只有几分钟。

2）不必经常进行维护和修理。

3）无电气接触火花、无线电干扰少。

4）可工作于高真空、不良介质环境。

5）可在高转速下工作，专门设计的高速无刷直流电机的工作转速可达10万 r/min 以上。

6）机械噪声低。

7）发热的绕组安放在定子上，有利于散热，便于温度监控，易得到较高的功率密度。

8）虽然必须与一定的电子换向线路配套使用，从而使总体成本增加，但从控制的角度看，有更大的使用灵活性。

5.5.4 无刷直流电机的控制方法

无刷直流电机工作在由位置检测器控制逆变器开关通断的"自控式"变频方式下，逆变器的变频是自动完成的，并不需要控制系统加以干预及控制。要控制电机的转速就应控制电机的转矩，只要调节直流侧电压就可调节转速。

通常采用 PWM（Pulse – Width Modulation，脉宽调制）调节方式，通过改变 PWM 脉冲的占空比来调节输入无刷直流电机的平均直流电压，以达到调速的目的。

无刷直流电机系统通常采用转速、电流双闭环控制，系统原理图如图 5-23 所示。其中 ASR 和 ACR 分别为转速调节器和电流调节器，通常采用 PID 算法实现。转速为外环，电流为内环，由于转矩和电流在一定条件下成正比，电流环调节的实际上是电磁转矩。转速给定

信号 n^* 与转速反馈信号 n 送入转速调节器（ASR），转速调节器的输出作为电流信号的参考值 i^*，与电流信号的反馈值一起送至电流调节器（ACR），电流调节器的输出为电压参考值，与给定载波比较后，形成 PWM 调制波，控制逆变器的实际输出电压。逻辑控制单元的任务是根据位置检测器的输出信号及正反转指令信号决定导通相。被确定要导通的相并不总是在导通，它还要受 PWM 输出信号的控制，逻辑"与"单元的任务就是把换相信号和 PWM 信号结合起来，再送到逆变器的驱动电路。

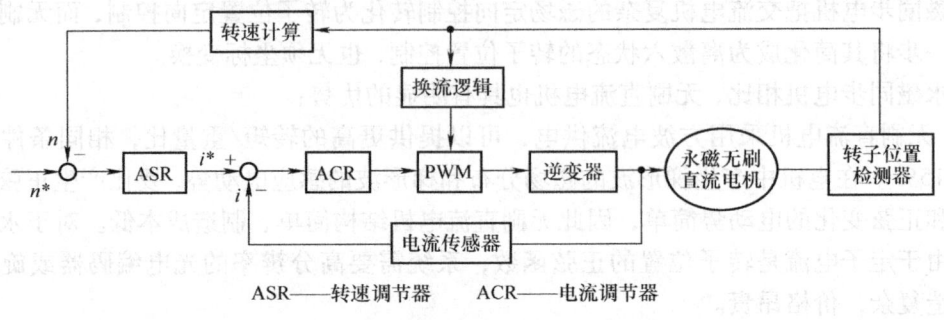

ASR——转速调节器　　ACR——电流调节器

图 5-23　无刷直流电机系统原理图

5.6　轮毂电机

5.6.1　轮毂电机的驱动方式

轮毂电机使用时可分为减速驱动和直接驱动两大类。

在减速驱动方式下，电机一般在高速下运行，而且对电机的其他性能没有特殊要求，因此可选用普通的内转子电机。减速机构放置在电机和车轮之间，起减速和增加转矩的作用。减速驱动的优点在于：电机运行在高速下，具有较高的功率和效率比；体积小、重量轻；转矩大、爬坡性能好；能保证汽车在低速运行时获得较大的平稳转矩。不足之处在于：难以实现液态润滑、齿轮磨损较快、使用寿命短、不易散热、噪声大。减速驱动方式适合于丘陵或山区，以及要求过载能力大或城区公交车等需要频繁起动停车等场合。

在直接驱动方式下，电机多采用外转子（即直接将转子安装在轮毂上）。为了使汽车能顺利起步，要求电机在低速时能提供大的转矩。此外，为了使汽车能够有较好的动力性，电机需具有较宽的调速范围。直接驱动的优点在于：不需要减速机构，使得整个驱动结构更加简单、紧凑，轴向尺寸也较小，而且效率也已进一步提高，响应速度也变快。其缺点在于：起步、迎风行驶或爬坡以及承载较大载荷时需要大电流，易损坏蓄电池和永磁体；电机效率峰值区域很小，负荷电流超过一定值后效率急剧下降。此驱动方式适合用于平路或负荷较轻的场合。

5.6.2　轮毂电机的优点

与内燃机汽车和单电机集中驱动电动汽车相比，使用轮毂电机驱动系统的汽车具有多方面优势：

1）底盘布置更为便捷，供电系统较为灵活。轮毂电机技术使用电动轮驱动的形式，车辆底盘的布置非常的便捷，可以省去机械传动系统，为此，汽车车厢空间将会更大，底盘的设计也就更加灵活。与此同时，汽车的电源供电系统设计会更加便捷，电动汽车不管是采用燃料电池、动力蓄电池、超级电容，或是它们的组合，都将使供电系统的设计更为灵活，原来的机械连接动力传动形式也变成了只需电缆的软连接方式。

2）更好的汽车底盘制动控制性能。使用轮毂电机驱动形式的电动汽车，其电动轮可以单独控制，汽车通过对驱动电机的控制实现对底盘的主动控制，该控制响应快、精度准确，并且各驱动轮的控制有其独自的控制器，完成底盘控制功能，若是在汽车的四轮都采用轮毂电机，将会实现最理想的控制效果。

3）最优的驱动力分配。驱动轮，无论是两个或是四个，其驱动力均可单独调节，因此通过分析计算各驱动轮的转矩利用效率，从而选择更加经济的驱动方式。

4）底架结构大为简化，使整车总布置和车身造型设计的自由度增加。若能将底架承载功能与车身功能分类，则可实现相同底盘不同车身造型的产品多样化和系列化，从而缩短新车型的开发周期，降低开发成本。

轮毂电机的技术的不足之处：

1）采用轮毂电机将会增大簧下质量，对整车的操控产生一定程度的不利影响。

2）尽管电子制动能够实现能量的回收，但是它的制动能力有限，因此依旧需要液压制动系统。

轮毂电机有两种驱动方式，减速驱动和直接驱动。

减速驱动方式，一般情况下，电机高速运行，需采用高速内转子式电机。减速机构的位置在电机和车轮之间，减速增矩。减速驱动的优点在于：电机效率高，转矩大，爬坡性能好，可以保障在低速运行时有较大的平稳转矩输出。不足之处在于：该驱动方式难以实现液态润滑，因此齿轮的摩擦损伤情况比较严重，寿命较短，散热较差，而且噪声相对较大。这种驱动方式适应于丘陵或山区地况，或者是要求负载能力大以及城区客车等经常频繁起动/停车的场合。

直接驱动方式，多选用外转子式的电机。为了能够让汽车顺利起步，该电机需要在低速时提供较大的转矩。其优点是无需减速机构，因此该驱动方式更加简单，结构紧凑，它的轴向尺寸也相对较小，电机的效率也会进一步的提升，响应速度快。它的缺点是在起步、爬坡和承载较大载荷时，需要大电流，因此易损伤蓄电池，缩短蓄电池的使用寿命，电机的效率峰值区域相对减小。该驱动方式比较适合于平路或者是小负荷场合。

5.7 电动汽车驱动系统的发展方向

5.7.1 新型驱动电机的发展和应用

电动汽车中使用的电机同一般工业用的电机发展过程一样，除小型电机外均由直流电机过渡到交流电机。这是因为交流电机中实现了耐用性、高速化、小型化以及轻量化，而且作为电机电源的逆变器以及适合控制的逆变器也实现了小型化，此外成本低廉化也是交流电机得到发展的主要原因之一。

新能源汽车专用的电机，通过从蓄电池中获取有限的能量产生动作，因此要求其在各种环境下的效率都要很好。因而，在性能上的要求比一般工业用电机更加严格。电动汽车用电机主要的发展方向有如下几点：

1）小型轻量化。车辆的空间有限加之载荷限制，电动汽车用电机的体积、重量要求尽可能小，一般为工业用电机的 1/3～1/2。

2）高效性。一次充电后的续驶里程尽可能长，尤其是行驶模式变换频繁的情况，电机和控制装置的总效率也需要进一步提高。因而，在控制层面上的研究也很有必要。

3）低速大转矩情况下的大范围内的恒定输出特性。在电机单体中，需满足必要的转矩特性，比如满载坡道起步等工况。

4）高可靠性及寿命长。汽车一般有 3～5g 的振动，应确保在任何环境中安全使用，不采用速度位置传感器的无传感器的控制，被认为能够提高可靠性。

5）寿命长。一般的汽车寿命都在 10 年以上，应确保电机在汽车使用年限内正常使用。

6）低噪声。考虑到乘坐的舒适性以及对环境的影响，噪声应尽可能小。目前，各类电机在大转矩起步或急加速过程中都存在不同程度的噪声。

7）成本低廉。为了便于普及，成本的降低是必不可少的。

能够满足以上特性的电机便是适合作为电动汽车专用的电机。但是，目前还没有全部满足以上特征的电机。

在美国，异步电机应用较多，通常认为是与路况有关系。美国的高速公路具有一定的规模，除了大城市外，汽车一般以较高的速度持续行驶，因此能够实现高速运转而且在高速时有较高效率的异步电机得到广泛应用。在日本，电动汽车多采用 PM 电机，但转子中采用的磁铁的高价问题仍然得不到解决。

如前所述，在交流电机得到广泛应用的同时，也有使用直流电机的车辆。在都市型小型汽车和高尔夫车等两座乘用车、铲车等工业车辆以及电动轮椅等特殊用途车辆中直流电机都有应用。

以 SRM 为代表的开关磁阻电机也在不断发展中，作为工业和电动汽车专用的电机发展很快，但它的效率还不是十分理想，在实际中还未广泛应用。

5.7.2 驱动电机控制技术的发展方向

由于可以有效利用的蓄电池能量是有限的，高性能电动汽车用电力变换器以及构成它的电力装置等就成为电机驱动用变换器的核心，这也是现在和未来发展的方向。

1. 控制器的发展方向

电动汽车中，直流电机电压多为 100～120V，交流电机则多使用 288V，电流在 200～300A。直流电机在小型车上多采用 FET、大型车则多使用 IGBT 器件；交流电机可采用耐电压 600V 的自动开关器件，如 IGBT。近来，更进一步的智能模块化电力开关器件的使用也日益增多。

作为电机驱动用电力变换器，对于直流电机使用的是附带回收作用的高频斩波器，对于交流电机则选用的是高频 PWM 逆变器。2000mL 级别的内燃机汽车的最大输出功率为 40～60kW，连续输出功率为最大功率的 50% 左右。交流发电机驱动的情况下，作为变换器的逆变器是必需的，其输出频率最高可达到 200Hz 左右，这是根据正弦波调制 PWM 控制得来的。输入电机的电流几乎都是正弦波，并且为了去除变换器的噪声，PWM 发生器在可听频率的 16kHz 以上。在这些情况下，电力装置的高频开关动作是必要的，故开关损耗也会相应增加。因此，损失少的器件现正在积极地开发中。其发展方向如下。

1）效率的提高。电动汽车不会一直处于高速公路上高速行驶的状态，在市区行驶速度只有 40~60km/h，因此在市区行驶所需的电力仅为高速行驶的 1/5。因此，希望控制器在较大的运行范围内具有较高的效率。实现这个目标不但需要采用轻负荷、高效率的逆变器，还需要恰当的电机控制方法，如在异步电机励磁电流控制中采用高效率控制阀，或使用高效率的永磁同步电机，更进一步的多采用高效率的 DC/DC 变换器。

2）回收效率的提高。制动时车辆蓄电池有效回收的能量可增加续驶里程。在再生制动的时候，逆变器、电机（整流器、发电机）的效率明显得到改善，但是要注意影响能量回收模式和蓄电池的充电效率等问题。此外，还要注意蓄电池充电时间的限制。

3）电力装置。电动汽车中采用的电力装置，特别对低成本、低损耗以及友好的环境适应性有较多要求。对于低损耗，关键是降低输出时的损耗。针对蓄电池电压低的情况，考虑采用比 IGBT 导通电压低的 MOSFET。

4）软开关化。采用共振回路使器件强制工作在零电压或者零电流状态，提出了在改点进行开关动作的方法。把这种方法称为软开关，是使开关器件的应力、开关损耗、开关噪声降低的有效方法。

5）电磁噪声规范。电动汽车中，电磁干扰的类别可以分为辐射噪声（从装置辐射电磁波）和传送噪声（电源动力线传播中的高次谐波成分），这些会对人们的身心健康造成影响。

6）整车电力电子设备的一体化。未来要考虑实现电机驱动用逆变器和 DC/DC 变换器的一体化、低成本化、小型轻量化以及低噪声的特征。

2. 驱动方式的发展方向

1）转矩响应速度提高。此用高速转矩控制法可以得到 10~30ms 的高速转矩响应速度，可以实现比内燃机汽车更快的控制响应。

2）控制简单化。由于依靠转矩命令就能进行纯电气控制，可以采用微型控制器等直接进行控制，比内燃机汽车的控制容易许多。

3）进行四轮独立驱动。轮毂电机的应用使得四轮独立驱动更容易实现。

4）拓宽车轮操纵控制角度。在操纵控制中采用电气方式以及采用轮毂电机，可以控制各车轮有 ±180° 的操纵角。

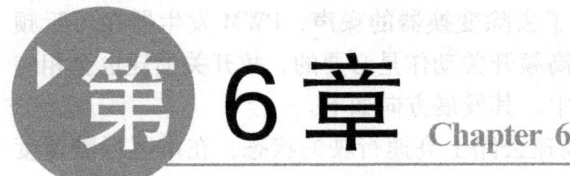

电动汽车再生制动系统的基本原理

纯电动汽车（EV）和混合动力电动汽车（HEV）最重要特性之一是其显著的回收制动能量的能力。在纯电动汽车、混合动力电动汽车和燃料电池车（FCV）中的驱动电机可被控制作为发电机运行，从而将车辆的动能或位能变换为电能，并储存在能量储存装置之中，得以再次利用。

车辆制动性能无疑是影响车辆安全性的重要因素之一。对于车辆，制动系统的成功设计必须始终满足两个要求：迅捷地降低车速、通过控制车轮保持车辆方向控制。前者要求在所有的车轮上制动系统能供给足够的制动转矩。后者要求在所有的车轮上特定的制动力的分布。

通常，所要求的制动转矩比驱动电机所能产生的转矩大得多。在纯电动汽车、混合动力电动汽车和燃料电池车中，机械摩擦制动系统应该与电再生制动同时存在。因此，这是一个混合制动系统。如同混合驱动系统一样，它可有多种结构和控制策略。但是，这些系统设计和控制的最终目的是保证车辆的制动性能，以及其回收尽可能多的制动能量的能力。

6.1 市区行驶中的制动能量损耗

制动期间，消耗了显著的能量。将 1500kg 车辆从 100km/h 车速制动到零车速，在几十米距离内约消耗了 0.16kW·h 的能量 [$(1/2)mv^2$]。如果能量消耗在仅克服阻力（滚动阻力和空气阻力）而没有制动的惯性滑行中，则该车辆将行驶约 2km，如图 6-1 所示。

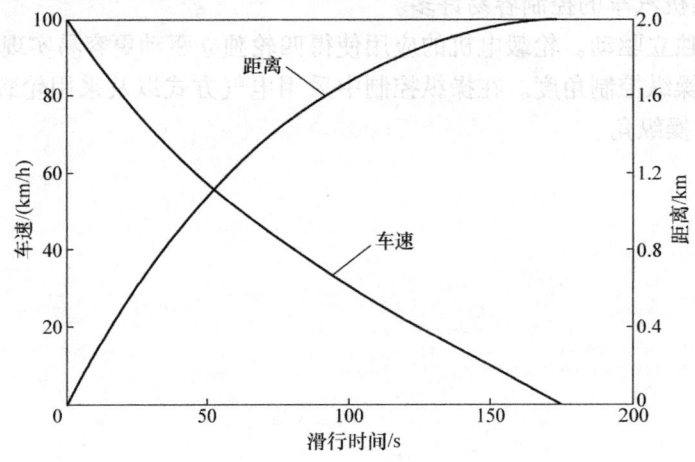

图 6-1 惯性滑行的车速和距离

当车辆在市区内以停车-起动方式行驶时,显著的能量消耗在频繁的制动上。为回收尽可能多的制动能量,一个成功的混合制动系统的设计,需要在典型市区行驶循环期间充分理解制动运行状态,及其就车速而论的制动特性、制动功率和负加速度(减速率)等。本章中应用的典型市区行驶循环为 EPA、FP75、LA92、US06、纽约城市和 ECE-15。

当行驶在平坦的路面上时,车轮上驱动功率(kW)的计算关系式为

$$P_d = \frac{v}{1000}\left(mgf_r + \frac{1}{2}\rho_a C_d A v^2 + M\delta \frac{dv}{dt}\right) \tag{6-1}$$

式中,m 为车辆质量(kg);g 为重力加速度(9.81m/s²);f_r 为滚动阻力系数;ρ_a 为空气密度(1.205kg/m³);C_d 为车辆的空气阻力系数;A 为车辆正迎风面积(m²),v 为车速(m/s);δ 转动惯量系数;dv/dt 为车辆加速度(m/s²)(减速至为负值)。

对应于 $P_d > 0$,主动轮从动力装置接收功率,并推动车辆前行,此时制动功率为零;反之,当制动且车质量的动能被制动系统消耗时,$P_d < 0$,此时驱动功率为零。

在给定的 FTP75 市区行驶循环中,对表 6-1 所列参数的典型乘用车,由式(6-1)编辑行驶时间求其积分,即可得出牵引能量和制动能量,如图 6-2 所示。本章中引用的车辆参数均按图 6-3 和表 6-1 给定。

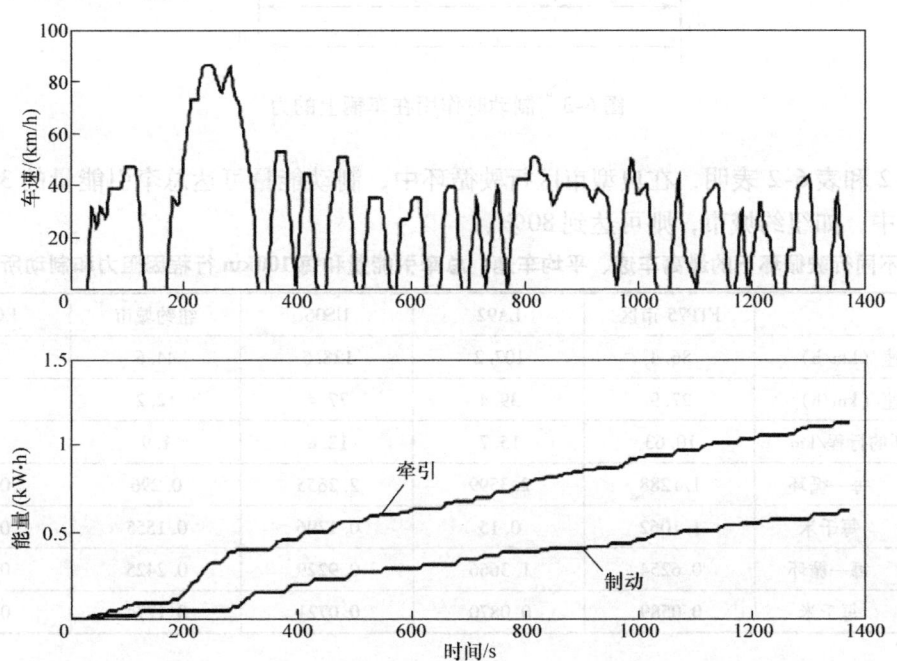

图 6-2 按 FTP75 市区行驶循环运行的牵引和制动所消耗的能量

表 6-1 本章中采用的车辆参数

项目	符号	单位	数值
整车质量	m	kg	1500(全载荷),1250(未加载)
滚动阻力系数	f_r	—	0.01
空气阻力系数	C_d	—	0.3

(续)

项目	符号	单位	数值
车辆迎风正面的面积	A	m^2	2.2
轴距	L	m	2.7
由重心至前轮中心的距离	L_a	m	1.34（全载荷），0.95（未加载）
重心高度	h_g	m	0.6（全载荷），0.5（未加载）

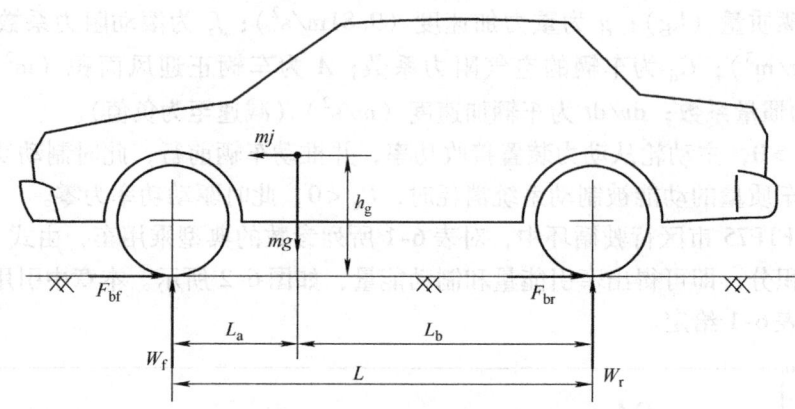

图 6-3 制动时作用在车辆上的力

图 6-2 和表 6-2 表明，在典型市区行驶循环中，制动能量可达总牵引能量的 34% 以上，在大城市中，如纽约城市，则可达到 80%。

表 6-2 在不同行驶循环下的最高车速、平均车速、总牵引能量和每 100km 行程因阻力和制动所消耗的能量

		FTP75 市区	LA92	US06	纽约城市	ECE-15
最高车速/(km/h)		86.4	107.2	128.5	44.6	120
平均车速/(km/h)		27.9	39.4	77.4	12.2	49.8
每一循环的行程/km		10.63	15.7	12.8	1.9	7.95
牵引能量/(kW·h)	每一循环	1.1288	2.3599	2.2655	0.296	0.9691
	每千米	1.1062	0.15	0.1796	0.1555	0.1219
制动能量/(kW·h)	每一循环	0.6254	1.3666	0.9229	0.2425	0.3303
	每千米	0.0589	0.0870	0.0721	0.1274	0.0416

6.2 作为车速函数的制动能量

在典型市区行驶循环中的整个车速范围内，制动能量分布是应用于再生制动系统设计和控制的有用信息。此时，在制动能量大量消耗的车速范围内，起发电机作用的驱动电机运行效率可以是最被关注的问题。而在其他车速范围内，再生制动在能量回收上没有明显的兼顾性，故多半予以抛弃。图 6-4 表明在 FTP75 市区行驶循环中，对表 6-1 所列参数的乘用车，在其整个车速范围内制动能量分布的图形。图 6-5 进一步表明在小于给定车速下，所消耗的

制动能量。这两个图形显示在低于 15km/h 的车速范围内，仅消耗 10% 的总制动能量。表 6-3 给出了在其他典型市区行驶循环中，低于 15 km/h 车速范围的制动能量的消耗。

在低车速范围中，如在所有典型行驶循环的低于 15km/h 的车速范围内，所消耗的制动能量是无足轻重的。这一结果显示在再生制动系统的设计和控制中，对低车速而言，不需要为获得高运行效率而作很多努力。事实上，在驱动电机低转速下导致低电动势（电压），故难以在低车速时回收能量。

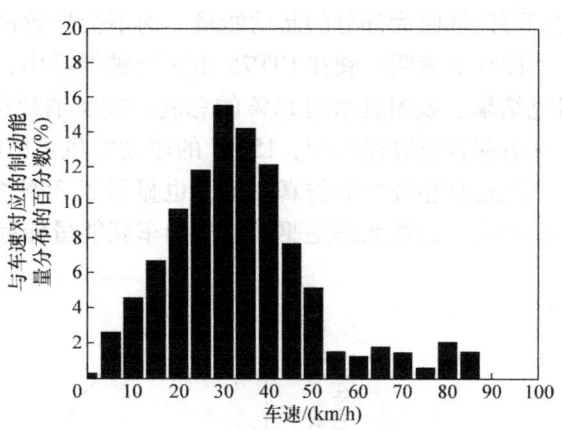

图 6-4　在 FTP75 市区行驶循环中全车速范围内制动能量的分布

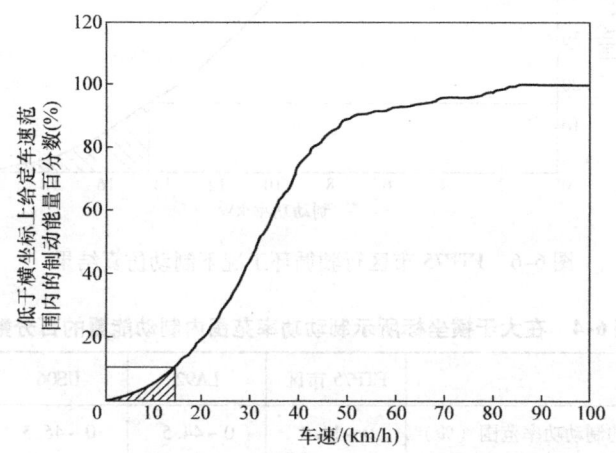

图 6-5　在低于给定车速范围内所消耗的制动能量

表 6-3　典型市区行驶循环下在车速低于 15km/h 范围中所消耗的制动能量百分数

	FTP75 市区	LA92	US06	纽约城市	ECE-15
制动能量百分数（$v<15$km/h）（%）	10.93	5.51	3.27	21.32	4.25

应该注意，车辆驱动轮的转速正比于驱动电机的角速度，当车轮近乎制动住时，轮速由车体的移进速度中解耦。因此，混合制动系统必须在高于一个最小阈值的速度下运行。电再生制动应主要应用于尽可能多地回收制动能量，而机械制动应主要应用于保证车辆的制动性能。

6.3　作为制动功率函数的制动能量

另一个重要的要素是作为制动功率函数的制动能量。理解在典型行驶循环中作为制动功率函数的制动能量，对驱动电机和车载能量储存装置的功率容量设计是非常有益的，这将使它们可以回收大部分的制动能量，而不会导致过大容量的设计。

图 6-6 表明行驶在 FTP75 市区行驶循环中，按表 6-1 所列参数的乘用车，其制动的仿真研究结果。该图显示约 15% 的总制动能量消耗在制动功率大于 14.4kW 的范围内。这一结果意味着在该行驶循环中，15kW 的驱动电机可回收接近 85% 的总制动能量。表 6-4 给出了其他市区行驶循环中的仿真结果，也显示了 85% 的总制动能量被消耗的制动功率范围。基于制动观点，这些数据是驱动电机和车载能量储存装置功率容量设计的可靠依据。

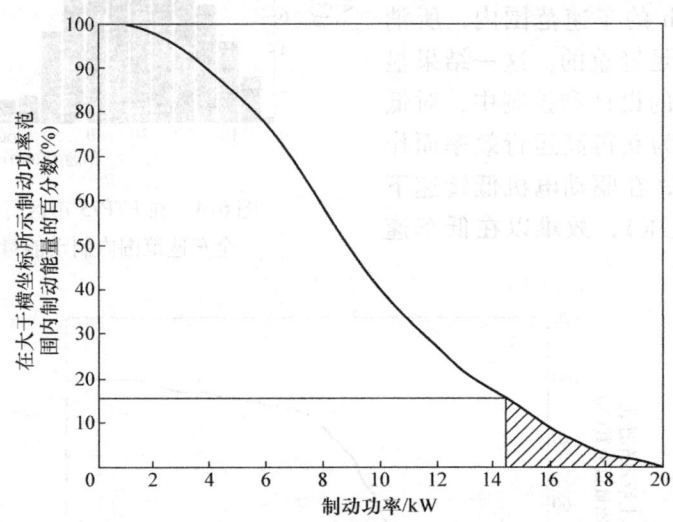

图 6-6　FTP75 市区行驶循环工况下制动仿真结果

表 6-4　在大于横坐标所示制动功率范围内制动能量的百分数

	FTP75 市区	LA92	US06	纽约城市	ECE-15
85% 的总制动能量被消耗的制动功率范围（%）	0~14.4	0~44.5	0~46.5	0~18.5	0~33.5

6.4　作为车速函数的制动功率

另一个重要的依据是在典型市区行驶循环中作为车速函数的制动功率特性。为了优化匹配驾驶的操作，理解该制动功率特性对于驱动电机的转速—功率图形的特定设计和控制是极为重要的。图 6-7 表明了上述车辆的仿真结果。该图中的条带表示对应于指定车速，在特定的行驶循环中的最大制动功率。图中实线描绘了假设的驱动电机的转速—功率图形，它覆盖了表中至少 85% 的总制动能量。

由此可见，作为车速函数的制动功率图形本质上可与驱动电机的转速—功率图形相匹配，图中功率正比于从零到基速的车速（恒转矩），而在超过基速后，保持为定值。因而，应用于再生制动的驱动电机不需要特殊的设计和控制。

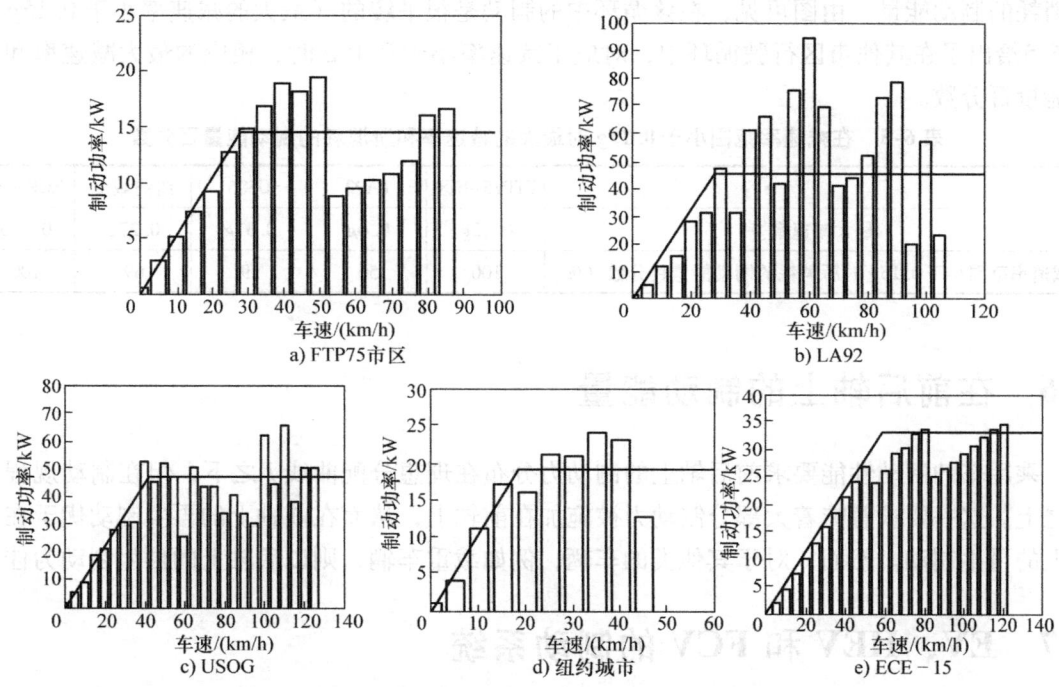

图 6-7　在典型市区行驶循环中作为车速函数的制动功率

6.5　作为车辆减速率函数的制动能量

另一个重要的考虑是在车辆减速率的全范围内制动能量的分布，车辆减速率反映了所需的制动力。理解这一特性也将有助于 EV、HEV 和 FCV 的混合制动系统的设计和控制。图 6-8 表明前述车辆在 FTP75 市区行驶循环中，当其减速率范围小于横坐标上指示值时所对

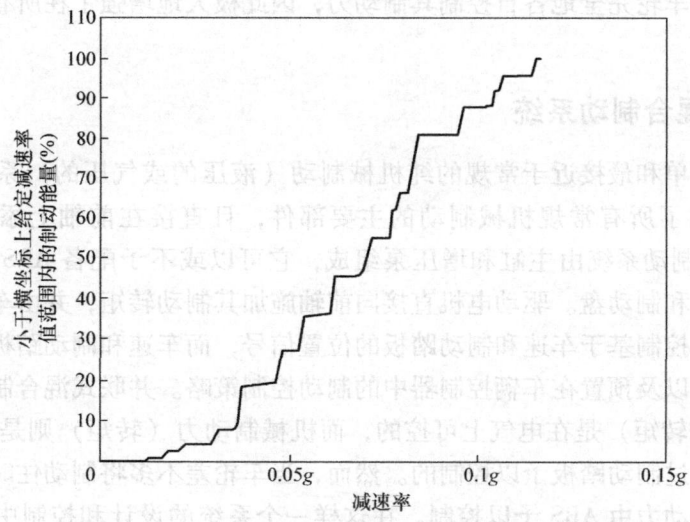

图 6-8　在不同的车辆减速率下所消耗的制动能量

应消耗的制动能量。由图可见，在该循环中的制动是很平缓的（最大的减速率小于0.15g）。表6-5给出了在其他市区行驶循环中，对应于减速率小于0.15g时，相应的最大减速率和制动能量百分数。

表6-5 在减速率范围小于0.15g时最大的减速率和所消耗的制动能量百分数

	FTP75 市区	LA92	US06	纽约城市	ECE – 15
最大减速率	0.12g	0.4g	0.31g	0.27g	0.14g
在减速率范围小于0.15g时所消耗的制动能量百分数（%）	100	56	59	69	100

6.6 在前后轴上的制动能量

乘用车的制动性能要求前后轴上的制动力分布在理想分配曲线 I 之下，但在制动规程曲线之上。这一要求意味着大部分制动力被施加在前轴上，从而在前轴上的再生制动优于在后轴上的再生制动。然而，对于其他类的车辆，例如载重车辆，则以后轴上的再生制动为佳。

6.7 EV、HEV 和 FCV 的制动系统

EV、HEV 和 FCV 中的再生制动对其制动系统的设计略微带来了一些复杂性，呈现了两个基本问题：一是如何在再生制动和摩擦制动之间分配所需要的总制动力，以尽可能多地回收制动能量；二是如何在前后轴上分配总制动力，以实现稳定的制动性能。通常，再生制动仅对驱动轴（乘用车一般为前轴）有效。为回收尽可能多的制动能量，必须控制驱动电机产生特定量的制动力；同时，为满足来自驾驶人的车辆减速指令，必须有足够的总制动力。本章引入了两种混合制动系统的构造及其相应的设计和控制原理：一种是并联式的混合制动系统，其结构和控制简单，且保留了所有常规制动的主要部件；另一种是全可控的混合制动系统，它能对各个车轮完全地各自控制其制动力，因此极大地增强了在所有各种类型路面上的车辆制动性能。

6.7.1 并联式混合制动系统

大致上，最简单和最接近于常规的纯机械制动（液压的或气压的）系统是并联式混合制动系统，它保留了所有常规机械制动的主要部件，且直接在前轴上添加了电制动，如图6-9所示。机械制动系统由主缸和增压泵组成，它可以或不予配备 ABS 控制器和执行机构，但必有制动钳和制动盘。驱动电机直接向前轴施加其制动转矩，并由车辆控制器予以控制。车辆控制器的控制基于车速和制动踏板的位置信号，而车速和制动踏板的信号则显示了期望的制动强度，以及预置在车辆控制器中的制动控制策略。并联式混合制动系统的特色仅在于其电制动力（转矩）是在电气上可控的，而机械制动力（转矩）则是在 ABS 开始其作用之前由驾驶人通过制动踏板予以控制的。然而，当车轮差不多将制动住时，如同常规制动系统一样，机械制动力由 ABS 予以控制。在这样一个系统的设计和控制中，其关键问题是为了回收尽可能多的制动能量，应正确地控制其电制动力。

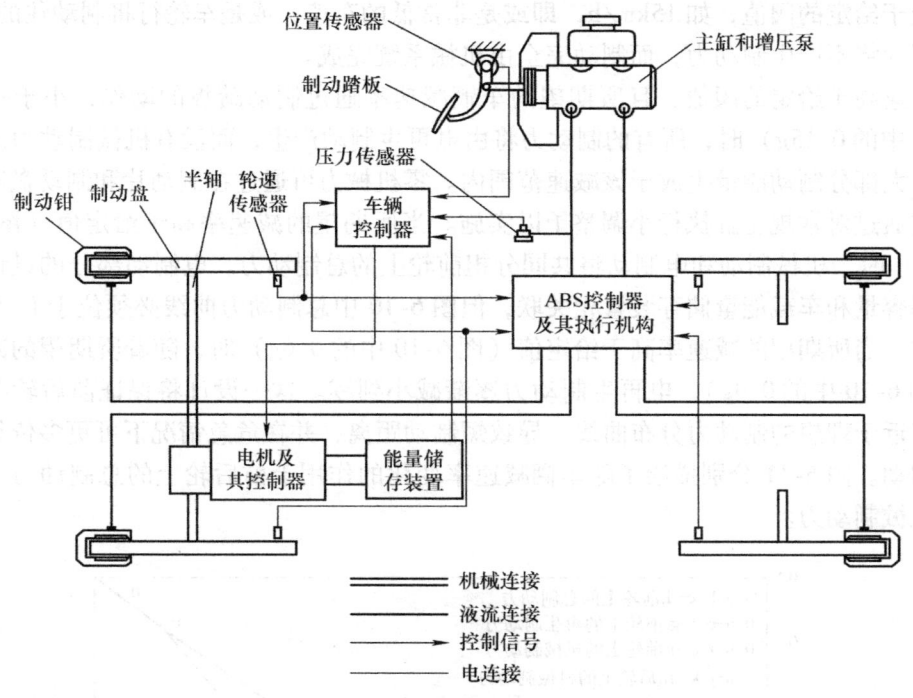

图 6-9 并联式混合制动系统的结构示意图

1. 以电和机械制动力之间固定比设计和控制原理

图 6-10 表明了制动力分配的策略,其中机械制动力以前后轮上制动力分配的固定比由曲线 β 予以表达。曲线 I 是理想的车辆制动力分布的描绘。图中也绘制了欧洲经济委员会(ECE)制动规程曲线,它规定了最小的后轮上的制动力。总制动力分布是以机械+电气标记的曲线。前轮上的制动力由机械制动力 $F_{bf-mech}$ 和电制动力 $F_{bf-regen}$ 所组成(图 6-10)。

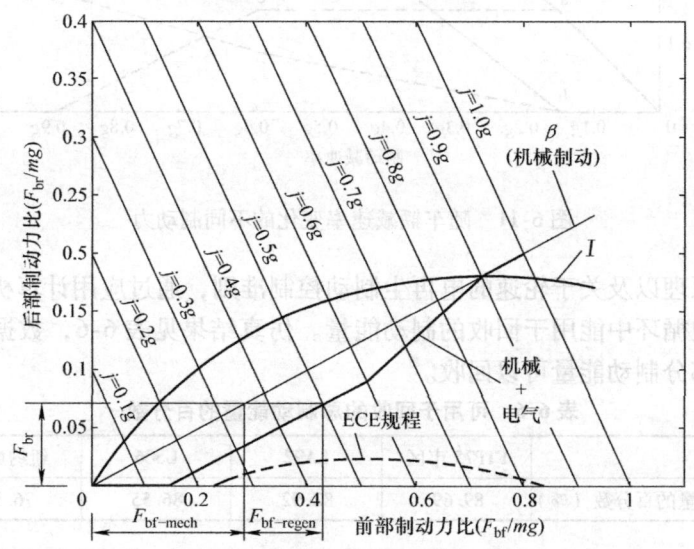

图 6-10 随减速率而变化的制动力

当轮速低于给定的阈值,如 15km/h,即或是非常低的车速,或是车轮行将制动住的车速时,电再生制动将不产生制动力,而制动完全由机械系统完成。

当轮速高于给定的阈值,且所期望的车辆减速率通过制动踏板的动作,小于一给定值(图 6-10 中的 0.15g)时,所有的制动力将由电再生制动产生,而没有机械制动力施加在前后轮上。大部分制动能量生成于该减速范围内。零机械力可通过在制动片和制动盘间采用大间隙,或通过对常规主缸执行小调整予以实施。当所期望的减速率高于给定值(图 6-10 中的 0.15g)时,机械制动和电制动将共同分担前轮上的总制动力。电制动部分的设计与驱动电机功率容量和车载能量储存装置相关联,但图 6-10 中总制动力曲线必须位于 ECE 规程曲线的上方。当所期望的减速率高于给定值(图 6-10 中的 0.6g)时,随着所期望的减速率的提高(图 6-10 中的 0.9g),电再生制动力逐渐减小到零。这一设计将保证前后轮上实际的制动力接近于理想的制动力分布曲线,导致短制动距离,并在危急情况下可更多依靠强有力的机械制动。图 6-11 分别描绘了随车辆减速率变化的作用于前后轮上的总制动力、再生制动力和机械制动力。

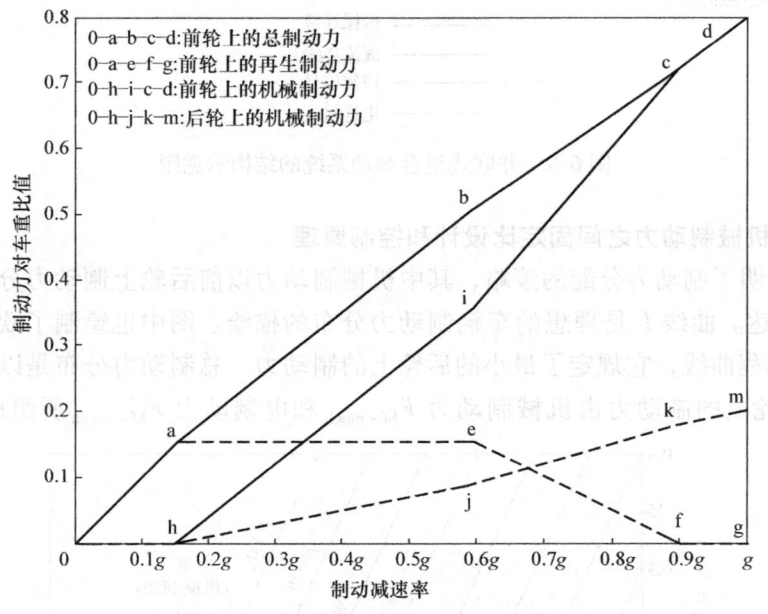

图 6-11　随车辆减速率变化的不同制动力

以上述设计原理以及关于轮速的电再生制动控制准则,通过应用计算机仿真,可计算得出在各种典型行驶循环中能用于回收的制动能量。仿真结果见表 6-6,数据显示,在标准的市区行驶中,大部分制动能量可以回收。

表 6-6　可用于回收的总制动能量的百分数

	FTP75 市区	LA92	US06	纽约城市	ECE – 15
可用于回收的总制动能量的百分数(%)	89.69	82.92	86.55	76.16	95.75

应该注意,所要求的驱动电机最大制动转矩应能产生 0.15g 的减速率(负加速度),因此,就不会需要大容量的驱动电机。

2. 用于最大再生制动的设计和控制原理

在满足制动规程（此处应用 ECE 规程）条件下，设计和控制原理将遵循总制动力尽可能多地分配在前轮上的准则。也就是说，总制动力分布将遵循由 ECE 规程约定的最大前制动力曲线（最小后制动力），它由图 6-12 中曲线 0 – a – b – c 予以描绘，现更详细地阐述于下。

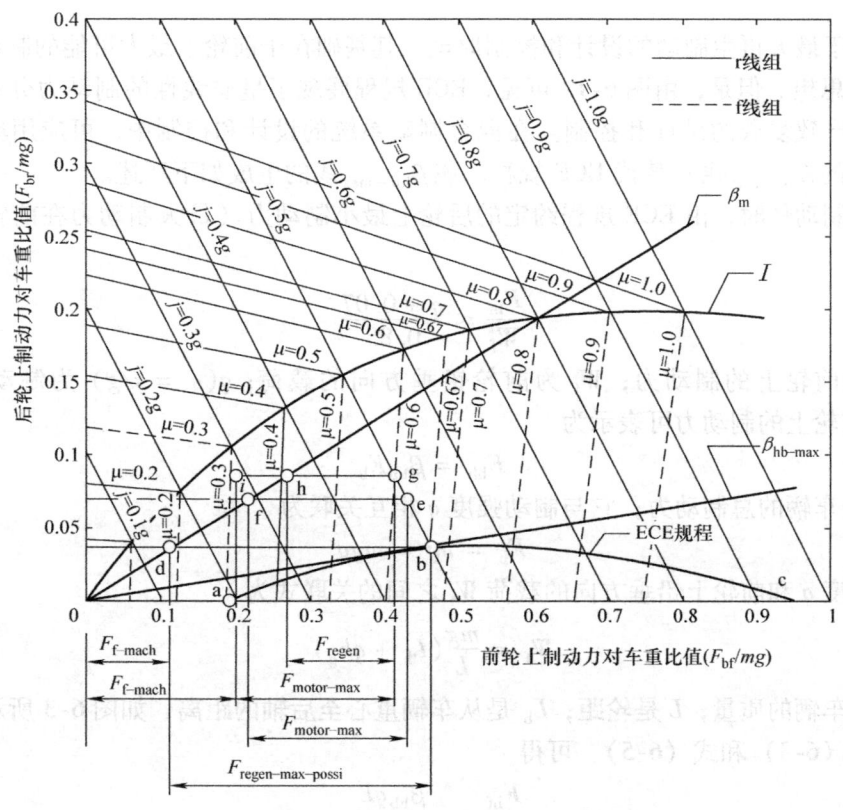

图 6-12 制动力在前轮（电气 + 机械）和在后轮上分布的示意图说明

当制动强度小于 $0.2g$ 时，所有的制动力被分配到前轮用于再生制动，而没有机械制动力施加到前后轮上。通过传感制动踏板的位置，可控制驱动电机的转矩。此时，主缸将不形成液压。当制动强度大于 $0.2g$ 时，机械系统开始生成压力，在前后轮上的机械制动力开始增大；同时，驱动电机在前轮上附加其电制动转矩，使总制动力遵循 ECE 规程曲线。例如，当所需的制动强度为 $0.5g$ 时，总制动力位于点 b，而作用于前后轮上的机械制动力位于点 d。此时，用于再生制动的最大可能的制动力为由 $F_{regen-max-possi}$ 标记的线段 d – b。但是，为充分地回收所有最大可能的制动功率，必须满足两个条件：其一是驱动电机应能产生此制动力，设制动强度为 $0.5g$，最大的驱动电机制动力由图 6-12 中线段 f – e 所限定，总制动力工作点应在点 e，而机械制动力应在点 f。若驱动电机有足够大的功率，则另一条件必须满足，使之在 ECE 规程约定下，回收最大可能的制动功率。此条件在于路面的附着系数必须大于 0.67，否则前轮将被制动住。图 6-12 表明了制动强度 $j = 0.5g$，$\mu = 0.6$，且总制动力工作点为点 g 的情况。在这一情况下，运行将因有无机械的 ABS 而互异。对于无 ABS 的系统而言，为在后轮上满足制动力的需求,机械制动必须工作在点 h。因而,再生制动力应取线段 h-g,它小于驱动电机可产生的最大制动力。然而,对于配置机械的 ABS 的制动系统而言,当前轮行将制动住时,ABS 将开始其作用,而作用在前轮上的机械制动力将从 β 线脱离,代之为 $\mu = 0.6$ 的 f 线,这就限制了前轮上机械制动力的进一步增大。此时,驱动电机仍可产生其最大制动力,以回收最大的制动能量,如图 6-12 中线段 i-g 所示,而机械制动的工作点位于点 i。

上述用于最大再生制动的设计和控制原理,其基础在于前轮上最大可能的制动力受限于 ECE 规程的思想。但是,由图 6-12 可见,ECE 规程展现了呈非线性的制动力分布曲线。这一非线性可导致复杂的设计和控制。在混合制动系统的设计和控制中,可应用单纯的直线(图 6-12 中的 β_{hb-max} 线)替代 ECE 规程。该 β_{hb-max} 线的生成如下所述。

当前轮制动住时,由 ECE 规程约定的后轮上最小制动力(最大制动力在前轮上)可表示为

$$\frac{F_{bf}}{W_f} \leq \frac{q + 0.07}{0.85} \quad (6-2)$$

式中,F_{bf} 为前轮上的制动力;W_f 为前轮铅垂方向的载荷;q($q = j/g$)为制动强度(见图 6-3)。前轮上的制动力可表示为

$$F_{bh} = \beta_{hb} F_b \quad (6-3)$$

式中,F_b 为车辆的总制动力;它与制动强度 q 相互关联为

$$F_b = mj = mgq \quad (6-4)$$

制动强度 q 和前轮上铅垂方向的载荷 W_f 之间的关联式为

$$W_f = \frac{mg}{L}(L_b + qh_g) \quad (6-5)$$

式中,m 是车辆的质量;L 是轮距;L_b 是从车辆重心至后轴的距离,如图 6-3 所示。

组合式(6-3)和式(6-5),可得

$$\frac{F_{bf}}{W_f} = \frac{\beta_{hb} q L}{L_b + qh_g} \quad (6-6)$$

由式(6-2)和式(6-6),应有

$$\beta_{hb} \leq \frac{(q + 0.07)(L_b + qh_g)}{0.85 qL} \quad (6-7)$$

由式(6-7)可见,满足 ECE 规程 β_{hb} 的上限是制动强度 q 的函数。由此可得 β_{hb} 的最大值为

$$\left.\frac{d\beta_{hb}}{dq}\right|_{q=q^0} = 0 \quad (6-8)$$

对应的 $q^0 = \sqrt{0.07 L_b / h_g}$,从而既得:

$$\beta_{hb-max} = \frac{2\sqrt{0.07 L_b h_g} + L_b + 0.07 h_g}{0.85 L} \quad (6-9)$$

式(6-9)表明制动力分布比仅取决于车辆参数。在 β_{hb-max} 的情况下,前后轮上制动力分布描绘于图(6-12)中,这一直线可用以替代 ECE 规程曲线,且制动系统的设计和控制可得以简化,制动过程的分析与上类同,在此留给读者。

6.7.2 全可控混合制动系统

近年来,出现了更多先进的制动系统,可对各个车轮独立地控制其制动力。液压电制动系统(H-EBS)和机械电制动系统是其中两个典型实例。图 6-13 示意了全可控混合制动系统,它由液压电制动和电再生制动所组成。

机械制动系统主要由制动踏板及其位置传感器、主缸、电动的与电控的制动执行机构、电控的三端口开关、流体蓄能器和压力传感器组成。在正常工作状态下,三端口开关的端口 1 和 3 关断;端口 2 闭合。按 H-EBS 控制器的指令,由相应的制动执行机构独立地产生并施加在各个车轮上的机械制动转矩。对每个车轮的制动转矩指令是在 H-EBS 中生成的,它基于压力传感器的压力信号、来自制动踏板位置传感器的制动踏板行程信号、轮速传感器的轮速信号以及在 H-EBS 控制器中预置的控制准则。来自主缸的制动流体通过三端口开关流入流体蓄能器形成压力,并仿效常规制动系统的制动感受。在任一制动执行机构失效的情况下,相应的三端口开关将转换到端口 1 和 2 关断、端口 3 闭合的模式,使制动流体由主缸直接进入制动卡块柱体,以保持制动转矩。

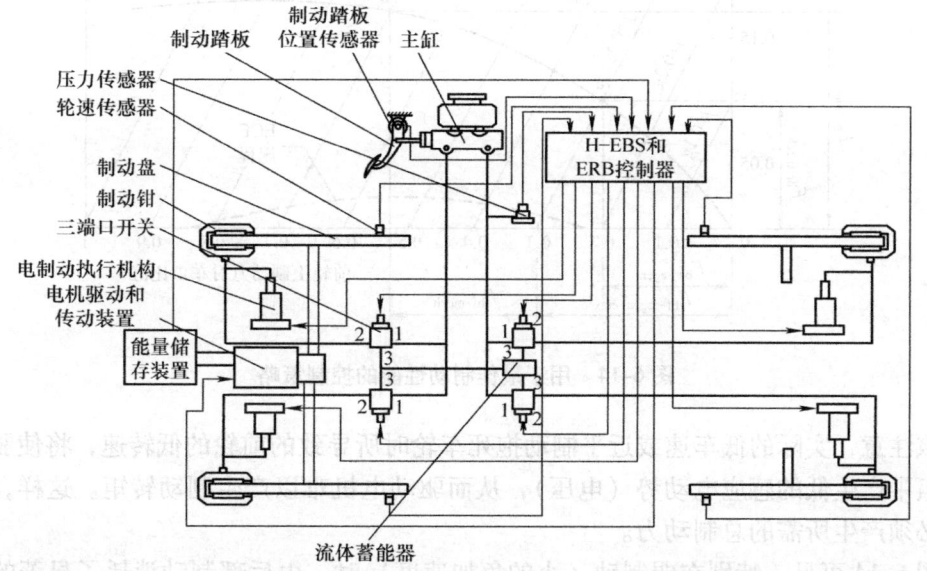

图 6-13 配置 H-EBS 和电再生制动的全可控混合制动系统

电再生制动(ERB)主要包含一个驱动电机及其控制器(驱动),以及一个车载能量储存装置。ERB 控制器基于车速、制动踏板行程、能量储存装置的荷电状态,以及预置在控制器中的控制准则,控制电制动的运行。

这一系统中的关键问题之一是如何控制机械和电制动转矩,以获得满意的制动性能,并尽可能多地回收可用的再生制动能量。在本章中,介绍了两种典型的控制策略:其一突出了制动性能;另一则突出了最大再生制动能量的回收。

1. 用于优化制动性能的控制策略

由于在每个车轮上独立控制其制动力,全可控混合制动系统能调节施加在前后轮上的制动力,使之遵循理想的制动力分布曲线。这一控制策略可给出优化的制动性能。

图 6-14 图解说明这一控制策略应用于车辆的原理，电再生制动仅在前轮上有效。当前轮上所要求的总制动力小于驱动电机可产生的制动力时，驱动电机将产生所需的总制动力，而没有机械制动力的施加。但是，机械制动将遵循曲线 I 对后轮产生总制动力，如图 6-14 中点 a 所示。当前轮上所要求的总制动力大于驱动电机可产生的制动力时，电制动和机械制动两者必须共同施加。为了回收更多的制动能量，应控制驱动电机产生其最大的制动力，该最大制动力受限于驱动电机或能量储存装置。剩余部分的制动力由机械制动施加如图 6-14 中点 b 所示。

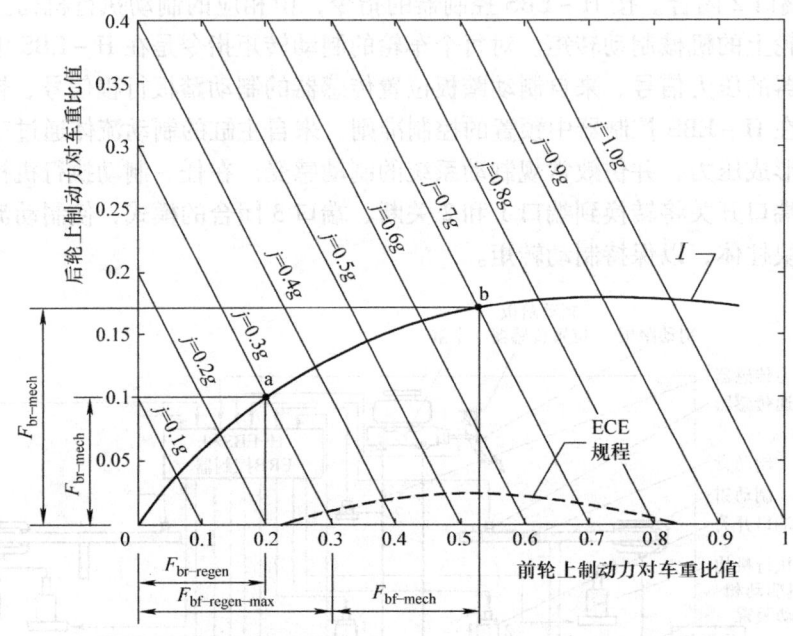

图 6-14　用于最佳制动性能的控制策略

应该注意，实际的低车速或近乎制动抱死车轮时所导致的前轮的低转速，将使驱动电机定子绕组中产生低的感应电动势（电压），从而驱动电机难以产生制动转矩。这样，此时机械制动必须产生所需的总制动力。

由图 6-14 可见，特别在弱制动（小的负加速度）时，由后部制动消耗了显著的制动能量。例如，在 $j=0.3g$ 时，约 33% 的总制动能量被消耗在后部制动中。在 $j=0.1g$ 时，这一百分数可达 37.8%。遗憾的是，这正是大多数市区行驶循环的情况。考虑到在低车速（低于 15km/h）时没有再生制动，故在前轮上用于回收的可用的制动能量显著减少。示于表 6-7 中的仿真结果证实了这一结论。

表 6-7　典型市区行驶循环中制动能量的情况

	FTP75 市区	LA92	US06	纽约城市	ECE－15
前轮上制动能量对于总制动能量的百分数（%）	61.52	63.16	62.98	62.57	61.92
后轮上制动能量对于总制动能量的百分数（%）	38.48	36.84	37.02	37.43	38.08
前轮上可用的再生制动能量对于总制动能量的百分数（%）	55.16	59.85	60.89	50.26	59.27

2. 用于优化能量回收的控制策略

在任意附着系数的路面上,且在前轮绝对不早于后轮制动抱死的条件下,这一控制策略原理的目的是向前轮分配更多的制动力。因而,对于再生制动,将有更多的制动能量可得到利用。

借助于图 6-15,下面详述本控制策略。

当车辆在附着系数为 μ 的路面上加速率为 j 的情况下制动,且 $j/g < \mu$ 时,前后轮上的制动力可随意施加,只要总制动力满足要求,即 $F_{bf} + F_{br} = mj$。但是,制动性能要求没有车轮被制动住,且在后轮上的制动力应处于 ECE 规程曲线上方,如图 6-15 所示。因此,前后轮上的制动力取决于车辆的减速率和路面附着系数,在一定范围内是可变的。图 6-15 表明,在附着系数为 $\mu = 0.9$(混凝土路)的路面上,对应于减速率 $j/g = 0.7$ 和 $j/g = 0.6$(强制动),制动力范围分别是 a−b 和 c−d。显然,对于 $j/g = 0.7$,前轮上的最大制动力由点 b 确定,它取决于 $\mu = 0.9$ 时的 f 线(前轮制动住)。然而对于 $j/g = 0.6$,前轮上的最大制动力由点 d 确定,它取决于 ECE 规程。事实上,在高附着系数的路面上,当 $j/g < 0.7$ 时,后轮上的制动力非常小,而几乎所有的制动力均施加到前轮上。但当路面附着系数较小(滑溜的路面)时,制动力可变范围小得多。图 6-15 表明了 $\mu = 0.4$(湿泥路)和 $j/g = 0.3$,$j/g = 0.2$ 的情况,很明显,点 f 确定了对应于 $j/g = 0.3$ 时前轮上的最大制动力,点 h 则对应于 $j/g = 0.2$ 时前轮上的最大制动力。

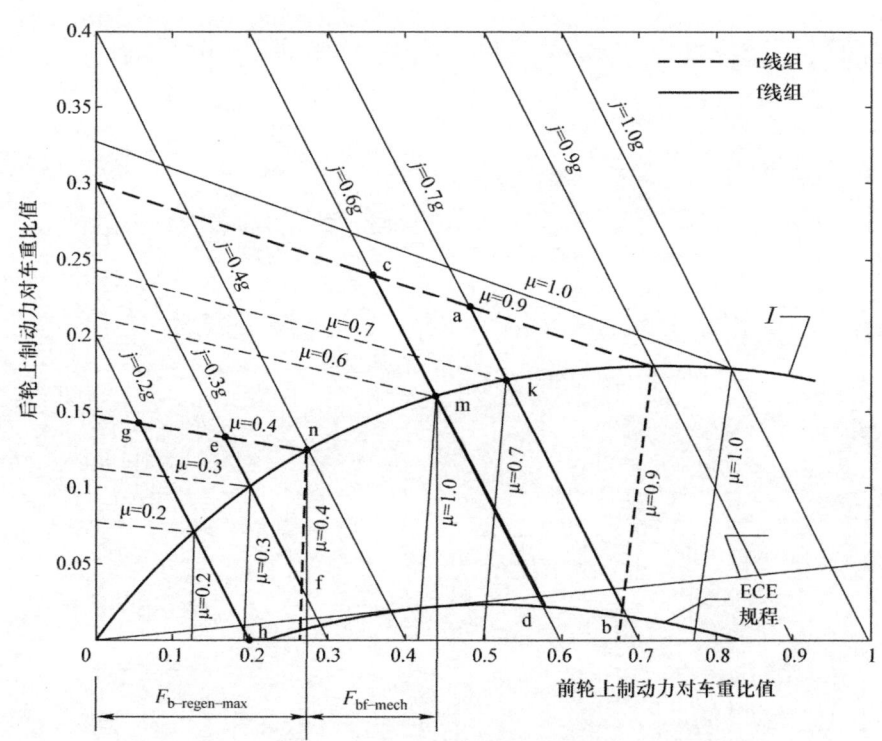

图 6-15 优化能量回收控制策略的描述

以上分析仅提供了应用于混合制动系统,为更多地回收制动能量而在前轮上取得最大制

动能量的控制原理。然而，在非常强的制动情况下，驱动电机和能量储存装置的功率容量通常并非足以应对巨大的制动功率需求。此时，须以驱动电机提供其最大制动转矩，而机械制动提供所需剩余制动转矩为条件。图6-15描述了驱动电机在点n处。（$j/g=0.4$），以其在前轮上产生的最大制动力制动车辆。显然，当车辆减速率较小（$j/g=0.4$）时，驱动电机自身能处置制动要求，而无需机械制动。然而，当减速率较大（$j/g=0.6$）时，例如，所需前轮上的制动力大于驱动电机所能提供的制动力，则此时机械制动必须施以附加的制动力，使之运行在 m – d 范围内的任一点上。很明显，最佳运行点为 m。

以简化的 β_{hb-max} 直线替代 ECE 规程，对此控制策略的非常相似的分析，谨留给读者。

第 7 章 Chapter 7

电动汽车循环冷却系统技术

7.1 电动汽车循环冷却系统的要求

热源不同导致了结构差异及其散热方式的不同。在电动汽车设计中，要根据热源的特点，采取相应的冷却方式来满足其使用要求。必须设计一套有效的通风冷却系统，并且综合考虑冷却散热部件的体积、重量、尺寸等问题。

电动汽车循环冷却系统的设计，不但需要根据选用的不同部件的散热特点采取相应的冷却措施，还应对各热源部件进行实时监控，形成智能化和自动化控制的循环冷却系统。最大限度地降低电动汽车的电能消耗，同时还能延长散热设备的使用寿命。目前我国电动汽车还处于起步阶段，驱动电机及控制器等关键部件的散热要尽量借鉴国内外成功经验。在选用零部件时，尽量采用成熟技术和通用散的热零部件，以减少设计开发成本。

7.2 电动汽车循环冷却系统设计步骤

电动汽车的循环冷却系统设计相对比较复杂，电动汽车的使用条件和使用工况的复杂性对电动汽车冷却系统提出了更高的要求。在某些状况下还要考虑车辆在极限条件下运行所面临的问题和挑战。整个设计需要按照以下步骤实施：

1）确定电动汽车的主要热源及各种工况下散热功率需求，这是循环散热设计的基础。由于工况不同，电动汽车三大部件的散热量也不尽相同，由此产生的温升就有所区别。设计中要着重考虑车辆在高能耗状态下的散热量。

2）考虑电动汽车运行的环境条件和温度，以及对电动汽车散热系统产生的影响。环境温度越高，则对散热循环要求就越高，设计就越复杂。

3）充分了解和掌握电动汽车的三大部件的温度需求，综合考虑上述两点，确定车辆内主要热源的散热方式，选取合适的冷却形式。

4）根据电动汽车冷却性能的影响因素和特点，分析电动汽车各总成的结构参数和布置方式对车辆散热冷却性能的影响，进行散热器的设计计算与布置。在设计中力求关键性能部件的设计水平达到集成化，部件结构实现模块化，重要部件形成系列化。

5）计算并确定温度、水泵压力及流量、风扇转速等传感器的性能参数，选择性能好、体积小、易于安装的传感器。

6）将各种传感器与驱动电机整体化，研究合理的安装位置。实现实时工况管理，通过车辆电子控制管理技术，实现冷却系统全工况优化运行。

7）由于动力蓄电池在使用中可能会释放有毒物质，还要考虑通风状况及通风方向，防止有害物质侵入乘员空间。

8）必要时对所选用的散热部件进行实验，根据实验数据来修正有关设计、控制参数，以满足电动汽车的性能指标。测试技术应能根据车辆的实际运行情况实现系统及重要部件的实时监控，并进行智能化调节。

7.3 动力蓄电池散热系统

由于各类动力蓄电池的性能和结构差异，在实际使用中散热量需求的差别较大。

7.3.1 铅酸蓄电池

铅酸蓄电池的使用较为广泛和常见，主要集中在低速电动汽车上，且功率密度较低，续驶里程要求也不高，因此，一般不需要进行强制散热，采取普通的自然通风散热即可满足要求。

铅酸蓄电池在使用过程中，特别是对其进行充电的过程中，会产生氢气，氢气属于易燃易爆气体，因而应用在电动汽车上时，除了保证蓄电池安装牢固可靠外，还必须考虑蓄电池的通风系统，避免氢气的聚集而引起事故。铅酸蓄电池的电解液硫酸属于强腐蚀性液体，在蓄电池安装设计时，应考虑电解液泄漏收集和排放装置，避免电解液对车体的腐蚀。

7.3.2 锂离子蓄电池

锂离子蓄电池种类繁多，且受温度的影响较大，过高的温度容易使蓄电池电解液分解，引起蓄电池早衰。如果蓄电池温度差别较大，还会引起蓄电池充放电不均衡等问题，因而在应用中均需要强制通风散热。

锂离子蓄电池的散热量相对较低，但是由于在安装和使用过程中，一般将蓄电池做成蓄电池组或蓄电池包，大量锂离子蓄电池在一起工作容易产生热量的堆积，影响蓄电池性能。因此，对锂离子蓄电池系统的散热主要是为了避免热量堆积。图7-1所示是常见的几种锂离子蓄电池组。

锂离子蓄电池的使用条件和要求相对较高，冷却的方式可以采用自然散热，也可以强制散热。一般推荐通过加装散热风扇的方式进行强制散热，风扇的位置可以位于蓄电池组底部，如图7-2a所示，这种结构一般采用吹风的方式进行散热；也可以位于顶部，如图7-2b所示，此种结构一般采用吸风的方式进行散热；还可以位于蓄电池组侧面，如图7-2c所示，这种散热方式一般是采用横流风的方式，带走蓄电池表面的热量。

蓄电池的散热通风必须满足蓄电池内部热量均匀散发的需求，应有较明显的气流运动条件。蓄电池的冷却环境也要进行必要的规划，以充分发挥蓄电池组的最大功效，除蓄电池组本身要注重散热外，还要遵循如下规则：

1）蓄电池的安装位置与驱动电机和控制器距离应合理。过远的安装位置将会使得连接电缆相应加长，电缆过长导致电阻增加，长时间使用条件下，电缆的温度将会升高，同时电阻继续升高，也会加剧电缆上的电能损耗，这会对整车的续驶里程产生影响，还会加剧电缆绝缘的老化，导致绝缘失效。

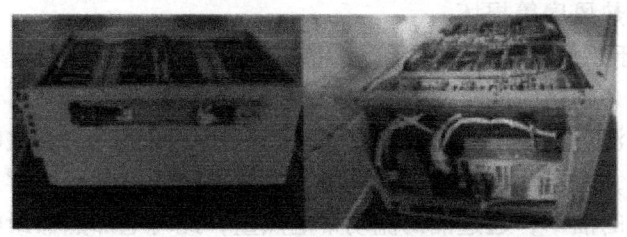

a)

b)

图 7-1　几种锂离子蓄电池组

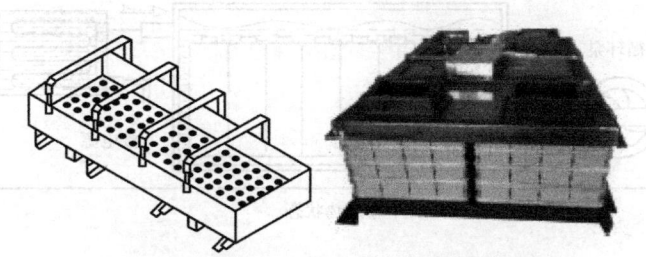

a) 风扇位于底部　　b) 风扇位于顶部

c) 风扇位于电池组侧部

图 7-2　几种蓄电池组散热设计

2）蓄电池的安装空间要有良好的通风环境。一般蓄电池的工作环境温度设定为 -10 ~ 60℃，如果蓄电池组的安装空间散热不佳，蓄电池散失的热量不能很好地释放，将会在蓄电池舱中累积，导致工作环境温度升高，对蓄电池的使用寿命产生重大影响。

3）蓄电池组的安装位置应尽可能高。蓄电池组受到的另一个威胁是水，蓄电池组位置过低，将会导致车辆的涉水能力不足。一旦蓄电池组浸水，将会引发绝缘事故，导致蓄电池组上的管理系统、散热风扇等损坏。

4) 蓄电池组便于检修和拆卸。由于电动汽车采用的蓄电池数量较多,蓄电池的一致性难以保证,容易导致个别蓄电池早损,需要及时进行维护和检修。

由于锂离子蓄电池受到温度的影响较大,特别是在低温环境,充放电受到严重影响,为了保证蓄电池的使用,蓄电池箱在散热设计上不是采用空气冷却,而常采用液体冷却;需要将蓄电池置于不导电的油中,通过油的流动带走热量,此时电加热器断电,散热器散热,如图7-3a所示。在寒冷的冬季,环境温度过低,需要对蓄电池进行保温,这时散热器的散热功能关闭,电加热器接通电源,对油液加热,通过油液流动,对蓄电池进行加热,以保证蓄电池的充放电,如图7-3b所示。

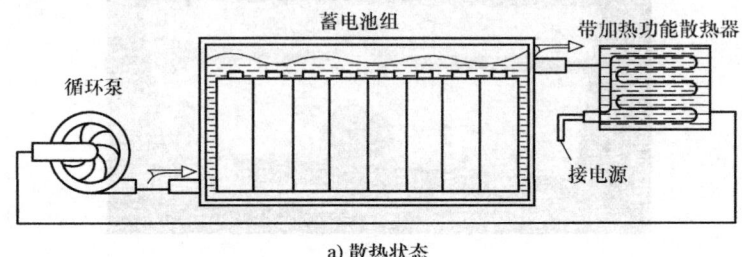

a) 散热状态

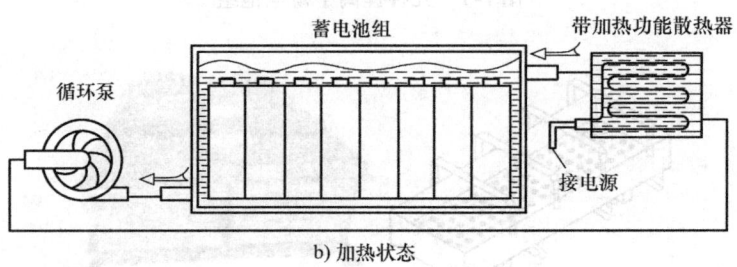

b) 加热状态

图7-3 液冷蓄电池箱工作原理

镍镉、镍氢类蓄电池的散热要求与锂离子蓄电池的应用类似。

7.3.3 钠硫蓄电池和燃料电池

钠硫蓄电池的使用条件比较特殊,钠硫蓄电池需要在高温下才能进行放电,一般来说,钠硫蓄电池需要特殊的设备,确保钠硫蓄电池能够稳定地处于300~350℃条件下。该种蓄电池需要制作恒温箱,散热要求非常苛刻,由蓄电池厂家提供设备。

常见的电动汽车用燃料电池主要有PEMFC、AFC和PAFC三种,这三类燃料电池的温度需求也不尽相同。燃料电池是以燃料的电化学反应发电,其工作温度一般在60~100℃,须设有专门的冷却装置,由于冷却液的温差小,所需散热器的体积大。美国研制的燃料电池电动汽车用的散热器体积是相同功率内燃机用散热器体积的1.5倍。燃料电池的冷却介质为无离子水。一般其排热方式:蓄电池组本体外部冷却法,冷却液通过蓄电池组内部管道进行循环电极气体通过外部冷却器进行循环;电解液通过外部冷却器循环等方法。蓄电池的散热装置一般由蓄电池公司设计制作。

7.3.4 其他储能装置

除了前面所介绍的各种蓄电池外,还有空气蓄电池、超级电容器、飞轮储能器和太阳能蓄电池等。这些蓄电池一般不需要冷却,保证安装时的牢固可靠和良好的通风环境即可。

7.4 驱动电机和控制器散热

7.4.1 驱动电机和控制器的冷却方式

1. 驱动电机冷却

电动汽车的驱动电机有别于传统的驱动电机。由于采用驱动电机后,电动汽车一般不再装配离合器,车辆变速器档位也变得较少甚至取消,车辆的起步、加速、高速行驶全靠驱动电机来实现。而驱动电机的内阻不可能为零,因此在上述行驶中的大电流状况下,驱动电机的内耗也会急剧增加,驱动电机的内耗几乎全部以热量的方式释放。如果驱动电机得不到有效冷却,驱动电机的内部温度不断升高,将导致其效率下降;如果温度过高,就会造成内部烧蚀甚至击穿导致驱动电机损坏。另外,多数驱动电机内部均有磁性材料,温度过高,会引起磁性材料稳定性下降,磁性降低,甚至磁性消失,导致驱动电机损坏。因而,控制驱动电机的工作温度(尤其是最高温度)尤为重要。

驱动电机常见的冷却方式有风冷和液冷。采用风冷方式较为常见,如一些小型驱动电机、交流电机、开关磁阻电机、异步电机等;液冷方式主要用在一些永磁电机上。从理论上讲,几乎所有的驱动电机都既可以采用风冷也可以采用液冷,最大的区别主要体现在驱动电机的设计用途和功率密度上。

如果车辆安装空间自由度较大,通风情况良好,驱动电机的重量要求不是很苛刻,可以采用风冷方式。为了节约车辆空间,缩小驱动电机的体积,降低驱动电机的重量,提高驱动电机的功率,可采用液冷方式。

由于风冷式驱动电机不需要冷却水道,在制造工艺上要求较低,成本相对较低。液冷式驱动电机结构复杂,一般在外壳体上布置冷却水道,而且需要增加较为严格的防护措施,因而成本较风冷式驱动电机要高。风冷式驱动电机为了获得必要的冷却效果,体积相对较大,且表面一般采用冷却栅的方式增加散热面积,而且还需要在驱动电机的封闭端增加散热风扇以增加散热效果,因而风冷式驱动电机体积和质量都较大。多数电动汽车尤其是大功率电动汽车一般采用液冷式驱动电机。液冷式驱动电机需要增设额外的电动水泵和散热器等装置来为驱动电机提供冷却。这增加了额外功耗,使结构较为复杂,且布置和安装要求较高。

2. 主驱动电机控制器冷却

主驱动电机控制器冷却方式与上述一样,也有风冷和液冷之分。在外观上,风冷的控制器体积要较液冷的控制器体积大,风冷控制器一般需要装备多个强制散热风扇,进行强制通风。车载驱动电机控制器的冷却方式主要取决于驱动电机的冷却方式。一般情况下,这两者均可采用相同的冷却方式进行冷却。

3. 其他控制装置

系统控制器除了有主驱动电机控制器(简称控制器)外,还有若干小功率的 DC/DC 变换器或者 DC/AC 变换器。其中 DC/DC 变换器将高压直流转变为低压直流，为低压电路供电或者为低压动力蓄电池充电；DC/AC 变换器则产生交流电来驱动空调压缩泵电机、动力转向泵电机、制动泵电机和冷却泵电机。控制装置一般允许最高温度为 60~70℃，而最佳工作环境温度在 40~50℃。周围环境的温度较高时，很容易达到其允许温度限值。因此，这些装置都要有自身附带的散热设备，对其温度进行控制，需要做的就是选择合适的安装位置，并预留必要散热空间。

7.4.2 驱动电机和控制器的冷却需求

驱动电机和控制器的最高允许温度和冷却方式有所不同，因而冷却要求略有差别。对于风冷式驱动电机及控制器来说，只能从本身的设计上进行改善，如增加散热面积、增加必要的强制通风设备等，这些要求在驱动电机设计的时候就被提出。在安装时，设备必须安装在开放位置或者通风良好的环境下。

而对于液冷式驱动电机和控制器来说，需要对驱动电机和控制器进行合理的设计和安装，采用匹配的散热系统，方能满足使用要求。驱动电机的热源来自其内部，即电流流过定子绕组时产生的铜损耗，在铁心内当磁通变化时所产生的铁损耗，轴承摩擦所产生的机械损耗及附加损耗。驱动电机产生的热量，首先通过传导方式传送到外表面，然后借辐射和对流作用将热量从驱动电机外表面散发到周围冷却液中去。驱动电机的冷却情况决定了其温升，温升又直接影响驱动电机的使用寿命和额定容量。驱动电机的冷却液一般选用水、防冻液或油等。

为了保证冷却效果，驱动电机和控制器的安装位置尤为重要，为保证冷却液流动顺畅，通常会将驱动电机安装设计成有一定的倾角的布置方式，位置较低的水口作为进水口接口，位置较高的水口为出水口接口。而控制器内部由于设计较为特殊，为了避免散热不均对内部产生影响，一般采用控制器生产厂家要求的安装方式，一般采用水平安装，图 7-4 所示为某大型电动客车驱动电机及控制器布局图。

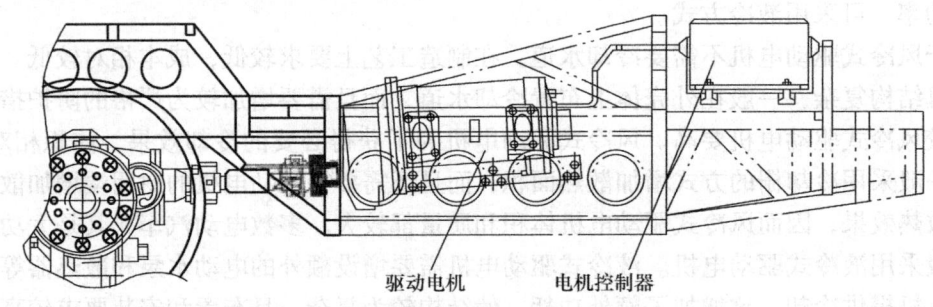

图 7-4　某电动客车驱动电机及控制器布局图

由于电动汽车采用一套液冷设备，因此，对于驱动电机和控制器而言，要想获得最佳的冷却效果，冷却液的流向十分重要。如图 7-5 所示，冷却液的流向是从散热器下部出来后，经水泵后先冷却驱动电机控制器，从驱动电机控制器流出的冷却液进入驱动电机的低位进水口，然后回流到散热器的上回流口。这样一个循环下来，保证了控制器的冷却需求，使驱动电机控制器得到整个系统最低温度的冷却液。

为了保证整个系统的冷却效果和可靠性，上述循环系统的水泵需要在车辆的整个运行期

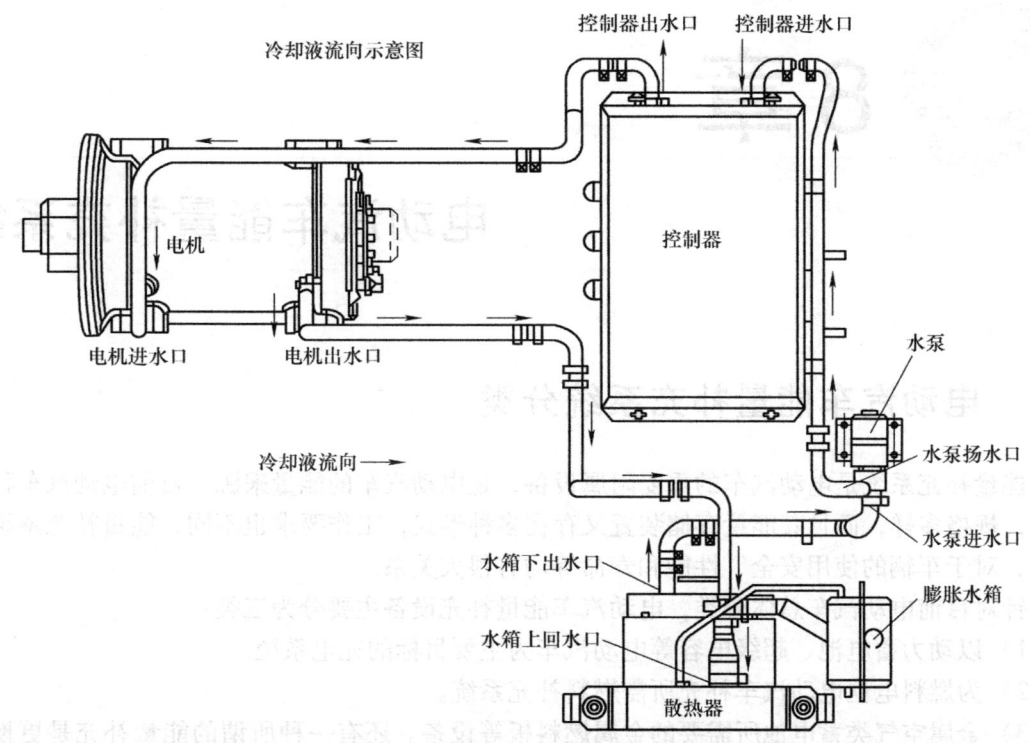

图7-5 某电动汽车循环水路布置图

间内连续工作,同时为了节约车载能源,散热器的风扇可采用温控风扇,能够根据冷却液的温度控制转速,当冷却液温度较低时,可以关闭散热风扇以节约电能;当冷却液温度稍高时,以一个较低的风扇转速对散热器进行冷却;当冷却液的温度高时,散热风扇全速运行,以获得较大的散热量,维护散热系统的温度不过高。

第8章

电动汽车能量补充系统

8.1 电动汽车能量补充系统分类

能量补充系统是电动汽车的重要附属设备,是电动汽车的能量来源。目前电动汽车种类繁多,规格多样,而且其能量存储装置又存在多种形式,工作要求也不同,能量补充系统的优劣,对于车辆的使用安全、性能和寿命等均有很大关系。

针对目前电动汽车总体分类,电动汽车能量补充设备主要分为三类:

1)以动力蓄电池、超级电容等电动汽车为主要目标的充电系统。

2)为燃料电池电动汽车补充所需燃料补充系统。

3)金属空气类蓄电池所需要的金属燃料板等设备。还有一种所谓的能量补充是更换蓄电池金属板,从而获得新能量。

充电系统是充电模式用充电设备的统称,是最常见的电动汽车能量补充系统,它又分为电动汽车充电机、换电站等多种模式。

8.2 电动汽车充电基础设施

电动汽车充电基础设施与燃油汽车的加油站作用类似,但又有其独有的特点。首先,电动汽车的充电设备可以是公用的,也可以是家用的,用户可以在公共充电站充电,也可以在家中为电动汽车充电。对于装有车载充电器的车辆来说,只要将其插头接到电源插座上,就可以为电动汽车充电。其次,电动汽车用户可以根据国家电网的规划,选择不同时间段充电,例如利用夜间用电低谷时段充电,可以获得较多的用电优惠。此外,电动汽车充电系统也会对电力系统带来影响,电动汽车充电时的功率和电流相对较大,对电网的负荷有较高要求,充电系统也会产生谐波污染,对电网的稳定性产生一定的影响。

8.2.1 充电系统性能要求

充电系统的性能直接影响电动汽车的性能发挥和推广应用,因而对充电系统提出了较高的性能要求。

1. 安全性高

研究发现,影响电动汽车安全性的主要因素首先是蓄电池的充电过程。技术状态的不一致性是各类蓄电池所共有的基本特性之一,主要表现在蓄电池的容量误差、内阻误差和电压误差。少数蓄电池的一致性误差并不明显,但是由数十个甚至到数百个蓄电池单体所组成的电动汽车蓄电池组，其容量误差、内阻误差和电压误差等因素就会凸显出来。电动汽车充电的过程不可能是对蓄电池单体依次充电，而是对整个蓄电池组进行充电。在充电的过程中，内阻误差的存在，导致在整个蓄电池组中的蓄电池单体两端的电压形成误差，内阻误差越大，形成的电压误差越明显。虽然整个蓄电池组两端的充电电压不会超过额定的电压，但是个别的单体蓄电池两端的电压，有可能超过其额定电压，从而容易导致蓄电池组充电不均衡，单体蓄电池充电量不一的状况。如果蓄电池的电压误差过大，就有可能超过蓄电池充电的安全能力，引起蓄电池过热，导致安全事故。因此，用于电动汽车的充电装置，必须具备防止蓄电池系统单体电压和温度超过允许值的技术措施，以提高电动汽车充电过程的安全性。

2. 充电效率高

电动汽车充电装置的效率必须达到一定的高度。电动汽车的能耗指标至关重要，衡量商业化运行的电动汽车的能耗指标，不仅是考察电动汽车驱动等系统的能耗指标，更关注电动汽车从电网获取电能的利用率。因此，提高充电装置的电能转换效率，采用高效充电装置对于降低电动汽车的能耗具有重要意义。提高充电装置能耗效率的主要技术措施是选择高效变流电路拓扑，提高充电装置的效率因数，尽可能降低输出电流的交流分量并采用高效的充电控制算法。

3. 对蓄电池寿命影响小

电动汽车的动力蓄电池占电动汽车成本的主要部分，多数占整车成本的一半以上，有的甚至超过整车成本的65%。因此，蓄电池的使用寿命极大地影响电动汽车的运行成本，这也是制约电动汽车发展的关键因素之一。如果电动汽车动力蓄电池性能早衰，电动汽车的续驶里程就会大大缩短，影响正常使用。如果蓄电池寿命严重不足，对于电动汽车来说就需要更换蓄电池。一旦更换蓄电池，对于电动汽车运营来说就会造成极大的负担。众所周知，蓄电池寿命除了与蓄电池制造技术、制造工艺和蓄电池成组的一致性等因素有较大关系外，还与充电装置的性能直接相关。选用对蓄电池没有伤害的充电控制策略和性能稳定的充电装置，是保障蓄电池使用寿命达到设计指标，防止蓄电池过早损坏的合理途径，也是降低运营成本的重要技术措施之一。

4. 适应性强

电动汽车的充电系统必须能够适应多种类型、多种电压等级的蓄电池系统，能够具备不同的充电控制算法。在很长一段时间内，电动汽车用的蓄电池仍将是多种类型蓄电池共存的局面，各类电动汽车的蓄电池容量配备不同，而且电压也会参差不齐，种类繁多。例如，我国电动汽车常采用的电压有280V、320V、380V、400V、480V、520V，甚至达到600V及以上。而电动汽车的充电机也在整个电动汽车运营期间占有较大的成本比例，因而电动汽车不可能每车专用一台充电设备。在这种背景下，电动汽车充电系统，尤其是电动汽车公共充电系统必须具备适应多种类型的蓄电池系统的能力，具备多种类型蓄电池的充电控制算法，可以与电动汽车上的不同蓄电池系统实现充电特性匹配。目前电动汽车充电机与汽车的蓄电池充电控制算法主要由两个系统的对接协议来完成。为了给不同的电动汽车充电，用于电动汽车的充电装置，必须能够适应电动汽车的多种需求。

5. 操作简单

电动汽车充电系统必须简单方便，可使所有用户都能独立操作完成。由于电动汽车应用对象是广大群众，虽然有技术要求和技术指导文件，但不能保证每个用户的学习和领会能力都在同一水平，也不可能因此而增加更多的人员来对电动汽车进行充电服务。如果充电系统操作繁琐而又复杂，势必会需求更多的高素质技术人员，增加管理成本。尤其对于公共充电系统，充电系统必须具有智能化的操作特性，降低对操作人员的要求。

8.2.2 充电基础设施的发展

目前，世界各国都在推行电动汽车，也都认识到了充电系统的建设，尤其是充电站的建设对于电动汽车产业化及规模化推广应用的重要性。各国都把电动汽车与充电站建设作为系统工程，例如美国、德国、法国、英国、日本等国家陆续发布了大规模充电网络建设规划。

图 8.1 ~ 图 8.6 为一些国外的典型充电设施。

图 8-1 英国的充电设备

图 8-2 瑞士的充电设备

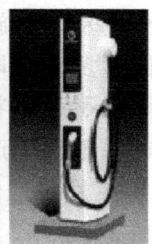

图 8-3　日本的充电设备

图 8-4　法国的充电设备

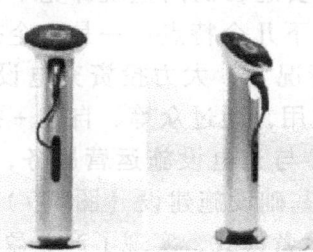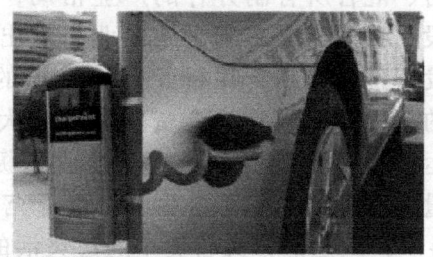

图 8-5　美国的充电设备

图 8-6　意大利的充电设备

我国电动汽车充电基础设施是伴随着电动汽车的产业需求而发展的。2015 年，国务院发布《国务院办公厅关于加快新能源汽车充电基础设施建设的指导意见》（国办发

〔2015〕73号）以来，中央各部委积极落实政策执行，并相继出台了一系列政策，支持和引导充电基础设施产业发展。由于充电设施跨行业、跨学科、跨领域的产业属性，大部分文件为多部委联合发布，在中央部委多部门协同下，相继协调解决了充电设施规划、建设、财政奖补、电价、标准实施、互联互通等多个方面的产业难题，有力地支撑了充电基础设施产业发展。

2017年4月，工信部、发改委、科技部印发了《中国汽车产业中长期发展规划》。文件规划到2020年，新能源汽车年产销达到200万辆，到2025年我国新能源汽车占汽车产销20%以上。新能源汽车产业的需求带动了充电基础设施的发展，截止到2017年12月，我国公共充电桩保有数量21.4万个，比2016年净增约7万个，月均新增约6000个，私人充电桩数量23.2万个。公共充电桩和私人充电桩总量超过44万个，车桩比低于4:1。

2018年，我国新能源汽车销售125.6万辆，同比增长61.7%，新能源汽车保有量约300万辆，保有量占全球的50%以上。充电基础设施建设规模持续高速增长，截止2018年12月，我国公共充电桩保有数量33.1万个，私人充电桩数量47.7万个，规模持续保持世界首位。

随着新能源汽车产业的持续发展，截止到2019年7月，我国充电桩保有量已经超过105万个，公共充电桩保有量超过45万个，私人充电桩保有量超过60万个。

随着2015年国家鼓励社会资本进入充电市场，在市场前景和政策驱动下，已经形成国有、民营、混合所有制并存的产业格局，主要运营商间呈现即竞争又合作的发展势头。现阶段，我国充电基础设施产业呈现出以下几个特点：一是央企持续履行社会责任，积极发挥带头作用，在行业持续亏损的情况下，大力投资充电设施服务网络，是产业发展的主力军；二是社会资本发挥巨大作用，通过众筹、自建+托管等模式促进做大充电运营规模；三是主要汽车企业积极参与充电设施运营服务，北汽、上汽、比亚迪等销量排名靠前的汽车企业大力投资充电基础设施建设（图8-7），占整个市场比重达到5.4%；四是部分民营资本通过灵活的运营模式，实现了产业盈利，成为产业可持续运营模式开拓的先锋；五是设备制造企业也加入充电运营，依托其产品优势在一定区域内迅速取得优势，成为产业重要组成部分。

从区域发展来看，充电设施与电动汽车推广应用态势密切相关，长三角、珠三角发展相对迅速；中部地区在地方政府的政策引导和扶持下也呈现较好发展态势。其中北京、上海、广州、天津等超大型城市是充电设施产业发展的重点区域，约占全国充电基础设施的45%。在运营车辆发展迅速的区域，充电设施利用效率相对较高，且充电电量占据行业绝大部分，例如广州、山东以纯电动公交运营为主，山西以电动出租车辆为主。随着共享汽车、运营车辆的出现，部分公共充电设施站点出现排队充电、一桩难求的现象，总体看充电设施发展与应用处于不平衡状态。

在商业模式方面，一方面互联网、通信、IT等主体加入充电设施运营，为充电设施产业带来新鲜血液，"互联网+"技术在充电设施运营方面持续深化应用，充电服务平台功能不断完善加强；另一方面，传统运营商也积极探索创新运营模式，研究充电大数据价值开发、拓展充电增值服务、探索充电与多领域业务融合。

图 8-7　比亚迪公司的电动汽车充电站

8.3　电动汽车充电机类型

电动汽车充电机从供电电源获取能量，经过转换和整理后，以合适的方式传递给动力蓄电池，从而建立了供电电源与动力蓄电池之间的功率转换接口。目前我国的电能主要以交流电的方式供给，但随着能源方式的变化和各类储能设备的出现，尤其是多种储能设备的投入使用，直流电的应用有所拓展。

8.3.1　交流充电机

目前最常见的充电机就是将交流转换为直流对蓄电池组进行充电，称之为交流电源充电机。根据不同的分类方式，可以将交流电源充电机分成多种类型，见表 8-1。

表 8-1　交流电动汽车充电机类型

分类标准	充电机类型		分类标准	充电机类型	
安装位置	车载充电机	地面充电机	连接方式	传导式充电机	感应式充电机
输入电源	单相充电机	三相充电机	功能	普通充电机	多功能充电机

1. 车载充电机和地面充电机

车载充电机和地面充电机的分类主要是以充电机的安装位置确定，一种是置于车辆之上；另一种是与车辆分离，固定于地面。

车载充电机是指安装在电动汽车上，可采用地面交流电网电源对蓄电池组进行充电的装置。这种布置的电动汽车，其充电机直接安装在车辆上，作为车辆的一个部件。由于只需要将车载充电机的插头插接到停车场或者附近有交流电源插座的地方即可为车辆充电，因而充电比较灵活。但是车载充电机的功率有限，通常只有几千瓦，充电时间较长，一般需要 5～8h，因此这种模式更适合一些小型的电动汽车。车载充电机由于安装在车辆上，重量不宜太大，一般功率较小；而且相对动力蓄电池来说可做到专车专用，因而结构简单，成本较低。电动汽车充电时，需要将车载充电机的电源线从车辆的固定位置引出，接到交流电网即可对车辆实施充电。

地面充电机一般安装于固定的地点，并且充电机交流输入端与电网之间已经做好连接。充电的时候，仅将直流输出端与电动汽车的充电插口连接，即可为电动汽车充电。由于地面充电机不像车载充电机那样受到车辆空间和承载的限制，地面充电机可以根据充电要求和性能做到体积较大，实现大功率充电。目前的地面充电机可以做到几十千瓦、上百千瓦甚至更大。由于地面充电机可为多种车辆进行充电服务，投资额度较大，一般较为复杂。采用地面充电机的电动汽车，布置上简化，车辆的整备质量减轻，更容易实现较大的承载量，因此地面充电机一般用于较大型电动汽车辆，如电动城市客车等。

2. 单相充电机和三相充电机

这两种结构的充电机主要区别在于充电机的交流电是单相还是三相。这两类充电机的工作原理基本一致，都是将交流电转化为稳压直流供给蓄电池组。不过这两类充电机的主要应用范围有差别，对于前面所讲述的车载充电机来说，多数采用单相充电机，对于地面充电机来说，采用三相供电的相对要多一些。采用三相充电机可以大大降低线路的电流需求，因而在一些功率较大的充电机或充电站，均采用三相充电。

3. 传导式充电机和感应式充电机

这两种充电机的明显区别是传导式充电机工作时需要导线进行导电，需要进行插头的插拔动作，而感应式充电机则没有明显的导线。

传导式充电机的输出端能够通过充电插座直接连接到电动汽车上，两者存在实际的物理连接。这种充电方式结构简单，能量传递效率高，而且制造成本低，目前绝大多数的充电机均是采用这种传导方式。

感应式充电机的原理是利用电磁感应耦合方式，向电动汽车传输电能，充电机和电动汽车之间没有实际的导线连接。充电机分为两个部分，一个是车载部分，另一个是地面部分，两部分利用高频变压器将公用电网与电动汽车相隔离。高频变压器的一侧绕组装在充电机上，充电机将50Hz的市电转换为高频交流电，通过装在电动汽车上的另外一侧绕组将电能传送到电动汽车上。然后在整流电路的作用下，再将高频交流电转换为直流电，给蓄电池组充电。由于感应式充电机与电动汽车之间没有任何金属接触，没有接触式充电所需要的插头插座，使得电动汽车的充电更加安全可靠。

如果将感应式充电机的变压器一次绕组铺设在路面之下，而二次绕组组装在电动汽车的底部，当电动汽车从这段路面驶过的时候，在电磁感应的作用下，即可为电动汽车进行快速充电，这种充电的方式就是移动式感应充电。

这两种充电机各有优缺点。传导式充电机传递能量效率高，制造成本低，但是由于需要插头和插座的插拔，容易导致接触不良以及导线磨损或损坏，需要定期进行更换和维修，而且现场线路略显凌乱，管理要求较高。感应式充电机由于不存在插头和插座，因而不需要拉着导线到处走动，现场整洁有序，但是由于部分电能不耦合而损耗，感应式充电机的能量传递效率比传导式充电机要低。

4. 普通充电机和多功能充电机

普通充电和多功能充电是针对充电机的适应性而言。有些充电机只能对应某种型号的蓄电池进行充电，这类充电机结构简单，适应性较差，称之为普通充电机。而多功能充电机可以为多组蓄电池充电，能够自动识别所充蓄电池组的充电性能和要求，进行合理充电，并且还能提供诸如对蓄电池组进行容量测试、对蓄电池组进行均衡性能、对电网进行谐波抑制和无功功率补偿等功能。多功能充电机的识别能力取决于所充电动汽车的蓄电池管理系统与充电机的预存充电规程的匹配程度,因此,多功能充电机必须进行充电机与蓄电池管理系统的协议匹配等相关工作。多动能充电机多用于一些充电站,可以对许多种类型的车辆进行识别后充电,因此多功能充电机的结构要比普通充电机更复杂,制造成本也要高得多。

8.3.2 直流充电机

由于充电的电源不仅有交流电,还有部分直流电。对于采用直流电源的充电机来说,其工作原理就是一个可控 DC/DC 变换器,即将直流电根据需求进行整流变压之后直接对蓄电池进行充电。这种模式多见于一些储能设备对电动汽车进行充电的过程。例如,针对我国用电的不均衡性,白天处于用电高峰时,电力不足,而在夜间的时候,电量严重剩余,而且峰电的价格远远高于谷电的价格。在这种情况下,有部分电网或企业就利用这一特性,制作了电能储能电站。在夜间用电低谷的时候,将电能转换为直流电储存在大规模的储能器中,在用电的高峰的时候再进行分配使用。储能器大多是采用蓄电池,如果将这些蓄电池的电压和电流合理管理,就可以直接为电动汽车充电。

8.3.3 地面充电机的功能模块

如前所述,充电机的拓扑结构有很多种,下面介绍一下最常用的地面充电机的功能模块。地面充电机以三相交流电为输入电源,采用高频隔离型桥式 DC/DC 变换器,根据预先设定的充电过程参数对电动汽车动力蓄电池进行充电。

电动汽车地面充电机功能模块组成如图 8-8 所示。

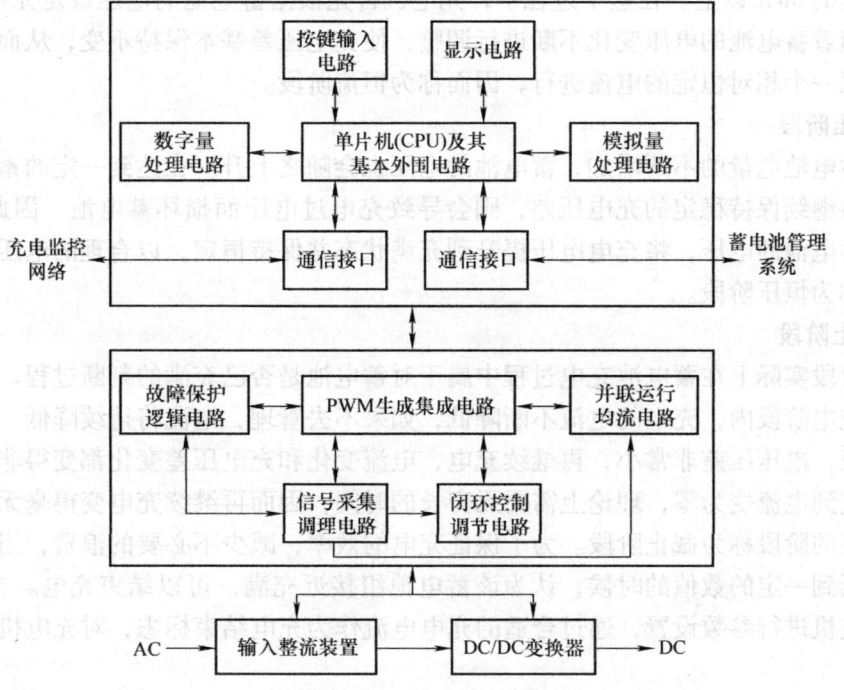

图 8-8　电动汽车地面充电机功能模块组成

输入整流装置对三相交流电进行整流，经过滤波后，形成稳定的直流母线电压，以提供给后级 DC/DC 变换器。DC/DC 变换器在控制系统的控制下，采用脉宽调制（PWM）技术，提供恒定的电流输出或恒定的电压输出，满足蓄电池组的充电要求。驱动脉动生成、调节保护系统为充电机的底层控制系统，直接控制 DC/DC 变换器完成功率转换，并提供完善的保护功能。单片机控制系统为充电机的顶层控制系统，接收人工输入或其他设备的控制指令，从而控制充电机的起动与停机，并可将充电机的数据进行显示或传输给上层监控计算机。

8.3.4 充电过程

蓄电池充电是一个相对比较复杂的过程，充电过程中，电能转化为化学能在蓄电池的正负两级形成材料堆积。由于蓄电池的构造特性，在充电的过程中，随着蓄电池电量的不断提升，蓄电池正负极两端的电压也随之上升，充电电流的大小由充电机输出电压与蓄电池电压的压差决定，称为充电压差。由于蓄电池组的整体电阻相对很小，如果固定充电电压，在蓄电池充电初期，蓄电池电压较低，充电压差较大，这时充电电流会非常大，会导致蓄电池过热甚至蓄电池损伤。在蓄电池电量不断上升之后，蓄电池电压逐渐升高，充电压差不断缩小，会导致充电电流很小，无法满足充电要求。这就要求充电机有一个合理的充电安排，并要求在蓄电池电压较低的时候控制电流以一个较为恒定的电流充电。蓄电池电压达到一定高度接近充满的时候，又要保障蓄电池电压以一定的速度缓慢上升，保证蓄电池能够充满。因此充电过程大致可分为三个阶段，分别是恒流阶段、恒压阶段和截止阶段。

1. 恒流阶段

恒流阶段是蓄电池充电的前期阶段，这个阶段占充电过程的绝大多数时间，一般达到整个充电过程的 80% 以上。在这个过程中，充电机首先根据蓄电池的电压设定充电初始电压，然后电压随着蓄电池的电压变化不断进行调整，使充电压差基本保持不变，从而保证充电的过程能够以一个相对恒定的电流进行，因而称为恒流阶段。

2. 恒压阶段

随着蓄电池电量的不断增加，蓄电池的电压也会随之上升。在达到一定的蓄电池电压之后，如果再继续保持稳定的充电压差，则会导致充电过电压而损坏蓄电池。因此在此阶段，通过控制蓄电池的电压，将充电电压提升到充满状态并保持恒定，以合理的电压控制充电电流，因而称为恒压阶段。

3. 截止阶段

截止阶段实际上在蓄电池充电过程中属于对蓄电池是否已充满的判断过程。蓄电池在最后的恒压充电阶段内，充电的电流不断降低，如果不去管理，电流将持续降低。当电流降低到一定阶段，电压压差非常小，再继续充电，电流变化和充电压差变化都变得非常缓慢，如果持续充电到电流变为零，理论上需要无穷长的时间，因而再继续充电变得毫无意义。将判断充电结束的阶段称为截止阶段。为了保证充电的效率，减少不必要的浪费，当蓄电池充电的电流降低到一定的数值的时候，认为该蓄电池组接近充满，可以结束充电。在这个阶段，需要对充电机进行参数设置，通过合适的充电电流作为充电结束标志，对充电机发出充电结束指令。

8.4 充电模式

对于为动力蓄电池充电来说,往往关注的是充电时间。对于不同类型或不同材料的蓄电池,充电时间自然需求不同;但对于同一种蓄电池,充电的时间也往往有很多种方案,充电方案的不同,称为蓄电池的充电模式不同。

对于动力蓄电池来说,充电模式一般可分为三类:正常充电模式、快速充电模式和更换蓄电池模式。动力蓄电池的材料、构造、成分和结构等不同,充电的要求也不一样。这里所指的充电模式是一种泛指,是针对蓄电池的共有特性来说的,通常特指在恒流阶段时的充电状况。厂家往往会标定一个正常充电电流范围和一个快速充电电流范围。

8.4.1 正常充电模式

正常充电电流的选取是在保证蓄电池使用寿命的情况下,参考蓄电池的性能和结构等因素,所设定的一个充电范围。在这个范围下充电,既能够保证蓄电池达到所设定的蓄电池使用性能和容量,又能保证动力蓄电池长期使用时的寿命。对于不同的蓄电池,其正常充电模式是不同的。对于不同容量的蓄电池,其充电电流也不相同。对于同一类蓄电池,充电电流的大小与其容量相适应。蓄电池容量通常用符号 C 表示,为常量。蓄电池电流通常用一个数与容量的乘积表述 $I^c = \varphi C$,表 8-2 罗列了部分蓄电池的正常充电电流。

表 8-2 动力蓄电池充电电流

蓄电池种类		正常充电电流 I_0^c	允许快速充电电流 I_{max}^c
铅酸蓄电池		$0.1C \sim 0.3C$	$0.3C \sim 0.5C$
镍氢蓄电池		$0.1C \sim 0.3C$	$0.5C \sim 1C$
镍镉蓄电池		$0.1C \sim 0.3C$	$0.5C \sim 1C$
锂离子蓄电池	锰酸锂离子蓄电池	$0.1C \sim 0.3C$	$1C \sim 2C$
	钴酸锂离子蓄电池	$0.1C \sim 0.3C$	$1C \sim 2C$
	磷酸铁锂离子蓄电池	$0.1C \sim 0.4C$	$1C \sim 3C$
	钛酸锂离子蓄电池	$0.5C \sim 5C$	$5C \sim 10C$
	聚合物锂离子蓄电池	$0.1C \sim 0.4C$	$1C \sim 3C$
超级电容		$5C \sim 10C$	$20C \sim 50C$

8.4.2 快速充电模式

快速充电模式是指对蓄电池充电的过程采用较大电流,实现对蓄电池快速补充电能。对于动力蓄电池来说,快速充电电流必须是在满足蓄电池的基本性能和安全的前提下,又对蓄电池不能造成损伤的最大允许充电电流。较大的充电电流一般都是通过提高充电压差来实现。在快速充电的过程中,蓄电池与充电机的压差增大,电流加大,同时造成蓄电池的充电热量增加。虽然多数动力蓄电池厂家都提供了快充标准,但是相对于动力蓄电池来讲,如果不是情况特殊,且在规定时间内能够充满电能,一般不允许快速充电。需要说明的是,动力蓄电池偶尔快速充电,对使用寿命影响不明显,但长时间快速充电,会影响动力蓄电池的使用寿命，缩短动力蓄电池的循环次数，降低动力蓄电池的容量，而且容易引发安全事故。

快速充电不但受到蓄电池性能影响，还与充电机的性能有关。快速充电需要充电机提供更大的电流来满足充电需要，充电机就会处于高负荷运转，甚至容易造成超负荷运转，导致充电机的毁坏。因此，在选择快速充电时必须要慎重。

8.4.3 换电模式

换电模式是目前解决蓄电池不能快速充电的一种过渡模式。由于动力蓄电池不允许频繁快速充电，平常充电又不能满足需求，且电动汽车受到制造和使用成本的影响，配备的蓄电池的容量有限，这就形成了一对矛盾。为此，更换动力蓄电池就成了解决这一问题的过渡方案。更换蓄电池是指在电动汽车电能不足的时候，通过更换动力蓄电池的方式实现电动汽车更大的续驶里程。

换电模式是由于目前动力蓄电池能量比不能完全达到使用要求的一个过渡方案。换电模式一般需要增加额外的动力蓄电池组，而且蓄电池组要分开配置，这就需要建设动力蓄电池更换基站，采用机器人进行操作，投资巨大。而且换电模式对蓄电池的一致性要求更加苛刻，蓄电池组的互换性要好，接插件能够适应多次更换的寿命要求，同时蓄电池组管理系统适应性要求更高。

随着蓄电池性能的进一步发展，当蓄电池的容量和能量密度足够高的时候，电动汽车配备的动力蓄电池能够支持车辆绝大多数的日续驶里程需要时，换电模式也就完成了它的使命。

8.4.4 充电系统对蓄电池的影响

充电系统对蓄电池的影响主要分为三个方面：对蓄电池性能的影响、对蓄电池寿命的影响和对蓄电池安全的影响。

对蓄电池性能的影响，主要体现在充电系统能否满足动力蓄电池的充电需要，即保证充电系统在充电过程中能够将蓄电池的电量充满。充电系统对蓄电池充电过程要求能够实现管理和调配，保证每次充电都能对每个单体蓄电池实现合理充电，保证蓄电池组充电的均衡性。如果充电系统的管理性能不足，会导致蓄电池组充电不均衡，从而无法保证电动汽车的续驶里程。

对蓄电池寿命的影响是显而易见的，充电系统必须能够按照合理的充电程序对蓄电池组进行充电，对充电蓄电池的电流、电压、温度和容量等实现管理控制，避免过电流、过充电、过热，这些不理想的充电状态会导致蓄电池的内部产生早衰，导致蓄电池过早失效，影响蓄电池使用寿命。

对于蓄电池安全的影响主要体现在蓄电池的过热和内部性能的剧变上。充电系统充电过程如果控制不善，个别蓄电池容易出现温度异常，甚至导致蓄电池烧毁甚至引起火灾。充电系统还必须与蓄电池的充电特性相适应，避免蓄电池内部电极材料不均衡结晶而造成的短路，影响蓄电池的使用安全。

8.5 充电系统的布局

电动汽车充电站或者充电系统的布局对于电动汽车的发展尤为重要，充电站的建设离不开多方面的工作协调。首先，充电站的建设必须有政府部门的支持，政府要为推广和发展电动汽车投入必要的人力、物力和财力，取得建设充电站或充电系统必要的土地或场地；其次还需要国家电网企业的配合，充电站一般功率较高，普通的电力网络难以支撑，有必要建立专用电力网络；最后，充电站必须有合理的用户群使用，充电站的建设投入非常大，必须拥有足够的用户群才能够支撑充电站的正常运作，否则就会造成利用率低下和资源浪费。

充电系统分为家庭用充电设施和公共充电设施两类。

8.5.1 家庭用充电设施

家庭充电设施的推广和应用是电动汽车发展的重要推动力。由于电动汽车充电一般都安排在晚上，如果电动汽车应用量较大，势必会造成充电集中现象，既没有如此庞大的充电场地，也容易造成交通的拥堵。家庭充电设备的建设能够解决这一难题。

由于小型电动汽车的充电机一般为车载式，只需要将车载充电机的插头插到停车场或者附近的电源插座上即可进行充电，而且车载充电机的充电功率较低，一般只有几千瓦。对于家庭电动汽车而言，在晚上用电的低谷进行充电可以降低电动汽车使用成本，而且有利于电能的有效利用。因而，将充电桩布置到家庭用户是可取的方案。

家用充电设施的基本要求是有一个配有电源的车库或者停车场。可有两种不同的方式：

1) 对有私人车库的家庭来说，只需要安装一个专用的充电电源插座即可。

2) 对于带有停车场的公寓和集中住宅用户来说，可安装带保护回路的室外电源插座，保证独立运行。而且这类插座要求安全可靠，不易损坏，一般居民不能靠近接触。

家庭充电设施的方案简单，计费方便，分散的充电模式解决了城市用地紧张的矛盾，适合大规模电动汽车的发展，如图8-9所示。

图8-9 家用电动汽车充电系统

8.5.2 公共充电设施

公共充电设施基本上就是一些公共充电站，公共充电站应分布广泛，以保证电动汽车用户能够随时为电动汽车充电。能够支撑电动汽车商业化的公共充电站不是简单的多台充电机的集合，而是一项规模庞大的系统工程。充电站的建设必须严格考虑电动汽车的种类和分布、充电系统的总体需求和对电网的影响等因素，必要时还要考虑用电的安全性、天气情况和交通状况等因素。建设充电站需要巨额的资金投入，对充电站的基本要求是高效、节能、低制造成本、安全、可靠、维修性良好。

公共充电站又可分为标准充电站、快速充电站和蓄电池更换站等。

1. 标准充电站

标准充电站（又称充电桩）是为带车载充电机的电动汽车设计，通常采用交流电源，较多地分布在居民区或者工作场所附近的停车场，规模一般较大，以便能够同时为很多车辆正常充电，满足单车充电时间5~8h。实际应用时，电动汽车驾驶人只需将车辆停靠在充电站指定的位置，接上电源线即可为车辆充电。

图8-10所示为位于道路两侧的国家电网的充电桩，图8-11所示为上海曹溪路电动汽车充电站。

图 8-10　国家电网充电桩

图 8-11　上海曹溪路电动汽车充电站

2. 快速充电站

快速充电站又称应急充电站，可以在较短的时间内为电动汽车充电，充电的时间与燃油汽车加油时间接近。快速充电站可以提高电动汽车的使用方便性，但往往受到蓄电池性能的影响，对动力蓄电池的使用性能和寿命产生一定的影响，同时还有可能对电力系统产生负面影响。而且快速充电站一般是在白天工作，容易挤占用电高峰的用电需求。

图 8-12 和图 8-13 所示为我国部分地区的快速充电站。

图 8-12　比亚迪汽车快速充电站　　　图 8-13　湖州市电动公交车快速充电站

在上述的两种充电模式中,标准充电模式适用于办公楼或商场的停车场电动汽车充电,而快速充电则因充电电流过大通常在公共充电站进行。

我国相关规定中推荐的三种充电设施供电设备参数见表8-3。

表8-3 三种充电设施供电设备参数

	充电模式		额定电流	适用场所	备注
1		单相AC220V	16A	家用	使用额定电流为16A的标准插座连接交流电网
2	2-1	单相AC220V	32A	商场、停车场等	通过特定的供电设备为电动汽车提供交流电源
	2-2	单相AC380V	32A		
	2-3	单相AC380V	63A		
3		DC600V	300A	高速公路服务区、充电站等	通过非车载充电机对电动汽车进行直流充电

3. 动力蓄电池更换站

还可以采用更换动力蓄电池的方式,对电动汽车补电。在蓄电池电量不足时,用充满电的动力蓄电池组进行更换,就可以实现电动汽车辆的继续行驶。采用这类方式的电动汽车,一般动力蓄电池归服务站或者蓄电池厂商所有,电动汽车用户通过租用蓄电池的方式使用。采用这种方式不仅提高了电动汽车的利用效率,而且还可以大大降低用户购买电动汽车的成本。更换下来的蓄电池一般每次都需要进行检测,便于及时发现蓄电池存在的问题并处理,有利于延长蓄电池的使用寿命。一般这类蓄电池更换站都配备大量的充电机,还要配备必要的工作人员和必要的蓄电池更换设备。

图8-14所示为青岛蓄电池快速更换站。

图8-14 青岛蓄电池快速更换站

8.6 充电接口

8.6.1 充电接口要求

充电接口是指用于连接活动电缆和电动汽车的充电部件,由充电插座和充电插头两部分构成,是传导式充电机的必备设备。充电插头在充电过程中,与充电插座结构进行耦合,从而实现电能的传输。

在电动汽车的产业化过程中,充电接口的标准化至关重要。充电接口应该满足以下几方面要求:

1) 能够实现较大电流的传输和传导,避免因电流过大引起插座发热和故障。
2) 插头能够与插座充分耦合,接触电阻小,避免接触不良引起火花烧蚀或虚接。
3) 能够实现必要的通信功能,便于电动汽车 CAN 通信或者蓄电池管理系统与充电动机对接。
4) 具备防误插能力。因为电动汽车使用的充电设备或者蓄电池的型号和性能不同,所以需要的电源就不一样。同时,由于各插头的性能不同,插头的电极不能插错,这就要求不同的电源插头要有一定的识别能力。
5) 具备合理的外形,便于执行插拔作业。

8.6.2 充电接口形式

充电接口的种类主要有三种:单相交流充电接口、三相交流充电接口和直流充电接口。

单相交流充电接口主要是用于家庭用户充电设施和一些标准的公共充电设施,这类充电插头比较简单,用于单相交流电使用,一般插头有三个端子,分别是交流正极、交流负极和接地线。与传统的电源插座类似,只是形体和额定电流较大。

三相交流充电接口和直流充电接口相对于单相交流接口要复杂得多,这类充电接口一般用于较大的充电站,为较大型的电动汽车辆进行充电服务,而且充电电流相对较大,外形也较大,其功能复杂。由于这类插头较大,设计的形状类似于枪,一般称之为充电枪。

图 8-15 为几种常见的充电枪。

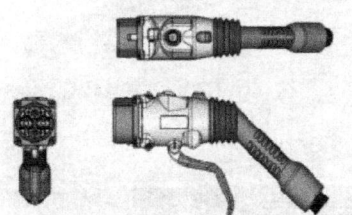  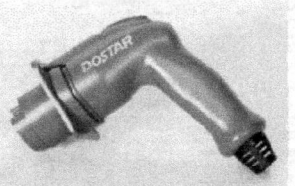

a) 日本CHAdeMO标准直流充电枪　　b) 通用交流充电枪　　c) 多思达七芯国标充电枪

图 8-15　几种常见的充电枪

我国制定的充电接口的几种形式如下。

1) 交流充电接口。图 8-16 为交流充电接口,表 8-4 为交流充电接口端子功能定义。

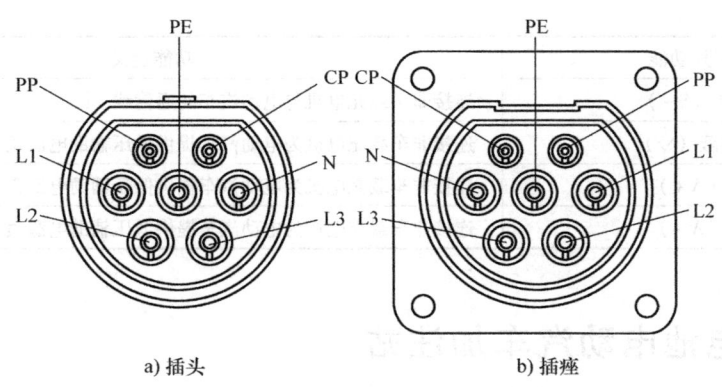

图 8-16　交流充电接口

表 8-4　交流充电接口端子功能定义

触电编号/功能	功能定义	触电编号/功能	功能定义
1. 交流电源（L1）	交流电源	5. 保护接地（PE）	连接供电设备地线和车辆底盘地线
2. 交流电源（L2）	交流电源		
3. 交流电源（L3）	交流电源	6. 控制确认1（CP）	控制确认1
4. 中线（N）	—	7. 控制确认2（PP）	控制确认2

2）直流充电接口。图 8-17 为直流充电接口，表 8-5 为直流充电接口端子功能定义。

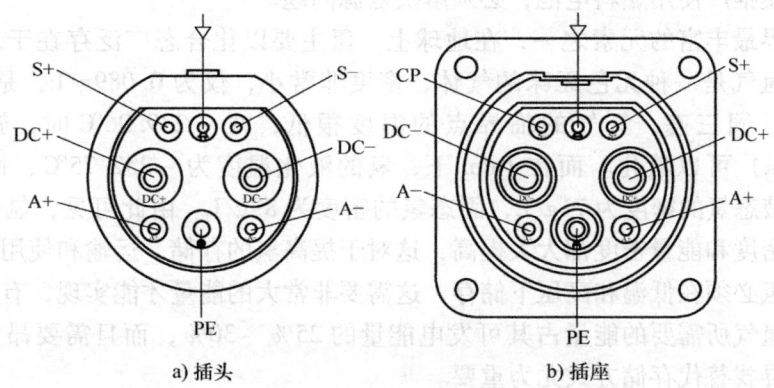

图 8-17　直流充电接口

表 8-5　直流充电接口端子功能定义

触电编号/功能	功能定义
1. 直线电源正（DC+）	连接直流电源正与电源正极
2. 直流电源负（DC−）	连接直流电源负与电源负极
3. 保护接地（⏚或PE）	连接供电设备地线和车辆底盘地线，在充电接口连接和断开时，该端子相对于其他端子首先完成连接，并最后断开
4. 充电通信 CAN−H（S+）	连接非车载充电机与电动汽车的通信线

(续)

触电编号/功能	功能定义
5. 充电通信 CAN-L（S-）	连接非车载充电机与电动汽车的通信线
6. 充电通信 CAN 屏蔽（▽）	连接非车载充电机为电动汽车提供低压输助电源正
7. 低压辅助电源正（A+）	连接非车载充电机为电动汽车提供低压辅助电源正
8. 低压辅助电源负（A-）	连接非车载充电机为电动汽车提供低压辅助电源负

8.7 燃料电池电动汽车加注站

对于燃料电池电动汽车来说，虽然仍然是电动汽车，却不需要传统意义上的充电；能量补充与传统汽车尤其是燃气汽车类似。目前较成熟的燃料电池多数是氢燃料电池，下面以氢燃料电池为例进行阐述。

8.7.1 氢的制取与储存

质子交换膜燃料电池（PEMFC）是近几年研究最广泛，技术发展最迅速的一种燃料电池，也是目前燃料电池电动汽车中最常用的燃料电池。在 PEMFC 中，氧是燃料电池的氧化剂，从空气中获取，氢气是燃料电池的燃料。但大气中几乎不存在游离状态的氢，在地壳中虽然存在部分氢气，但无法开采和收集，因此解决氢源的问题比解决燃料电池本身更有意义，未来大规模推广使用燃料电池，必须解决氢源问题。

氢是自然界最丰富的元素之一，在地球上，氢主要以化合态广泛存在于水和石化燃料中。氢的单质氢气是一种无色无味的气体，密度非常小，仅为 0.089g/L，是最轻的气体。氢气有气、液、固三态，氢气的临界点的温度很低，在 -239.96℃ 时，施加 12.98atm（1atm≈0.1MPa）可以液化。而在 1atm 下，氢的液化温度为 -252.75℃，而固化温度为 -259.25℃，液态氢的密度为 71g/L，固态氢的密度为 89g/L。由此可见，氢气在液化和固化后，其重量密度和能量密度都大大提高，这对于提高氢的存储、运输和使用效率都比较有利。但是液态氢必须在低温和高压下储存，这需要非常大的能量才能实现，有数据显示，要液化同等量的氢气所需要的能量占其可发电能量的 25%~30%，而且需要昂贵的耐高压存储容器。因此寻找替代存储方式尤为重要。

在 20 世纪 60 年代，人们制造出了能存储氢的金属或合金，这种材料被称为储氢合金。储氢合金有很强的捕捉氢的能力，在一定温度和压力下，氢原子在合金中分解成单个氢原子，而这些氢原子一样融入金属合金中，形成金属氢化物。这一过程在外表体现为金属合金能够吸收氢气，并释放出大量热量。这一过程是可逆的，将这种金属氢化物进行加热，它又会分解，释放出氢原子，从而形成氢气。这类合金像一种金属海绵，吸氢能力很强，它的储氢量可以达到相同温度和压力下气态氢的 1000 倍。由此可见，储氢合金是一种理想的储氢方法。采用储氢合金来储氢，不仅具有储氢量大、能耗低、工作压力低、使用方便的特点，而且还可以省去庞大的耐压力钢瓶，而且氢气的存储和运输更加安全。目前储氢合金主要有储氢合金、锗系列储氢合金、铁系储氢合金和稀土系储氢合金。但目前储氢合金的利用还处于研究阶段，仅有极少数公司研制出了应用于燃料电池电动汽车上的金属氢化物氢气储存器。

氢作为一种能量载体，其获得方式有多种，既可以通过化学法对化合物进行重整、分解的方式获得，也可以通过氢微生物进行发酵或光合作用来制得氢气，目前常用的制氢方法主要有三种，即电解水、天然气重整和副产品制氢。

电解水制氢的方法是利用铁为负极、镍为正极的串联电解槽来电解苛性钾或苛性钠的水溶液分别获得氧气和氢气。这种方法虽然简单，生产的氢气纯度高，但是成本较高。利用重整器能够将碳氢化合物，如酒精、甲醇、天然气、丙烷等燃料转化为氢。但是重整器不是一种非常理想的装置，它需要高热能才能将氢从碳氢化合物中分离出来，还会产生除氢气以外的其他气体，产生的氢气纯度也不高。如果要获得较高纯度的氢气，还需要各种装置将氢气中的杂质去除。采用天然气重整方法是目前使用较为广泛的制氢方法，负担了全世界90%以上的制氢任务。有条件的地方还可以利用焦化厂、氯碱厂或石油精炼厂等的副产品氢作为氢燃料，但是必须经过严格的提纯。

另外，由于氢燃料是一种易燃易爆气体，其安全性问题不容忽视。发展氢燃料电池电动汽车，必须考虑这些因素，提高车辆的使用安全性。

8.7.2 燃料电池电动汽车加氢站

最早的氢气加注站可以追溯到1980年，美国阿拉莫斯国家实验室为了验证液态氢气作为燃料的可行性，在美国洛斯·阿拉莫斯建立了首座加氢站。之后，越来越多的加氢站逐渐建成。截止到2006年，全球范围内已经建立了超过140座加氢站，其中北美地区建立的加氢站最多，发展最为迅速。随后，随着燃料电池电动汽车的不断增加，欧洲也加快了加氢站基础设施的建设步伐。

我国也进行了加氢站的研究和建设，北京燃料电池加氢站是我国首座高压车用加氢站。主要为参加示范运行的燃料电池汽车提供加氢服务。该站分三期建设，其中一期主要完成外供氢和氢气加注任务，二期主要完成自主制氢任务，三期完成电解水制氢任务。

北京燃料电池加氢站在2006年11月8日正式启用，已成功为奔驰、日产、现代及清华、同济大学自主研制的燃料电池电动轿车和客车完成加氢服务。北京加氢站工作流程如图8-18所示。

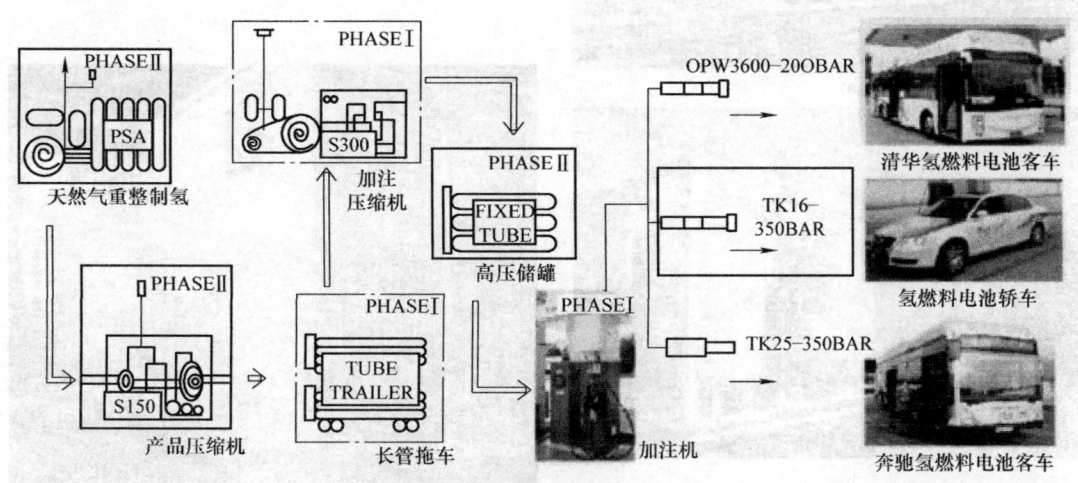

图8-18 北京加氢站工作流程图

北京加氢站的制氢分为电解水制氢和天然气重组制氢两种方式，其制氢装置生产的氢气经由氢气压缩机增压到20MPa后，用长管拖车进行存储。使用时，加注机把长管拖车中的氢气增压到40MPa后，加注到高压储氢瓶组中。加注时，由高压储氢瓶组的氢气经加注机加注到燃料电池电动汽车。其中天然气重整制氢设备采用的是我国具有40多年制造和操作经验的成熟技术——蒸气转化工艺和一段变压吸附净化法（PSA净化法）。主要生产过程以天然气为原料，采用烃类水蒸气转化造气工艺制取氢气，转化压力为2.0MPa，经转换和PSA分离杂质后得到合格的氢气。整个工艺分为原料脱硫、烃类蒸气转化、一氧化碳转换、变压吸附（PSA）氢气提纯四个主要过程。为保证小型天然气重组制氢装置的可靠性，整套装置采用了PLC控制系统及独立的PID控制回路。独立开发的控制程序采用顺序控制、均压限速调节、回路调节、自适应随动控制、连锁控制、管理功能、故障诊断功能等多种手段构建了完整、全面、高效、智能的控制手段。系统还设有烟气残氧在线分析、现场可燃/有毒气体检测、燃烧器点火/探测及20多个连锁系统，在紧急情况下装置能够自动停车，有极高的安全可靠性，保证了设备和人员安全。

该站的氢气加注机最大充装速度可以达到600kg/h，加注枪设有两个不同的压力，可以满足国产燃料电池大客车（20MPa）、燃料电池轿车（35MPa）和奔驰燃料电池大客车（35MPa）的不同加注要求，并能够自动检测氢气流量、压力和温度等参数，确保加注安全，实现加注的自动计量和计价。

北京加氢站占地约4000m^2，工作能力可以达到360kg/天，其中天然气重整制氢为50m^3/h，其设备如图8-19所示；电解水制氢为50m^3/h，其设备如图8-20所示，外供氢气能力为2000m^3/天。

a)

b)

图8-19 天然气重整制氢设备

图8-20 电解水制氢设备

参 考 文 献

[1] 崔胜民. 新能源汽车技术 [M]. 北京：北京大学出版社，2014.
[2] Mehrdad Ehsani, Yimin Gao, Ali Emadi. 现代电动汽车、混合动力电动汽车和燃料电池车：基本原理、理论和设计 [M]. 倪光正，倪培宏，熊素铭，译. 北京：机械工业出版社，2010.
[3] 赵立军，佟钦智. 电动汽车结构与原理 [M]. 北京：北京大学出版社，2012.
[4] 王文伟，毕荣华. 电动汽车技术基础 [M]. 北京：机械工业出版社，2010.
[5] 王贵明，王金懿. 电动汽车及其性能优化 [M]. 北京：机械工业出版社，2010.
[6] 赵立军，白欣. 汽车试验学 [M]. 北京：北京大学出版社，2008.
[7] 祝占元. 电动汽车 [M]. 郑州：黄河水利出版社，2007.
[8] 章桐，贾永轩. 电动汽车技术革命 [M]. 北京：机械工业出版社，2010.
[9] 陈清泉，孙逢春，祝嘉光. 现代电动汽车技术 [M]. 北京：北京理工大学出版社，2002.
[10] 王望予. 汽车设计 [M]. 北京：机械工业出版社，2000.
[11] 余志生. 汽车理论 [M]. 北京：机械工业出版社，2000.
[12] 王淑芳. 电动机驱动技术 [M]. 北京：科学出版社，2008.
[13] 桂长清. 动力电池 [M]. 北京：机械工业出版社，2009.
[14] 邹国棠，程明. 电动汽车的新型驱动技术 [M]. 北京：机械工业出版社，2010.
[15] 康云龙. 新能源汽车与电力电子技术 [M]. 北京：机械工业出版社，2009.
[16] 肖钢. 燃料电池技术 [M]. 北京：电子工业出版社，2009.
[17] 赵航，史广奎. 混合动力电动汽车技术 [M]. 北京：机械工业出版社，2012.